행복한 '생존'을 위한 창의력

창의력 측정

전경원 지음

창지사

서문

약 8년 만에, 아니 28년 만에 본서를 정리하고 서문을 쓰게 되니 실로 감개무량하다. 1979년 Terman이 지능과 창의력 연구를 했다는 사실과 만나게 되었고, 1983년 Torrance의 창의력 검사를 처음 만났을 때부터 창의력 측정에 대한 관심을 갖기 시작했다. 본격적으로 이에 대한 책을 쓰겠다고 결심한 것은 2002년 하버드 대학교에서 연구년을 보낼 때였다. 그때부터 자료를 수집하기 시작했고, 2010년 비로소 탈고를 하게 되었다.

창의력 측정에 대한 저자의 관심이 언제부터 시작되었는지 이야기하려면 1979년도로 거슬러 올라가야 한다. 대학교 1학년 때 특수아 관련 과목에서 Terman이라는 이름과 처음 만났다. 그 당시 한국에서는 영재에 대한 연구가 거의 이루어지지 않았고, 주로 정신지체에 대한 관심이 많았지만, Terman이 지능과 창의력 측정 연구를 했다는 것을 알게 되었다.

그 이후 대학원 석사과정 공부를 위해 1983년도 미국에 도착했을 때, 미국에서는 뇌와 관련된 세미나, 학술대회가 한창이었다. 특히 영재의 뇌 연구에 대한 발표가 많이 진행되고 있어, 열심히 참석하며 창의력 및 뇌와 관련된 기초적인 지식을 얻었다.

1983년 미국에 도착해서 '창의력' 과목을 처음 들었던 날, 그날 브레인스토밍으로 시작된 충격적인 경험으로 거슬러 올라간다. 유학 생활에서 생존하기 위해

'창의력'이 필요했던 저자는 도서관에서 Torrance가 한국전쟁과 관련해서 생존 창의력에 대해 연구한 글을 보고 적잖이 깊은 감동을 받았다. 그 이후 지금까지 저자는 Torrance의 영향을 받고 창의력 연구에 몰입하고 있다. 저자가 28년 전 Terman과 Torrance를 만난 이후, 창의력 연구에 매달리는 이유는 명쾌하다. 행복하게 생존하기 위해서다.

사람들은 저자에게 창의력 연구를 28년이나 했으면 지루하지 않느냐고 물어본다. 그러면 늘 같은 대답을 하곤 한다. "'창의력'이란 주제만으로도 죽을 때까지 연구해도 그 해답을 찾을 수 없을 것 같아서, 저는 앞으로도 계속 이 분야만 연구할 겁니다."라고. 이와 같은 이야기를 듣고 동료 교수들은 의아해하기도 하지만, 창의력 연구에는 무한한 매력이 있기 때문에 앞으로도 창의력 연구는 계속할 예정이다. 같은 창의력이지만, 볼 때마다 다른 각도로 분석하고 연구하기 때문에 저자에게는 늘 새로운 도전으로 보이기 때문이다. 내게 창의력은 늘 진화하는 살아 있는 유기체와 같은 것으로 보이기 때문이다.

그 이후 박사과정을 할 때, Terman에 관한 흥미로운 사실을 알게 되었다. 미국 인디애나 주에 있는 Purdue 대학에서 그리 멀지 않은 곳에 위치한 인디애나폴리스에서 Terman이 출생했다는 것을 알게 되었고, 그에 대한 관심이 더욱 많아지게 되었다. 지능연구자였던 Galton의 제자였던 Terman은 석사와 박사과정에서 천재와 창의력에 대한 연구를 했다. Terman의 뒤를 이어 Torrance, Guilford와 같은 학자들이 창의력 연구를 했다.

Purdue에 있을 때 Terman에 대한 관심은 더욱 촉발되었고, 졸업 후에도 창의력에 대한 관심이 계속되어 미국 Buffalo 대학(브레인스토밍, 창의적인 문제해결력 등으로 유명한 대학) 등을 찾아다니며 창의력 연구의 흔적을 찾아다녀 보았다. 아직도 창의적인 뇌, 신경학적인 연구 여행은 계속 진행 중이다. 지능과 창의력은 '뇌'의 신경학적인 연구와 관련지어 설명할 때 훨씬 더 설득력이 있기 때문이다.

그 동안 저자는 한국의 유아와 초등학생들을 대상으로 창의력 검사를 개발했고 창의력 경시대회 및 다양한 창의력 검사를 (주)대교, (도서출판)학지사와 주도해 왔다. 현재는 중등학생, 대학생, 성인들의 창의력을 측정할 수 있는 검사 도구를 구상하고 있다.

저자는 이 책에서 평범한 사람들의 창의적인 뇌에 대해 말하고자 한다. 비범한 사람들의 창의적인 뇌는 나중에 기회가 되면 다시 연구해 볼 계획이며, 이 책에서는 평범한 사람들의 창의적인 뇌가 담고 있는 창의적인 잠재 능력을 측정하는 다양한 방법에 대해 소개하려고 한다.

이번에 『창의력 측정』을 정리하면서, 이제는 한국에서도 창의력 연구 분야 중에서 '창의력 측정' 까지 다루게 되니 한국의 창의력 연구도 진일보하고 있다는 생각이 든다. 1990년대 한국에서 창의력을 처음 소개했을 때 대학의 교수들은 창의력 교육 자체에 대해 의아하게 생각했고, 더군다나 창의력을 계발한다는 프로그램이란 것은 있을 수 없다고 생각했다. 저자의 목표는 창의력 과목을 개설하여 학생 개개인의 '창의적인 잠재 능력' 을 측정하고 계발하는 데 있었기 때문에, 장시간에 걸쳐 창의력 과목 개설에 큰 의미를 두었다.

창의력 계발이라는 강좌를 개설하려다가 교양과정 위원회에서 거부당해서 개설하지 못하고 있다가, 창의력의 중요성이 부각되고 시대적 요청이 있게 되자 자연스럽게 창의력 계발 과목을 개설하게 되었다. 처음에는 교양 선택과목에서 한 학기만 개설되었지만 이제는 2학기 모두 개설되었다. 이어서 유아교육 전공 대학원 과목에서도 '창의적인 문제 해결력' 이 개설되었고, '창의력 검사' 또는 '창의력 측정' 에 대해 다룰 수 있게 되었다. 2010년도 가을 학기부터, 유아교육 학부과정에서 창의력 교육 과목이 전공 필수과목으로 개설되었다. 머지않아 대학 교양 필수과목으로 창의력 과목을 개설하게 되면 저자의 오랜 목표가 달성될 것 같다.

이 시점에서 마치 우리의 복잡한 '인생' 처럼 창의력에 대해 다시 한 번 꼼꼼하게 되짚어 봐야 하지 않을까! 릴케가 「인생」이란 시詩 첫 줄에서 "인생을 이해하려 하지 말라" 고 한 것처럼 창의력도 마찬가지가 아닐까! 창의력의 깊이와 넓이는 그 어떤 심리학적 구인보다 복잡하기 때문에, 이를 이해하려고 하는 인간의 노력이 어찌 보면 허황된 것일 수도 있다.

신의 영역인 '창의력'을 이해하려고 다양한 방법으로 시도하고 있지만, 창의력은 우리로 하여금 호기심의 바다에 풍덩 빠지게 할 뿐, 그 정답을 우리 손에 명쾌하게 쥐어 주지 않는다. 그런 매력 때문에 창의력을 연구한 지 28년이 흘러도 창의력에 대한 호기심은 아직도 마르지 않는 영원한 샘물처럼 보인다. 열심히 따라다니면, 창의력은 마치 파랑새처럼 저 멀리 내 손가락에서 숭숭 빠져나가고 있어, 오늘도 창의력이라는 매혹적이며 황홀한 무지개를 따라다닐 뿐이다.

이렇게 애매모호한 창의력을 측정해 보려고 안간힘을 쓰고 있지만, 몇몇 학자들은 창의력의 측정 가능성에 대해 비판을 하기도 한다. 그렇다고 그런 학자들이 정작 더 좋은 대안적인 창의력 측정 방법을 제시해 온 것은 아니다. 몰론 창의력을 측정하는 방법에 있어서 과거보다 진일보하고 있지만, 무조건 비판만 하는 것은 적절한 자세가 아니라고 생각한다.

창의력 측정이란 매우 난해하고 어려운 일이다. Tornace처럼 전쟁과 관련해서 연구를 했던 사람은 측정의 목적에 따라 창의력을 각기 다르게 정의 내린다. 생존을 위해서 창의력을 정의 내리고, 연구를 위한 창의력 측정과 예술적 창의력 정의가 각기 다른 것처럼 창의력을 정의 내리고, 이에 따라 창의력의 정도를 측정하는 것은 가히 예술이라 할 수 있다. 물론 창의력을 각각 다르게 내린 정의에 따라 다른 준거의 틀로 측정할 수는 있겠지만, 일상생활 속에서 발휘되는 창의력을 측정하기란 그리 녹록한 일은 아니다.

최근에는 긍정심리학 같은 분야에서는 '행복'이나 '만족' 및 '통증'도 측정하는 방법을 제시하고 있다. 과거부터 인간의 내면적인 지능, 성취도, 성격 등과 같은 다양한 것을 측정해 왔는데, 창의력이라고 측정할 수 없다고 말할 수는 없지 않은가?

저자가 창의력 측정에 관심을 구체적으로 갖게 된 것은 창의력 교육 프로그램을 개발하면서 많은 사람들이 실제로 창의력 계발의 효과가 있는가에 대해 과학적이고 구체적인 결과를 원했기 때문이다. 그래서 1년 정도의 창의력 교육 프로그램의 효과를 알아보기 위해서 창의력 측정 도구에 관심을 갖게 되었고, 한국의 유아들과 초등학생을 대상으로 한 창의력 표준화 검사를 개발하게 되었다.

초등학생용 검사는 오랫동안 창의력 연구를 해 왔던 고려대학교 전경남 교수와 함께 연구·개발해 왔다.

창의력을 측정할 수는 있지만, 어떻게 창의력을 측정할 것인가에 대해 의구심을 갖는 사람이 많다. 학생들과 창의력을 측정할 수 있는 방법을 브레인스토밍해 봤더니 다음과 같이 다양했다. 예컨대, '문자를 보낼 때 그 내용을 보면 창의력의 정도를 알 수 있다' 고 하는 학생도 있었고, 그 외에 '옷 입는 스타일', '책을 읽고 토론하는 능력', '독서 성향', '생활습관(평소 습관) 관찰', '새로운 생각들의 빈도수', '머리의 크기(머리가 크면 지능이 뛰어나고, 지능이 뛰어나면 창의력이 높지 않을까?)', '헤어스타일 관찰', '작곡자의 의도', '노래방에서 선곡하는 종류(장르)', '만 5세가 그린 그림을 보여주고 어떤 그림인지, 어떻게 생각하는가, 어떤 주제인가 질문', '그림 그릴 때 사용하는 색깔', '피카소와 같이 전혀 생각하지 못했던 새로운 형태로 사물을 분석하고 표현하는 능력', '그림을 그릴 때 다양한 방법으로 자기만의 스타일을 표현하는 능력', '사용하는 언어', '글씨체', '사물을 바라보는 독특한 발상', '문제 상황에 대한 문제를 해결해 가는 과정과 결과', '평상시 문제해결 능력', '식당에서 혼자 밥 먹기(독립성과 창의력의 관계)', '지도를 주고 목적지를 찾아갈 때 가장 빠른 길로 찾아가는 방법', '빨대와 휴지(냅킨)로 환경 구성하는 능력', '한 주제에 대한 독특한 발상을 하는 능력', '성냥개비 문제 푸는 능력', '일반적으로 표현하기 어려운 것을 신체나 언어로 표현하는 능력', '독창적인 생각', '타인을 대하는 태도', '끝말잇기', '꿈을 꾸는 과정의 뇌파 검사', '여러 명에게 동일한 그림을 주고 해석', '생각나는 단어를 적는 능력', '창의력을 측정하는 다양한 방법을 생각하는 능력', '게임할 때 독창적으로 규칙을 만들어서 게임을 즐겁게 이끌고 나가는 능력', '노래 가사를 바꾸는 능력', '폐품을 이용해 작품 제작', '창의적 특성 조사', '유머 사용의 빈도수', '개성적인 말투', '네모, 세모, 동그라미와 같은 기본 도형을 제시하고 독창적으로 그림을 그리는 능력', '여러 가지 단어를 이용해 새로운 단어를 만드는 능력', '그냥 그림을 그려 보게 한 다음, 그린 그림을 관찰', '좋아하는 놀이의 유형', '두 사람을 불러서 계속 이야기하는 것을 관찰', '브레인스토밍하는 장면 관찰', '같은 재료를 여러 사람에게 제시하고 주제 없이 아무것이나 만드는 능력', '자유연상법 관찰', '다양한 몸짓으로 할 수 있는 모든 것을 표현하는 능력', '원래의 용도 외에 또 다른 용도로 사용하는 방법', '신조어 만들기 능력', '최면 상태에서 이야기하는 능력', '요리하는 것 관찰', '청소하는 것 관찰', '설거지하는 것 관찰' 등 다양한 방법이 제시되었다.

이와 같이 창의력 측정 방법은 다양할 수 있다. 언어나 도형 검사 외에 일상생활 속에서 다양하게 창의력을 측정할 수도 있을 것 같다는 아이디어가 많았다. 예컨대, 자기 소개와 같은 방법이 그것이다. 자기 소개를 할 때 얼마나 창의적으로 소개하는지를 잘 관찰해 보면, 그 어떤 검사보다 더 정확하게 창의력을 측정할 수 있다.

그렇지만 패션 스타일, 헤어스타일, 얼굴 표정, 분위기 등에 대한 창의력의 정도를 측정하려면 그리 쉽지 않은 일일 것이다. 또한 레오나르도 다 빈치와 같이 여러 영역에서 창의력을 발휘한 사람의 경우엔 더욱 어려울 것이다. 그의 창의력은 과연 영역 일반적인가, 영역 특수적인가? 그의 창의력은 어느 정도일까? 그의 창의력은 어떻게 측정할 수 있는 것일까?

아인슈타인, 피카소, 레오나르도 다 빈치, 퀴리 부인, 모차르트, 에디슨과 같은 사람의 창의력은 일반인의 창의력과 다르다. 문명의 발달과 함께 창의적인 업적을 남긴 사람들은 헤아릴 수 없이 많다. 음악 분야에서 신동이면서 천재로서 수십 편의 명곡을 작곡했던 모차르트, 과학 분야에서 창의적인 업적을 남긴 마리 퀴리, 현대 무용에서 선구자적인 역할을 한 마사 그레이엄, 미술 분야의 피카소, 미켈란젤로, 레오나르도 다 빈치, 문학 분야의 헤밍웨이, 괴테, 예이츠, 정치인으로는 엄청난 역경에도 굴복하지 않고 무저항 운동을 해온 간디. 창의적인 천재들의 창의력을 측정하는 것은 일반인의 그것보다 훨씬 더 어려울 수도 있다. 따라서 본서에서는 일반인의 창의력 측정 방법에 대해 다룰 것이다.

그 동안의 창의력 측정은 거의 반 세기 동안 발산적 사고 검사에 의해 점령당했다고 볼 수 있다. 현재는 우리가 발산적 사고를 중심으로 지필검사나 산출물을 통해서 창의력을 측정하지만, 머지않아 뇌과학이 발전되어 뇌를 통해서 한 사람의 창의력의 정도를 바로 측정하는 날이 올 수도 있을 것이라고 예상된다. 물론 창의력뿐만 아니라 지능을 비롯한 다양한 심리적 구인들이 과학적으로 좀 더 정확하게 측정되는 시대가 도래할 수도 있을 것이다. 아마도 뇌파를 과학적으로 측정하는 방법이 좀 더 연구되면, 창의력의 정도를 측정하는 것도 가능할 것이라 보인다.

이제는 인간의 심리적 구인을 설문, 관찰, 인터뷰 등으로 파악하던 시대에서 뇌영상 기술의 발달로 심리적인 현상을 직접 관찰하는 연구가 시작되었다. 이와 같이 인간을 심층적으로 연구하는 신경교육학이 발달하게 되어 창의력과 뇌의 특정 부분과 관련된 내용이 좀 더 구체적으로 연구된다면, 이 책에서 언급하는 방법들과 함께 인간의 창의력을 근원적으로 이해하게 될 것이다.

과거에는 지능 역시 심리학자들이 지필검사를 통해서 측정하려고 했지만 최근에는 새로운 방법으로 측정을 하려고 다각도로 시도하고 있다. 예컨대, 뇌파의 형태를 분석하여 지능을 측정하거나, 두 번 불빛이 깜박거리는 데 반응하는 시간으로 지능을 측정하려고 시도하기도 한다. 이처럼 지능검사의 방법이 진화하는 것처럼, 창의력 검사의 방법도 점차 발전하게 될 것이다.

창의력 검사는 어디에 주로 사용되는가? 입학사정관 제도나 영재교육 실시를 하기 위해, 선발의 목적으로 사용되기도 하지만, 때로는 창의력 계발의 목적으로, 또는 다방면에서 창의적인 인재를 선발하는 데 사용되기도 한다. 2010년 3월 27일 금요일 저녁 발생했던 천안함 사건을 보며, 창의력 검사 개발로 제2차 세계대전 때 군인 선발을 했던 Guilford와 미 공군 생존 훈련 프로그램을 개발했던 Torrance가 떠올랐다. 창의력이란 예술, 과학 분야에서만 필요한 것이 아니라 우리의 생존과 관련된 것이다. 촌음에 따라 승패가 갈라지는 전시 상황에서는 창의력이 그 무엇보다도 필요하다. 미국의 경우, Torrance가 개발한 창의력 검사가 영재 판별을 하기 위해서 사용하기도 하지만, 군대에서는 특수부대에서 업무 수행에 필요한 문제해결 능력이 있는 사람을 찾는 데 창의력 검사를 사용한다. 만일, 우리 정부에서도 오래전부터 미국에서 관심을 가졌던 것처럼 군대에서 창의력과 관련된 연구를 하고, 좀 더 창의적인 업무 수행을 할 수 있는 군인을 선발했다면, 지금과는 다른 형태로 상황이 진행되지 않았을까 하는 생각이 든다. 특히 우리나라 해군에서는 평소 작전 훈련에만 주력하고, 탈출 훈련은 제대로 실시하지 않았다고 한다.

미국에서는 Torrance를 주축으로 미 공군 생존 훈련 프로그램을 개발해서, 인간의 존엄성, 생존에 대해 관심을 둔 것에 비해, 우리나라에서는 최악의 상황을 가정하는 것이기 때문에 속된 말로 재수 없다고 하여 아예 탈출 훈련을 잘 하지 않았다고 한다. 만일, 우리나라에서도 극한 상황에서 생환할 수 있는 생존 훈련을 했거나, 창의력 훈련을 했다면 상황이 달라졌을 수도 있을 것 같다.

창의력은 인간이 '생존' 하기 위해 꼭 필요한 필수적인 무기다. 입시지옥을 방불케 하는 교육전쟁, 총칼 없는 문화전쟁 속에서 개개인의 창의력은 생존하기 위해 필요한 것이다. 논문을 쓰기 위해서는 독창적인 이론을 새롭게 만들거나, 요리의 세계에서 새로운 요리들을 만들어 내기 위해서도 창의력은 필요하다. 미쉐린 가이드에서 별 3개를 받기 위해 얼마나 많은 쉐프들이 눈물겨운 창의적인 노력을 하는가! 쉐프들이 만든 요리를 시식한 다음에 창의력 정도를 알아보기 위해서는 요리에서만의 창의력을 알아볼 수 있는 그 어떤 준거가 있어야 한다. 『미식의 테크놀로지』라는 책을 보면 전 세계에서 내로라하는 요리사들이 창의적인 음식을 선보이기 위해 얼마나 많은 노력을 하는지 잘 알 수 있다. 특히 최근에 도입된 입학사정관 제도에서 창의적인 잠재 능력이 뛰어난 학생들을 선발하기 때문에, 신뢰롭고 타당한 측정에 대해 진지하게 고려해 봐야 한다.

저자는 독자들에게 다음과 같은 질문을 해 본다. "자신의 창의력은 어느 정도라고 생각하는지요? 창의력의 정도가 상, 중, 하 중에서 어느 정도라고 생각하는지요? 자신의 창의력 정도를 어떤 방법으로 측정을 했는지요?" 이에 대한 대답은 실로 다양할 것이다. 바로 본서에서는 인간의 창의력을 측정하기 위한 다양한 방법을 소개하려고 한다. 다양한 검사를 분석한 Mental Buros와 관련 논문들을 모두 참고하고자 노력하였다.

본서는 창의력 연구를 하기 위하여 창의력 측정 검사 도구를 찾는 연구자들, 학위논문을 작성하는 사람, 현장에서 창의력 프로그램을 적용한 후에 효과를 알아보기 위해서 사전·사후 검사를 실시하고자 하는 사람, 창의적인 잠재 능력에 대해 상담을 하려는 사람 등을 위해서 집필되었다. 모쪼록 많은 사람들에게 행복한 창의력을 전달할 수 있는 유익한 책이 되길 소망하며, 무거웠던 짐을 잠시 살짝 내려놓는다.

2010년 7월 전경원

8년 만에 홀가분함을 느끼며

비 오는 날, 카페 Twosome Place 창가에서

차 례

CHAPTER 01

창의력 측정

1. '측정' measurement, '사정' assessment, '평가' evaluation
2. 창의력 정의

CHAPTER 01

창의력 측정

창의력 측정에 대해 다루기 전에 평가와 사정 및 창의력 정의에 대해 간단하게 논하려고 한다.

1. '측정' measurement, '사정' assessment, '평가' evaluation

1) 창의력의 측정

'측정', '사정', '평가'는 흔히 명확히 구분되지 않고, 혼용하여 사용되고 있다. 하지만, 이 책에서 소개하는 다양한 창의력의 측정 방법들을 연구와 교육 현장에 응용하기 위해, 이 세 가지 용어들을 명확히 구분하여 사용하여야 할 것이다. 먼저, 측정이란 일정한 규칙에 따라 사물의 특성에 일련의 수치들을 할당하는 것을 의미한다. 교육심리학의 경우, 눈에 보이는 물리적인 특성들보다는, 학생들의 다양한 행동을 설명할 수 있는 눈에 보이지 않는 특성들, 즉 심리적 구인들psychological constructs을 측정하는 데 더 많은 관심이 있다. 창의력 연구에 있어서 심리 측정적 접근psychometric approaches이란 창의력을 하나의 정신적 특성으로 보고, 이를 적절한 도구를 통하여 수량화할 수 있다고 생각하는 접근법을 말한다.

창의력 연구의 심리 측정적 접근은 현대적인 창의력 연구의 문을 연 Guilford에 의해 처음 시작되었으며, 이러한 노력은 후에 발산적 사고 검사의 대명사로 불리는 Torrance의 창의적 사고 능력 검사를 통해 꾸준히 계속되었다. 창의력 연구에 있어서 심리 측정적 접근은 크게 세 가지로 이용되어 왔다.

첫째, 창의력의 다양한 측면을 기술describe하려는 것으로, 이는 창의력을 측정하려는 다양한 도구의 개발과 관련이 있다. 둘째, 서로 다른 수준의 창의력을 보이는 사람들을 비교compare하는 것으로, 창의적인 사람과 덜 창의적인 사람들이 창의적인 성격검사에서 어느 정도의 차이를 보이는가를 알아보는 것이 그 예라 할 수 있다. 마지막으로, 창의력의 다양한 측정치들 간의 관계를 알아보는 것이다. 지능 검사 점수와 창의력 검사 점수와의 관계를 알아보는 것, 일련의 성격 특성들이 창의력과 어떤 관련이 있는지를 알아보는 것들이 그 예라 할 수 있다.

2) 창의력의 사정

사정은 일반적으로 개인, 집단(조직), 또는 프로그램의 특성 또는 수행 수준에 관한 다양한 양적 · 질적 정보들을 수집하고, 이를 분석 · 조직 · 종합하는 일련의 체계화된 절차들을 의미한다. 사정은 측정을 통해 얻은 양적 정보뿐 아니라 질적 정보를 포함하는 다양한 형태의 정보를 이용한다는 점에서 측정을 포괄하는 광의의 개념이다. 이러한 의미에서 창의력의 사정creativity assessment이란 개인 또는 집단의 창의적인 특성이나 능력 또는 잠재적인 창의력의 수준을 밝히려는 모든 시도들을 포괄적으로 의미하는 것이다.

창의력은 다양한 요인들의 상호작용을 통해 각기 다른 형태로 나타나는 복잡한 현상이라는 점을 감안할 때, 창의력의 사정은 다양한 정보들의 활용이 필수적이다. 체계적인 창의력의 사정에 이용할 수 있는 다양한 정보들은 다음과 같은 네 가지 유형으로 구분할 수 있다. 먼저, 행동 또는 수행과 관련된 정보behavior or performance data는 개인 또는 집단의 실제 행동을 통해 그들의 창의력에 관한 정보들을 수집하는 것을 말한다. 이러한 정보들은 창의적인 산출물, 수행, 또는 성취에 관한 기록이나 직접적인 관찰을 통해 수집하며, 실제 상황에서의 창의력에 관한 정보를 제공한다는 장점이 있다. 이러한 정보를 사용할 수 없을 때는 실제 상황을 잘 모의하도록 구성된 과제들에서의 수행을 관찰할 수도 있다. 둘째, 자기보고식 정보self-report data는 사람들에게 자신들이 생각하는 자신의 창의적인 기술, 능력, 활동, 그리고 행동에 관한 질문들을 직접 물어보는 것이다. 셋째, 평정척도rating scales는 창의력 또는 창의력과 관련된 특성들에 대한 구체적인 기술을 통해 사람들에게 다른 사람들의 창의력에 대해 등급을 매기도록 하는 것이다. 예를 들어 교사, 부모, 또는 동료들에게 학생들의 창의력의 정도에 등급을 매기도록 하는 것이 평정척도의 예라 할 수 있다. 마지막으로, 검사tests는 표준화된 절차에 따른 일련의 과제 또는 문제들에 대한 반응들을 통해 수집된 정보를 의미한다.

3) 창의력의 평가

평가란 영어 단어 evaluation의 한국 술어로, 원어의 어근 value에서 알 수 있듯이, 가치와 관련된 개념이다. 보다 구체적으로, 평가란 앞서 설명한 사정 과정을 통해 수집된 종합적인 정보를 토대로 특정한 교육적 가치 또는 목표가 달성되었는지를 판단하고 이에 따라 일련의 결정들을 내리는 것을 의미한다. 따라서 평가는 본질적으로 가치와 결정이라는 두 요소가 내재되어 있으며, 이것이 평가와 사정을 구분 짓는 가장 큰 차이점이다. 평가와 사정을 명확히 구분하기 어려운 이유는 평가와 무관한 사정 그 자체로서의 사정은 존재하기 어렵기 때문이다. 창의력 계발을 위한 특정 훈련 프로그램의 목표가 의도한 대로 성취되었는지를 파악하기 위해 이 프로그램에 참여한 사람들을 대상으로 프로그램의 효과를 파악할 수 있는 다양한 정보들을 수집하여 프로그램의 효과를 사정하고, 이러한 사정 결과를 토대로 프로그램의 특정 요소들을 유지, 변경, 제거할 것인지를 결정하는 것은 창의력 평가의 한 예라 할 수 있다.

2. 창의력 정의

서양 용어로는 주로 Creativity, Creativeness, Creative thinking, Creation, Originality, Invention, Intuition, Innovation, Imagination, Insight 등이 사용되었다. 서양의 창의력Creativity에 해당되는 용어는 창견, 창안, 창의, 창작, 창조, 창정, 창제, 창출 등인데 공통적으로 새로움, 작품, 아이디어 등을 만들어 내는 의미를 담고 있다(전경원, 2000a).

창의력의 구인은 수없이 다양한 방식으로 정의되어 왔다. 창의력을 어떻게 개념적으로 정의하는가는 창의력의 측정 방법에 밀접한 연관을 가지고 있으므로, 창의력의 대한 다양한 정의를 이해하는 것은, 서로 다른 창의력 측정 방법을 이해하고 사용하는 데 있어 매우 중요하다.

창의력을 어떻게 정의하느냐에 따라 창의력 측정 방법이 달라지므로 창의력 정의는 매우 중요하다. 『101 정의 : 창의력』(Aleinikove, Kackmeister, & Koening, 2000)에도 언급된 바와 같이 창의력은 학자가 속해 있는 사회와 문화에 따라 각기 다양한 것을 알 수 있다.

101가지 정의 중에서 전경원(2000a)은 "창의란 자신과 타인의 행복을 위하여 사회와 문화에서 가치를 부여할 수 있는 물건이나 아이디어를 만들어 내는 것뿐만 아니라, 문제를 해결하기 위해 새로운 의견을 생각해 내는 능력 또는 그것을 기초화하는 인격적 특성으로 창의(조)력과 창의(조)성을 포함한다."라고 했다. Torrance, Guilford 등 창의력 연구가들은 창의력을 다음과 같이 정의했다.*

1) Torrance

Torrance는 '창의력'이란 "새롭고 독특한 아이디어, 다른 관점, 문제를 새로운 시각으로 보는 것"이라고 했다. 그리고 '창의적 사고'란 "어려움과 문제를

* 본서에서는 창의와 관련된 모든 용어를 편의상 '창의력'으로 통일하여 사용하려고 한다.

감지하고 정보에서 틈을 찾아내고 빠진 요소나 잘못된 무엇인가를 찾아내, 이러한 결함에 대해 추측하고 가설을 세워 그 추측과 가설을 평가하고, 검증하며 이것을 재수정하고 재검증하여 마지막으로 알리는 과정" 이라고 했다.

2) Guilford

Guilford는 '창의력' 이란 "새롭고 신기한 것을 낳는 힘" 을 일컫는다고 했다. 즉, 새로운 사고를 생산해 내는 것을 창의력이라고 하고, 정도의 차이는 있을지라도 모든 사람이 공유하는 것이 창의력이라고 했다.

그는 창의력을 지적 특성으로 이해하고, 창의적 사고 요인으로 구성된다고 했다. 또한 인간의 사고를 수렴적 사고와 발산적 사고의 두 가지 양식으로 구분하고 창의적 산출물은 특정한 문제에 대한 발산적 사고와 동일한 것으로 간주했다. 요인 분석 결과 창의적 사고는 유창성fluency, 융통성flexibility, 독창성originality, 정교성elaboration, 민감성, 재정의 및 재구성으로 보았다.

그가 말하는 '유창성' 이란 문제를 유창하게 대처해 나가는 능력이고, '융통성' 이란 다양한 시각으로 볼 수 있는 능력이고, '독창성' 이란 과거의 것과는 다른 새로운 방법으로 문제를 해결할 수 있는 능력이고, '정교성' 이란 문제를 자세하게 설명하는 능력이다. 창의적 산물과 사고를 위해서 위의 것 어느 하나도 중요하지 않은 것이 없고, 이를 실제적으로 창의적인 문제 해결을 하는 데 사용하는 것이 중요하다고 했다.

3) Mednick

Mednick이 제안한 연합 창의력 이론theory of associative creativity에 의하면, '창의력' 이란 서로 다른 두 개의 아이디어를 특정한 요구를 충족시키거나, 유용한 방식으로 새롭게 조합하는 사고 과정이다. 이 이론에 의하면 조합된 두 개의 아이디어의 연합 강도가 낮을수록 더 창의적인 사고라고 본다.

연합 창의력 이론과 이 이론을 바탕으로 개발한 원격 연합 검사Remote

Associates Test: RAT의 자세한 내용은 이 책의 3장에 소개되어 있다.

4) Wallas

Wallas(1926)는 창의적인 사고를 하는 단계를 제시하면서 창의적인 과정이란 "문제를 지각하고, 자료를 수집하는 준비기를 거쳐, 마음속에 항상 문제에 대해 생각하고 있는 부화기에 이르며, 순간적으로 새로운 아이디어가 떠오르는 조명기에서, 최종 아이디어를 검증하는 검증기에 이르는 일련의 단계를 거치는 것"이라고 정의하였다.

5) MacKinnon

MacKinnon은 1950년대부터 1970년대 사이에 미국 버클리 대학의 성격사정연구소에서 수행한 연구를 통해 매우 창의적인 과학자, 작가, 수학자, 그리고 건축가들의 성격 특성을 조사하였다. MacKinnon과 동료들이 일련의 연구를 통해 밝힌 창의적인 사람들의 성격 특성으로는 발명가 기질, 독립성, 개인주의적 성향, 열정, 결심, 그리고 근면성 같은 것들이 있다. 이 밖에도 창의적인 사람들은 자기 자신을 있는 그대로 잘 수용하기 때문에 솔직하고 훨씬 더 비범한 방식으로 자기 자신에 대해 이야기할 수 있으며, 경험에 대해 개방적이기 때문에 보다 더 효과적인 타협안을 찾기 위해 자신의 특성에 반하는 것과 싸우기도 하고, 자신을 위해 스스로 설정한 문제를 창의적으로 해결하는 과정에서 증가되는 긴장을 참아 내기도 하는 성격 특성을 가지고 있다.

6) Maslow

Maslow는 창의력을 '특별한 재능의 창의력'과 '자기 실현의 창의력'으로 설명한다. 전자는 사회적으로 가치를 갖는가의 여부로 평가되며, 과학자, 예술가, 발명가 등의 특별한 사회적 수준의 창의력을 일컫는다. 후자는 그 사람 개인에게 있어 새로운 가치가 있는가의 여부가 기준이 되는 개인적 수준의 창의력이다.

7) Rogers

Rogers는 창의력의 핵심을 새로움novelty으로 보았지만, 새로움을 판단할 절대적인 기준은 없다고 보았다. Rogers가 살았던 시대는 개인의 자발적이고 상상력이 풍부한 주체적인 사고보다는 정부 또는 다수에의 순응conformity을 더 강조하였는데, 이러한 시대적 환경 속에서 그는 다양한 선택에 개방적이고, 유연하면서, 서로 다른 개인 간의 차이를 존중하는 사람을 창의적인 사람으로 보았다. 창의적인 사람에 대비되는 개념으로서 '순응자' the conformity들은 닫혀 있고, 사고에 있어 완고하고 융통성이 없으며, 자신의 지식 또는 능력을 이용하여 분별하려 하지 않고 지도자를 따르는 특성을 갖고 있다고 보았다. 이와 함께 Rogers는 창의력을 육성하기 위한 두 가지 조건으로 ① 심리적 안전, 즉 개인들을 하나의 무조건적인 가치로 받아들이고, 공감적으로 이해하며, 그리고 판단을 하지 않는 분위기, ② 심리적 자유를 허용하는 분위기를 언급하였다.

8) Gardner

Gardner는 자신의 다중지능 이론에 기반을 두어, 사람들은 특별하다는 전제하에 영역-특수적인 방식으로 창의력을 정의한다. 즉, 그의 창의력 정의는 창의력을 일반적인 성격 특성으로 간주하기보다는 하나의 특정 영역에서의 창의적인 기능을 반영하는 것이라고 할 수 있다.

9) Amabile

사회심리학의 관점에서 창의력 연구를 한 Amabile은 창의력을 요소 이론에 의해 정의했다. 그는 창의력이 영역 관련 기술domain-relevant skills, 창의력 관련 기술creativity-relevant skills, 그리고 과제 동기task motivation 세 요소들의 상호작용에 의해 나타난다고 제시하였다. 먼저, 영역 관련 기술은 영역 지식과 기술, 영역의 특수한 재능을 포함한다. 창의력 관련 기술은 적절한 인지 양식, 새로운 아이디어를 생각하는 데 필요한 발견법heuristic에 관한 암묵적 또는 명시적인 지식을 포함한다. 마지막으로 과제 동기는 특정 과제에 대한 태도와 과제를 수행하는 동안 지각하는 동기를 포함한다.

10) Rhodes

Rhodes는 40여 년 전에 그 당시까지 출판된 창의력과 상상력에 관한 50개의 정의들을 분석하여 창의력을 정의하고자 하였다. 그 결과 그는 창의력을 단일 개념으로 정의하기 어려우며, 다차원적인 개념multifaceted concept으로 정의하여야 함을 깨달았다. Rhodes에 의하면 창의적인 산출물product은 사람person, 과정process, 환경press or environment의 세 요인 간의 상호작용에 의해 나타난다. 먼저 사람은 개인을 창의적이게 만드는 기술, 특성, 능력 그리고 동기를 말한다. 다음으로 과정은 창의력이라는 목표에 도달하기 위해 한 개인 또는 집단이 경험하게 되는 정신 활동을 말한다. 마지막으로 환경은 창의적인 사고를 조장할 수도 저해할 수도 있는 물리적·심리적 주변 환경을 의미한다. Rhodes가 제안한 창의력의 네 차원, 즉 산출물product, 사람person, 과정process, 환경press or environment은 흔히 '창의력의 4P'로 불린다.

11) Sternberg와 Lubart

Sternberg와 Lubart는 그들이 제안한 창의력의 투자 이론Investment theory을 바탕으로, 창의력의 합류적인 접근을 취하고 있다. 투자 이론에 의하면 창의력은 여섯 개의 서로 다른 요인들 간의 상호작용을 통해 나타난다. 그 여섯 개의 요인은 ① 지적 능력, ② 지식, ③ 사고 양식, ④ 성격 특성, ⑤ 동기, 그리고 ⑥ 환경이다.

그 외의 내용은 전경원(2000a)의 『창의학』에 자세하게 소개되어 있으므로 참고하면 된다.

살펴본 바와 같이 창의력에 대한 정의는 다양하다. 수많은 창의력 정의에 따라 창의력을 어떻게 다르게 측정하는지 알 수 있는데 이를 요약하면 다음과 같다.

1) Torrance, 2) Guilford, 3) Mednick, 4) Wallas의 정의에서는 인지적인 과정이나 작용을 강조하고 있고, 문제 해결을 하거나 창의적인 사고를 할 때 필요한 기술에 관심을 갖고 있어서, 창의력을 측정할 때 구체적인 창의적 사고와 문제 해결 등을 측정하게 된다.

5) McKinnon은 그가 주로 창의적인 사람의 특성에 대해 연구해 왔던 것처럼, 창의력 정의도 주로 사람에 초점을 두고, 창의적인 사람의 성격에 관심을 가졌다. 창의력을 측정할 때도 창의적인 사람의 특성을 주로 측정하게 된다.

6) Maslow와 7) Rogers의 정의에서는 사람의 라이프 스타일이나 개인적인 발전에 관심을 두었고, 창의력을 측정할 때는 주로 개인적인 적응, 자아실현, 건강과 자신의 이미지, 창의력을 발전시키는 또는 저해하는 측면을 측정하게 된다.

8) Gardner의 정의에서는 주로 산출물에 초점을 두고 있고, 산출물이나 창의적인 성취를 보여주는 결과물을 중심으로 창의력을 측정하게 된다.

9) Amabile과 10) Rhodes의 정의는 산출물, 사람, 과정, 환경 등의 상호작용을 강조하고, 다양한 방법을 이용하여 복합적인 차원으로 프로파일을 중심으로 창의력을 측정한다.

수많은 정의 중에서도 Torrance의 정의는 '창의력 측정' 에서 매우 중요한 위치를 차지한다. 그는 자신이 정의 내린 비교적 구체적인 창의력 정의를 토대로 창의력을 측정하고 가르치며 자신의 정의를 검증했다. 그의 정의는 창의력이 '교육 가능' 하다는 데 초점을 두고 있기 때문에 창의력 교육과 측정에서 중요한 역할을 한다.

물론 그의 정의가 가장 훌륭한 정의라고 말하기는 어렵다. 하지만 그의 정의는 교육을 통해 창의력이 계발될 수 있다는 것을 의미하므로 중요시된다. 또한 그가 개발한 창의력 검사는 교육자와 교육심리학자, 심리학자들이 일반인에게 잠재해 있는 창의적인 능력을 어느 정도 측정해 볼 수 있는 최초의 도구를 마련해 주었다는 점에서 높이 평가할 만한 일이다.

CHAPTER 02

창의력 검사와 측정의 개관

1. 창의력과 지능 측정의 역사
2. 영역-구체적인domain-specific 창의력
3. 창의력 측정 연구의 역사
4. 창의력 측정 이유
5. 창의력 측정의 어려움
6. 창의력 검사와 지능 검사
7. 창의력 검사의 범주

〈전쟁과 창의력 측정 연구의 역사〉

4년 4개월간의 제1차 세계대전 (1914. 8. ~ 1918. 11.)

7년간의 제2차 세계대전 (1939. 9. ~ 1945)

19세기 중반

이탈리아의 Lombroso와 영국의 Galton: 창의력과 지능을 과학적으로 연구 시작

1905

프랑스의 Binet: 지능검사 개발

1910

Terman (1877. 1. 15~1986. 12. 21, Galton의 제자): 스탠퍼드 대학교에서 창의력과 지능 측정 연구 시작

1914. 8. ~ 1918. 11.

- 1917년 미국이 제1차 세계대전 참여
- Terman: 미국 국방부에서 정신 능력 측정 연구 시작 (군인 선발용 알파 · 베타 검사 개발)

1921

Terman: 이정표적인 종단연구 시작 (지능과 창의력 관계 연구)

1926

Terman: 『지능의 측정』 출간

1939. 9. ~ 1945

- 제1차 세계대전 때 Terman이 개발한 알파 · 베타 검사 재사용
- Guilford (1897. 3. 7~1987. 11. 26 '인력 연수' 연구('인간지
구조' SOI 이론 개발)
- MacKinnon과 Barron: 제2차 세계대전 당시 원자폭탄을 제조할 창의력이 뛰어난 사람 선발 연구에 참여

1950 | 1960 | 1970 | 1980 | 현재

1950

- 한국전쟁(6 · 25)
- Torrance
  (1915. 10. 8~2003. 7. 12):
  한국전쟁 초기에
  '생존심리학' 연구
  ('미국 인적자원연구소' 에서
  미 공군 생존 훈련 프로그램
  연구 시작, 이후 50년간
  창의력 연구)
- Guilford:
  미국 심리학회 회장 취임 연설
  (창의력 연구 촉구)

1950년대~1960년대

- Guilford:
  캘리포니아 대학교에서
  '공군 적성 프로젝트' 진행
  (요인 분석 연구를 통해
  '발산적 사고 요인 밝혀 냄)
- MacKinnon과 Barron:
  버클리 대학교의
  '성격측정연구소' 에서
  창의적인 사람의
  성격 검사 도구 개발
- Guilford:
  보통 사람들을 대상으로 한
  창의력 지필검사 개발 연구 촉구
  (많은 창의력 연구자들이
  창의력 측정 검사 개발 시작)

1960년대~1970년대

- Torrance:
  미네소타 대학교와
  조지아 대학교에서
  다양한 발산적 사고 검사 개발
  (1974년: 언어와 도형
  창의력 검사 개발)
- 창의력 성격 검사와
  발산적 사고 검사가 개발되면서
  다양한 창의력 교육 프로그램
  개발 시작
- '창의력' 이란 용어 유행
- Osborn:
  브레인스토밍을 비롯한
  창의력 기법 소개
- Osborn과 Parnes:
  버팔로 대학에서
  "창의적인 문제 해결력
  CPS 모델" 연구
- Getzel과 Jackson(1962):
  지능과 창의력 상관관계 연구
  (지능과 창의력의 상관에 대한
  근본 문제 제기)

1970년대 이후~현재
창의력 연구자

- Treffinger
- Sternberg
- Gardner
- Amabile
- Lubart
- Feldhusen
- Runco
- Plucker
- Hocevar

CHAPTER 02

창의력 검사와 측정의 개관

창의력을 연구하는 방법은 다양하다. 4p 중심으로 산출물, 과정, 사람, 환경과 관련하여 연구를 하는 방법 외에 이론적인 측면이나 연구 방법 및 검사 도구를 중심으로 연구를 하기도 한다. 이론적인 면에서는 인지주의자, 연합주의자, 행동주의자, 형태주의자, 발달주의자, 인본주의자들을 중심으로 창의력 이론을 발전시켜 왔다. 연구 방법적인 면에서는 주로 실험 연구를 비롯한 상관 연구와 같은 양적 연구는 물론 질적 연구에 이르기까지 다양한 연구 방법을 활용해 왔다. 창의적인 사람을 직접 면접하거나 사후에 그들의 전기, 자서전, 작품, 편지 등을 통해 사례 연구를 하기도 한다. 그리고 Torrance와 Guilford 같은 심리학자들은 창의력(창의적인 잠재 능력)을 측정하기 위해 다양한 검사 도구를 개발해 왔다.

이 중에서도 창의력 검사 도구와 관련된 부분이 창의력 연구 영역에서 가장 많이 연구되었고, Torrance와 Guilford의 연구에 자극을 받아 많은 연구자들이 창의력 검사에 대해 관심을 갖고 연구하게 되었다. 지금까지 학교 현장에서 사용된 대부분의 창의력 검사는 발산적 사고 검사 위주였다. 또한 연구 목적으로 사용될 때도 발산적 사고 검사가 주로 사용되어 왔다.

그 이유는 Guilford가 정의한 발산적 사고 검사의 하위 요인인 유창성, 융통성, 독창성, 정교성과 같은 요인들은 비교적 측정하기가 구체적이고, 양화하기가 쉽기 때문에 널리 사용되어 왔다고 보인다. Torrance의 발산적 사고 검사는

Guilford의 이론에 의해 개발되어, 교육 현장에 많이 사용되었다. 창의력 검사에 대해 수십 년 동안 연구해 왔던 Guilford나 Torrance는 창의력 측정에 대해 높은 가치를 두고 창의력 검사의 신뢰도나 타당도에 대해 연구하였다.

반면에, 몇몇 인지심리학자들은 창의력 검사에 높은 가치를 두지 않는다. 예컨대, 예일대학의 Strernberg(1988)는 "창의력과 같은 심리 측정 검사는 잘해야 창의력의 아주 미미한 부분만 측정할 수 있다."고 강조했고, 하버드 대학교의 Gardner(1982)는 "창의력 검사는 단어 목록을 외우거나 미로 찾기 완성과 같은 매우 간단한 과제로 구성되어 있다. 이러한 내용들은 쉽게 잊어버릴 수 있는 내용이고, 쉽게 익힐 수 있는 내용들이다."라고 했다.

이와 같이 창의력 검사에 대한 논란이 계속되고 있다. 이러한 논란 속에서 미국의 Ohio와 Georgia 및 몇몇 주에서는 창의적인 잠재력이 있는 아동을 판별하기 위해서 포트폴리오뿐만 아니라 창의력 검사나 창의력 성격 검사를 병행하도록 요청하고 있다(Piirto, 2004).

최근 창의력 측정과 관련하여 첨예한 문제가 대립되고 있는 것은 창의력을 영역-일반적인 창의적 사고 기술domain-general로 볼 것인지, 아니면 영역-구체적인 창의적 사고 기술domain-specific로 볼 것인지에 대한 것이다.

창의력(창의적인 잠재 능력)을 측정하는 방법이 창의적인 산출물의 유형에 따라 너무 다양하기 때문에, 이에 대한 논의는 계속될 것이다. 언어, 과학, 수학, 예술 영역에 따라 측정 방법이 다르고, 각각의 영역은 또 여러 하위 영역에 따라 창의적인 산출물의 측정 방법이 또 달라진다. 영화의 예를 들더라도, 다큐멘터리, 드라마, 공포물, 미스터리물, 어린이영화, 과학 픽션물, 서스펜스물 등 각 장르별로 영화의 창의력을 측정하는 것은 그리 쉽지 않을 것이다. 문학의 예도 마찬가지다. 시, 단편소설, 장편소설, 공상과학소설, 전기 등 많은 하위 영역이 있기 때문에 문학 영역별로 창의력을 측정하기는 쉽지 않을 것이다.

지금까지는 Guilford의 이론을 중심으로 한 Torrance의 창의력 검사와 같은 발산적 사고 위주의 창의력 검사가 주로 사용되어 왔다. 그러나 영역-구체적인 창의력 검사 방법들과 관련된 연구가 더 심도 있게 진행될수록, 앞으로는 영역-

구체적인 창의력 측정 방법이 영역-일반적인 방법보다 더 많이 사용될 것으로 예측된다.

1. 창의력과 지능 측정의 역사

창의력을 측정하려고 최초로 노력을 기울인 사람은 영재교육으로 유명한 Terman이다. 그는 현대 심리학의 체계적인 검사 도구를 이용해서 창의력을 정의하고 측정하려고 최초로 근대적인 노력을 기울인 사람이다.

그는 집안 형편이 어려웠지만, 지적 욕구가 강하여 대학에 진학하고 대학교수가 되어 연구를 시작하게 된다. 그 자신이 어려서부터 지적 능력이 탁월한 조숙아였기 때문에, '어렸을 때 천재였던 사람들이 어른이 된 다음에 지적 사회적으로 쇠퇴하는 경향이 있다'는 생각을 연구를 통해 검증해 보고 싶었다. 그래서 박사 학위 주제로 천재 집단과 지능이 떨어지는 집단을 단순 비교하는 연구를 수행했다.

1910년에 스탠퍼드 대학의 교수가 된 Terman은 1922년 심리학과 학과장이 되고, 창의력, 지능, 천재성 및 천부적인 재능에 관심을 갖게 된다. 그 당시 사람들은 정신적인 특징을 측정하는 방법에 관심이 많았다. 제1차 세계대전이 일어나기 전에 한동안 많은 사람들의 관심을 끌었던 정신적인 측정 방법이 프랑스의 Binet로 하여금 지능 측정 검사법을 만들게 하였다. Terman은 Binet의 검사의 영문판을 만들게 되고 새로운 영문판 지능 검사의 결과를 잘 요약하여 1926년에 『지능의 측정』이라는 책으로 출간했다.

그러나 Terman의 연구는 제1차 세계대전으로 인해 중단되게 된다. 미국은 제1차 세계대전에 참전하게 되고, 군대에서는 군인 선발을 할 때 지능을 측정하려고 했다. 수많은 미국인 지원병과 모병들은 글을 잘 못 읽거나 제대로 교육을 받지 못한 것이 당시 미국의 현실이었고, 또한 전쟁이 기술적으로 더욱 복잡해졌기 때문에 지원병과 모병들이 임무를 성공적으로 수행할 수 있을지 예측하기 위해 어떤 군인을 선발해야 하는지에 대한 검사가 필요했다. 말하자면, 어떤 군인이 보다 더 복잡한 기술을 책임지고 담당할 것인지, 어떤 사람이 장교가 되어야 하는지 등에 대한 군인 배치의 판단 방법이 필요했다.

1917년 4월 6일 미국은 제1차 세계대전에 참여했고, 미군은 Terman의 심리측정적 재능이 필요했다. Terman을 비롯한 몇몇 심리학자들은 많은 수의 사람들을 집단으로 빨리 검사할 수 있는 제대로 된 일반적인 정신 능력 측정법을 개발하는 임무에 착수했다. Terman은 표준화된 정신 능력을 측정하는 연구의 주요 책임자가 되었고, 그의 주도로 미군의 알파베타 테스트가 만들어졌다. 글을 읽을 줄 아는 모병을 검사하기 위해 알파 검사를, 글을 읽을 줄 모르는 모병을 위해서는 베타 검사를 개발했다. 175만 명 이상에게 알파 검사를 실시한 결과 이 검사가 군 지휘계통 안에서 누가 어떤 일을 하면 가장 좋을지에 대한 판단을 하는 데 큰 도움이 되었다. Terman은 전쟁 기간 동안 처음에는 일반인으로 연구를 했지만, 나중에는 소령으로 워싱턴 국방부 장관실 안에서 일을 하게 되었다. 그가 개발한 알파 검사가 너무도 유용해서 제2차 세계대전 기간 중에도 다시 사용될 정도로 군인들의 가장 적절한 일의 정도와 유형을 결정하는 데 많은 도움이 되었다.

1918년 전쟁이 끝난 이후에 Terman은 다시 스탠퍼드로 돌아가 원래 그가 하고자 했던 연구를 계속했다. 지능 검사를 사용해서 1921년, 그의 연구에 이정표가 될 만한 연구를 시작한다. 박사과정 때 진행했던 연구를 시작으로 그는 유명한 종단적 연구를 계속하게 된다. 이 연구에서 Terman은 지능 검사를 사용하여 지능지수가 135~200인 아동들을 대상으로 이 아동들이 성장하는 과정을 추적 관찰한다. 지능지수가 높은 아동들을 대상으로 오랫동안 계속된 이 종단 연구는 그의 사후에는 그의 제자와 아들에 의해 계속 진행되었다.

이 종단 연구에서 지능과 창의력의 관계를 밝히고 있다. 이렇게 지능 검사가 만들어진 시기에 Terman에 의해 시작된 천재에 관한 연구에서는 창의력과 관련해서 천재란 고도의 지능과 동일한 개념이 아니며, 지능과 창의력은 서로 다르다는 점을 밝혀 냈다.

Terman보다 앞서 창의력을 과학적으로 연구하려는 노력은 19세기 중반 이탈리아의 정신과 의사 Lombroso나 영국의 Galton과 같은 학자들에 의해 시작되었다고 할 수 있다. 특히 Galton은 다양한 방법으로 천재성을 측정하려는 시도를 했다. Terman은 Galton의 제자였으며, Galton의 연구를 심화시켰다고 할 수 있지만, 19세기 초와 20세기 초에는 창의력이 그리 널리 연구가 되는 주제는 아니었다.

1950년도 Guilford가 미국심리학회 회장 취임 연설에서 창의력이 인간의 중요한 특성이라고 주장하면서, 이에 대한 연구를 촉구했다. 그 결과 많은 심리학자들이 창의력에 대한 관심을 갖게 되었고, 창의력을 측정할 수 있는 다양한 방법과 도구를 개발하게 되었다. Guilford는 제2차 세계대전 당시 창의력 연구에 참여하게 되었다. 제1차 세계대전 후 지능 연구가 큰 영향을 받았던 것처럼, 제2차 세계대전은 창의력 연구에 큰 영향을 미쳤다.

Guilford는 제2차 세계대전 중에 인력 연수Manpower Training에 관한 연구를 했다. 인간 능력에 관한 새로운 영역을 연구했고, 연구 결과 나중에 널리 알려진 '인간의 지능 구조Structure of Intellect, SOI' 이론을 개발했다. 이런 노력은 국가 방위 개선과 같은 실질적인 문제를 해결하는 데에도 중요하다는 것을 입증하게 되었다. 따라서 국가에서도 창의력 연구에 투자하는 데 관심을 기울이게 되었고, 관련된 심리학자들은 창의력과 관련된 연구를 할 수 있는 연구지원비를 받게 되었다.

2. 영역-구체적인domain-specific 창의력

최근 창의력 검사 및 측정에서 가장 쟁점이 되고 있는 것은 창의력이 영역-구체적 또는 영역-일반적인 것인지에 대한 것이다. Guilford가 1950년도에 창의력 개념을 소개하고, 이를 기초로 한 Torrance의 발산적 사고 검사를 비롯한 다양한 검사들은 인간의 창의력human creativity이 영역이나 과목에 상관없는 일반적인 능력이라고 생각해 왔다. 거의 50여 년 동안 이와 같은 견해가 창의력 관련 연구자들이나 영재교육 관련 교육가들 사이에서 받아들여졌다(Guilford, 1967; Runco, 1986; Torrance, 1988). 영역-구체적인 창의력에 대한 논의가 되고 있지만, 아직까지도 창의력은 모든 영역과 과목에 걸쳐서 적용될 수 있는 일반적이라고 보는 연구자나 교육자들이 많다(Feldhusen과 Goh, 1995; Torrance, 1988).

그러나 최근 들어 Baer(1993)를 포함한 많은 창의력 연구자들(Csikszentmihalyi, 1990; Gardner, 1983; Matthew, 1990)은 창의력이 영역-구체적이라는 견해를 갖고 있고, 이를 뒷받침하는 저서와 논문들이 출판되고 있다. Baer(1994)는 모든 영역과 과목에 걸쳐서 매년 수백만 명의 아동들이 발산적 사고 검사와 같은 일반적인 창의력 사고 검사를 치르고 있다고 지적했다. 또한 이와 같은 검사 결과 발산적 사고 검사 점수가 높은 아동을 창의력이 높은 아동으로 판별하고 있다고 지적했다. 이와 관련하여는 Baer의 저서인 『창의력과 발산적 사고: 과제 구체적 접근』(1993)과 『창의적인 교사, 창의적인 학생』(2000, 우종옥, 전경원 역)을 참고하도록 한다.

Wallach(1985)는 창의력뿐만 아니라 영재성은 일반적인 내용에서 영역-구체적인 내용으로 크게 변화하고 있다고 주장하고 있다. 특히 사람들이 처음에 생각했던 것보다 훨씬 더 영역-구체적인 창의력과 영재성이 중요하다고 언급했다. 이러한 연구 동향에 의하여, 많은 창의력 연구자들은 발산적 사고 중심의 일반적인 창의력 측정에 대해 회의를 갖게 되었다. 특히 발산적 사고 검사의 단점인 타당성의 문제점(구인 타당도, 예언 타당도)의 예를 들어 영역-구체적인 창의력을 측정해야 한다고 주장한다.

그러나 Runco(1993)와 같은 학자는 비록 발산적 사고 검사가 사람들이 처음 생각했던 것보다 타당도가 떨어질지라도, 지금까지 연구되어 왔던 발산적 사고 검사의 연구 결과를 완전히 무시하고 타당도가 없다고 하지 말아야 한다고 주장했다. 덧붙여 그는 발산적 사고 검사는 창의적인 사고의 잠재 능력을 재기 위해서 매우 유용한 평가 자료라고 주장한다. Cramond(1994)도 발산적 사고 검사를 사용하여 연구한 결과, 학교에서 문제가 있었던 아동들로부터 창의적인 잠재 능력이 있다는 것을 찾아낼 수 있었다고 주장하면서, 발산적 사고의 장점을 부각시켰다. 즉, 발산적 사고 검사가 어느 정도 제한점을 갖고 있더라도, 인간의 창의적인 기능과 발달적인 측면을 고려할 때 많은 장점이 있으므로, 발산적 사고 검사의 가치를 과소평가해서는 안 된다는 것이다.

Runco(1987)는 5학년에서 8학년 사이의 228명의 영재와 평재들을 대상으로 7개의 영역(글쓰기, 미술, 공작, 음악, 과학, 공연예술, 대중 발표)에서 가장 창의적인 성취를 했던 것을 Hocevar(1978)가 개발한 '자기 보고' 식의 창의적 활동과 성취에 관한 설문지를 통해서 기록하도록 했다. 기록한 결과를 양적, 질적으로 평가한 점수와 Wallch와 Kogan(1965)의 발산적 사고 검사 간의 상관관계를 살펴봤다. 양적 창의력 성취와 질적 창의력 성취 간에는 관계가 없는 것으로 나타났고, 영재와 평재 간에도 차이가 없는 것으로 밝혀졌다. 학생들의 7개 영역에서의 구체적 창의력 성취도는(중앙값 r=0.16) 낮은 정도로 나타났다. 이 연구를 통해서 Runco는 학생들의 영역-구체적인 특성이 그다지 높지 않다는 것을 주장하고 있다. 또한 창의력의 영역-일반성과 영역-구체성을 논의할 때 양적 창의력을 의미하는 것인지, 질적 창의력을 의미하는 것인지에 대한 구분을 해야 한다는 중요한 시사를 하고 있다. Runco는 논문 끝 부분에서 경험적인 연구 결과 양적 창의력은 일반적인 창의력과 관계가 있고, 질적 창의력은 구체적인 창의력과 관계가 있는 것으로 구분된다고 주장했다. 그러나 아직까지 이와 관련된 연구는 미미하므로, 더 많은 창의력 관련 연구자들이 이런 연구를 반복적으로 시도해 봐야 양적 창의력과 질적 창의력 및 영역-일반성과 영역-구체성에 대한 내용이 정리될 것으로 보인다.

Amabile와 그의 동료들(Conti, Coon, & Amabile, 1996)은 다차원적인 면에서 창의력이 일반적 과정일까, 영역-특수적 과정일까에 대해 통합적으로 연구했다. 그들의 연구에 결과에 의하면 창의적 수행력이 일반적인 본성을 지지한다고 했다. 이 연구 참가한 사람들은 각자가 여러 가지 다른 창의력 과제를 받았다.

창의적 글쓰기 영역에 참가한 사람들에게는 각각 다른 세 가지 그림(첫 번째 그림은 가운데에 버려진 배boat처럼 보이는 것이 있는 숲 속 지역을 그린 그림,

두 번째 그림은 작가의 책상을 그린 그림, 세 번째 그림은 백지)에 반응해서 세 편의 짧은 글을 쓰라고 제시했다. 개별적인 활동에서는 참가자들에게 앞서 암기 문장에서 읽었던 두 주인공에 대해 짧은 글을 쓰라고 요청했다. 참가자들은 세 가지 미술 활동에도 참여했다. 첫 번째는 여러 가지 모양의 종이로 콜라주를 만드는 것이고, 두 번째는 직선들만 이용해서 그림을 그리는 것이고, 세 번째는 여러 가지 모양의 스펀지를 사용해서 그림에 칠하기를 하는 것이었다. 연구 결과, 다양한 영역들 안에서 드러난 수행역 간의 상관관계가 흥미롭다(표 2-1). 각 영역들 안에서는(즉, 짧은 글쓰기나 미술 활동. 짧은 글쓰기의 경우는 왼쪽 위에, 미술 영역의 경우는 오른쪽 아래에 이탤릭체로 제시된 상관관계를 참고) 비교적 상관관계가 높은 것으로 나타났다. 표의 오른쪽 상단에 볼드체로 제시되는 영역을 가로지르는 (짧은 글쓰기와 미술 영역을 가로지르는) 상관관계는 낮거나 의미가 없는 것으로 나타났고, 이 중 몇 개는 음의 상관관계로 나타났다.

표 2-1 Conti, Coon, Amabile의 창의적 성취의 일반성을 조사한 연구 결과

	보트 그림 (1)	책상 그림 (2)	백지 (3)	이야기 평균 (4)	암기 (5)	콜라주 (6)	그리기 (7)	칠하기 (8)	미술 평균 (9)
1	X	*.64***	*.43***	*.86***	*.47***	**.36**	**.33**	**−.07**	**.27**
2		X	*.50***	*.87***	*.46***	**.19**	**.31**	**−.22**	**.12**
3			X	*.75***	*.21*	**.35**	**.31**	**−.13**	**.23**
4				X	*.43**	**.35**	**.36**	**−.16**	**.25**
5					X	**.12**	**−.22**	**.09**	**.00**
6						X	*.43***	*.27**	*.77***
7							X	*.15*	*.73***
8								X	*.66***
9									X

출처: Conti, Coon, & Amabile(1996).

주: *이탤릭*체는 영역 안에서의 상관관계를 나타냄. **볼드**체는 영역을 가로지르는 상관관계를 나타냄.
*$P<.05$.
**$P<.01$.

이와 같이 최근에 관심을 모으고 있는 '영역-구체적인 창의력'은 Gardner(1983)가 제안한 다중지능 이론에 영향을 받았다고 볼 수 있다. Gardner(1983)는 지능을 7가지(최근에는 9가지) 유형의 구체적인 지능이나 인지활동의 영역으로 간주했다. Gardner(1988)는 더 이상 우리는 어떤 사람이 창의적인 사람인가에 대해서 언급할 필요가 없다고 주장했다. 대신에, 어떤 한 사람이 어떤 구체적인 영역에서 창의력을 지니고 있는지 그 가능성 알아보는 데 노력을 기울여야 한다고 강조했다. 영재교육 및 창의력 교육 관련자들은 다중지능 이론이 한 개인의 능력의 다양성과 다원적인 면을 강조하기 때문에 이런 견해를 적극적으로 받아들이고 있다.

Gardner의 다중지능 이론이 창의력 교육과 영재교육 및 측정 분야에 지대한 영향을 미쳤지만, 몇몇 학자들은 다중지능 이론에 관한 연구가 많이 진행된 것이 아니므로 이 이론을 교육 현장에 적용하는 것에 대해 우려하고 있다(Matthew, 1988). 그러나 Feldman(1994)과 같은 학자와 영재교육 관련 교육자들은 Gardner의 다중지능 이론을 적극적으로 받아들이고 있다. Feldman(1994)의 경우는 영재성이 단순하게 일반적인 지적 능력을 의미하는 것이 아니고, 영역-구체적이라는 관점에 관심을 갖고 있다.

최근 이론적으로는 영역-구체적인 창의력이나 영재성이 중요하다고 제안되었고 이를 따르는 연구자나 교육자들이 증가하고 있는 추세이지만, 이와 관련된 경험적인 연구 결과가 많이 축적되지 않은 실정이라서 앞으로 좀 더 많은 연구가 필요하다. 또한 Hong, Milgram과 Gorsky(1995)는 영역-구체적인 창의력과 영역-일반적인 창의력을 명확하게 구분 지을 수 있다는 경험적인 연구 결과를 얻었으나, 이에 대한 결과를 뒷받침하는 더 많은 연구물들이 축적되고, 탄탄한 이론적인 뒷받침이 되어야 한다고 본다. 그리고 Plucker(1998)가 제기한 것처럼 어떤 통계 방법을 사용하는가에 따라서 영역-구체성이나 영역-일반적성이 더 유리하게 작용할 수 있으므로, 이런 점에 유의해야 한다. 예컨대, 수행평가 중심의 창의력 측정은 영역-구체성에 더 유리하게 작용하고, 자기 보고식의 창의력 검사에서는 영역-일반성이 더 유리하게 작용한다는 점이다. 이런 점을 고려하여 Plucker(1998)는 성급하게 영역-구체적인 창의력이 더 영역-일반적인 창의력보다 우세하다고 결론을 짓는 것은 매우 성급한 것이라고 지적하고 있다.

지금 시점에서는 창의력이 영역-구체적인지에 대한 연구가 좀 더 진행되야 하므로, 이에 대해서는 신중하게 받아들여야 한다. 아직까지 창의력은 일반적인 것이라고 보는 사람도 많고, 교육 프로그램도 이에 따라서 일반적인 창의력을 증진시키는 내용을 적용하고 있다. 그러나 만일 창의력이 영역-구체적이라는 것이 좀 더 확실해진다면 지금까지의 가정이 바뀌게 되므로, 이에 따른 교육 프로그램의 디자인이나 판별 방법도 바뀌어야 할 것이다. 이런 이유로 Plucker(1998)는 창의력의 영역-일반성과 영역-구체성에 관한 연구가 필수적일 뿐만 아니라 그 중요성이 크기 때문에 앞으로도 계속되어야 한다고 제안하고 있다.

1) 한국적 창의력 측정

Torrance의 종단적 자료를 재분석한 Baer(1996)와 Plucker(1999)의 연구에서, TTCT 창의력 검사 도구가 창의적인 성취의 40% 정도 설명력이 있고, 나머지 변인 50~60%는 아마도 내용-특수성과 관련된 요인일 것이라고 했다. 또한 Sternberg(1989)도 영역 상보성을 주장했는데, 그는 영역의 일반성과 특수성은 상보적이며, 양자는 수행의 차이에 따라 상호 작용한다고 했다.

지금까지의 연구를 종합해 보면, 창의력 교육 프로그램을 개발하거나, 창의력 측정을 할 때, 영역의 일반성과 특수성은 이분법적 개념이 아닌 상호 보완적, 상호 통합적으로 고려해야 할 것이다. 그렇다면 한국 학생들을 대상으로 한 영역-일반성과 영역-특수성 연구에서는 어떤 결과가 있었는지 알아보자.

이정규(2003)는 창의력 연구에 있어서 영역성과 측정에 대한 문제점 분석 연구를 시도했다. 창의력을 측정함에 있어 영역-일반성으로서의 객관적 측정법과 영역-특수성으로의 영역별 전문가들에 의한 주관적 측정법을 다양한 통계 기법으로 적용하여 검증했다.

그는 서울 지역의 초등학교 3학년, 중학교 1학년, 고등학교 1학년을 대상으로 3개 집단에서 총 668명을 연구했다. 객관적 측정을 하기 위해 Torrance의 TTCT 도형형 A 검사를 사용했고, 주관적 측정을 위해서는 영역별 산출물 검사를 4가지 실시했다. 언어 영역에서는 '전혀 새로운 이야기로 완성하기', 수학 영역에서는 '창의적인 수학 문제 만들기', 과학 영역에서는 '과학적 산출물 측정하기', 미술 영역에서는 '콜라주 만들기'를 실시하여 다양한 통계 방법을 사용했다.

연구 결과 객관적·주관적 검사 도구는 신뢰로운 검사 도구로 밝혀졌고, 영역-일반성의 발산적 사고 변인 간의 상관, 영역-특수성의 4개 영역 간의 상관, 그리고 발산적 사고의 변인과 영역 간의 상관에서 모두 유의미한 상관관계를 보였다. 또한 상위 20%에서 2개 영역 이상 중첩된 학생이 19.76%로 나타났으며, 영역-특수성에 대한 영역-일반성의 설명력에서는 모든 변인이 설명력이 있었다.

그는 이런 연구 결과가 미국의 초등학생을 대상으로 연구한 한기순(2000)의 결과와 다른 이유를 서구의 개인주의적 교육과 한국의 집단주의적 교육의 교육 환경 차이에서 기인하는 것으로 여겼다. 또한 서구에서는 개인의 고유한 능력을 강조하지만, 한국에서는 모든 영역에 걸쳐 고른 인지적 역량을 강조하기 때문이라고 결론 내렸다.

이와 같은 한국적인 교육 문화적인 상황에 따라 영역-일반성과 영역-특수성은 조심스럽게 접근해야 할 과제인 것으로 사료된다.

또한 전경남(2008)은 그의 박사 학위 논문에서 영역-일반성, 영역-특수성 및 창의적 수행에 영향을 미칠 수 있는 다양한 요인을 고려하여 흥미로운 연구를 수행했다. 그는 창의력의 영역-일반성과 영역-특수성에 관한 선행연구들은 '① 발산적 사고와 창의적 수행 간의 관계, ② 서로 다른 영역에서의 창의적 수행 간의 관계'를 살펴봄으로써 창의력이 영역-일반적인 현상인지, 아니면 영역-특수적인 현상인지를 결정지으려는 이분법적인 접근 방법을 취하여 왔다고 보았다. 그러나 이들 선행 연구들은 창의력의 영역-일반성과 특수성을 탐색하는 데 있어 주로 발산적 사고 요인에만 초점을 두어 왔다는 제한점이 있다는 지적을 했다.

창의력은 여러 요인들 간의 상호 작용에 의해 나타나는 복잡하고, 다차원적인 현상이다. 전경남(2008) 창의력의 영역-일반성과 영역-특수성에 대한 보다 깊은 이해는 창의적 수행에 영향을 미칠 수 있는 여러 요인들의 상대적인 효과 및 이들 요인들 간의 복잡한 상호 작용을 체계적으로 탐색하는 연구를 통해 가능해질 것이라는 생각으로 두 가지 유형의 흥미(개인 흥미와 상황 흥미)에 대해 관심을 두었다.

전경남(2008)은 "발산적 사고, 영역 지식, 그리고 흥미가 미술과 수학에서의 창의적 수행에 미치는 효과의 비교" 연구에서 창의적인 수행에 영향을 미칠 수 있는 여러 요인들의 상대적인 중요도가 특정 영역의 영역 구조에 따라 어떻게 달라질 수 있는가를 탐색함과 동시에, 이들 요인 간의 다양한 상호 작용을 탐색했다. 이 연구에서 다음과 같이 세 가지 연구 문제가 설정되었다. 첫째, 발산적 사고, 영역지식, 그리고 두 가지 유형의 흥미(개인 흥미와 상황 흥미)가 미술과 수학 영역의 창의적 수행에 미치는 상대적 효과는 어떠한가? 둘째, 개인 흥미와 상황 흥미는 발산적 사고와 창의적 수행 간의 관계에 대한 조절효과를 갖고 있는가? 셋째, 개인 흥미와 상황 흥미는 영역지식과 창의적 수행 간의 관계에 대한 매개효과를 갖고 있는가?

221명의 한국의 중학교 2학년 학생들이 이 연구에 참여하였으며, 주요 연구 결과는 다음과 같다. 첫 번째 연구 문제의 경우, 영역-일반적 인지 요인인 발산적 사고와 영역-특수적 인지 요인인 영역지식 모두 미술과 수학 영역에서의 창의적 수행을 통계적으로 유의미하게 설명하는 것으로 나타났다.

하지만 발산적 사고와 영역지식이 창의적 수행에 미치는 상대적인 효과는 서로 다른 영역 특성을 지닌 미술과 수학에서 각기 다르게 나타났다. 즉, 미술과 같이 발견법heuristic의 문제 해결 방식에 더 많이 의존하고, 영역의 다양한 차원에서 창의적 문제 해결의 시도가 허용되는 영역에서는, 발산적 사고가 영역지식보다 창의적 수행을 보다 더 많이 설명하는 것으로 나타났다.

이와 대조적으로, 수학과 같이 알고리즘에 더 많이 의존하고, 영역의 제한된 차원에서만 창의적인 문제 해결 방식이 시도될 수 있는 영역에서는, 영역지식이 발산적 사고보다 창의적인 수행을 더 잘 설명하는 것으로 나타났다. 영역-특수적인 동기 요인인 개인 흥미는 미술과 수학 영역에서의 창의적 수행을 통계적으로 유의미하게 설명하지 못하는 것으로 나타났으며, 과제 특수적인 동기 요인인 상황 흥미의 경우 수학 영역에서의 창의적인 수행을 통계적으로 유의미하게 설명하는 것으로 나타났다.

두 번째 연구 문제와 세 번째 연구 문제에서 검증한 개인 흥미와 상황 흥미가 갖는 조절효과와 매개효과는 모두 통계적으로 유의미하지 않은 것으로 나타났다. 이 논문은 창의력의 영역-일반성과 특수성을 탐구한 기존의 연구들이 주로 발산적 사고와 창의적 수행 간의 관계에 초점을 둔 것과 달리, 다양한 영역-일반적, 영역-특수적인 요인들이 특정 영역의 창의적 수행에 미치는 상대적인 영향을 해당 영역의 구조 및 특성과 함께 고려하며 비교한 데 그 의의가 있다.

3. 창의력 측정 연구의 역사

창의력 측정 연구는 전시에 군인을 잘 선발하여 적재적소에 배치하기 위해서 창의력이 뛰어난 사람을 찾기 위한 목적에서 출발했다고 볼 수 있다(전경원, 2005). 제2차 세계대전 당시 원자폭탄을 제조할 창의력이 뛰어난 사람들을 선발하고자 했다는 사실은 그곳에서 연구에 참여했던 MacKinnon이나 Barron 등에 의해서 알려져 왔다. 전쟁에서 비롯된 창의력 측정의 역사는 『창의학』(전경원, 2000a) 1장에 자세하게 소개되어 있으므로 참고하기 바란다.

제2차 세계대전 이후 1950년대에서 1960년대에 MacKinnon과 Barron은 버클리 대학의 '성격측정연구소' 중심으로 창의적인 사람의 성격 검사 도구 개발에 대한 경험적인 연구를 진행했다. 이 당시 창의적인 건축가, 작가, 수학자, 발명가에 대한 성격 연구에 초점을 두었고, 연구 결과 창의적인 성격 검사를 개발했다. 거의 비슷한 시기에 Guilford는 캘리포니아 대학에서 '공군 적성 프로젝트'를 진행하면서 요인 분석 연구를 통해서 발산적 사고의 요인들을 밝혀 냈다.

원래 창의력 연구는 역사적으로 보면 주로 과학이나 예술 방면에 탁월한 천재

genius를 대상으로 시작되었다고 할 수 있다(Becker, 1995; Isaksen & Murdock, 1993). 예컨대 아인슈타인이나 미켈란젤로와 같은 저명한 과학자나 예술가의 창의력에 대해서 연구를 했다고 할 수 있다. 그러나 Guilford(1950)는 이렇게 고도로 창의적인 탁월한 사람들은 매우 희귀하기 때문에 창의력 연구가 매우 제한적이라고 지적했다. 그러므로 창의력은 보통 사람들, 즉 평범한 사람들을 대상으로 지필검사와 같은 과제를 이용한 심리측정적인 접근psychometric approach을 해야 한다고 믿었다. 이런 검사의 한 종류로 색다른 용도법Unusual Uses과 같은 검사를 제안해서 벽돌과 같이 흔한 물건을 다른 용도로 사용할 수 있는 다양한 방법을 생각하도록 한 것이다. 많은 연구자들은 Guilford의 제안을 받아들였고, 이에 따라서 발산적 사고와 관련된 과제들을 중심으로 창의력을 측정하기 시작했다. 이와 같은 검사들은 표준화된 척도에 따라서 사람들의 창의력을 상대적으로 비교할 수 있는 편리한 방법으로 받아들여졌다.

BOX 1_ Torrance, 한국전쟁, 그리고 창의력 연구

오늘 우연히 "창의력, 여행 그리고 영화" 과목을 수강하는 한 학생으로부터 창의력의 대가 Torrance와 미 공군 생존 훈련 프로그램에 대한 질문을 받고 Torrance와 한국전쟁, 그리고 창의력 연구에 대한 이야기를 하고 싶은 날이다. 마침 내일이 제 61주년 국군의 날이라 한국전쟁과 Torrance와의 연구 인연을 생각해 봤다. 질문을 하는 학생은 분명히 창의적인 학생이고, 학점도 잘 받을 확률이 높을 것으로 보인다. (질문해 주셔서 감사합니다.)

1950년 한국전쟁 초기에 Torrance는 창의력 연구와 깊은 인연을 맺게 된다. 미국 공군에서 심리학자 Torrance를 고용해서, 그로 하여금 미국 인적 자원 연구소Human Factor Research Laboratories에서 미 공군 생존 훈련 프로그램United States Air Force's

Survival Training Program과 관련된 연구 분야에서 소장으로 일하도록 했다. 이 당시 그는 7년 동안 미 공군으로부터 항공기 조종사들과 승무원들이 추락 후 적진 후방에 고립(깊은 산속이나 적진 후방에 고립)됐거나 기아와 위험의 극한적인 상황(극심한 추위나 혹독한 더위, 먹을 것도 없는 상황)에서도 끝까지 생존할 수 있는 능력을 키울 훈련 프로그램을 개발해 달라는 요청을 받았다. 이런 프로그램 개발이 시급했던 이유는 비행 조종사와 승무원들이 북한의 전쟁포로가 될 경우에 겪게 될 비참한 상황에 대비해야 하기 때문이었다.

이 연구를 위해 Torrance는, 일반 연구와 달리 강한 책임감을 갖고 이와 관련 연구문헌들을 찾아보고 기존의 훈련 프로그램을 조사하였다. 또한 제2차 세계대전 당시 이미 혹독한 경험을 하고도 생존한 수백 명의 공군 요원들을 만나 인터뷰를 했다.

그런데 이 과정에서 그는 놀라운 사실을 발견하게 된다. 그것은 다름 아닌 생존에 가장 결정적으로 기여한 필수적인 요소는 '창의력' 이라는 것을 알게 되었다. 그렇지만 기존의 어떤 훈련 프로그램에서도 '창의력' 을 가르쳐 주지는 않았다. 그 당시 훈련 과정에서는 각양각색의 적대적 상황들에 어떻게 대처할 것인가에 대한 풍부한 정보들을 제공했고, 악조건하에서 생존했거나 포로 수용소로부터 탈출한 사람들의 실제 사례들을 공유하며 토론했고, 그리고 때때로 실제로 이와 유사한 실제 모의 연습까지도 했다.

그러나 Torrance는 조종사와 승무원들이 아무리 많은 훈련을 받았더라도, 실제 상황에 직면하면 그들은 거의 항상 전혀 예상치 않았던 불확실한 상황에 대처해야만 했던 것을 발견하였다. 생존했던 사람들은, 훈련을 통해 배우지 않았던 완전히 새로운 생존 방법을 생각해 내기 위해 자신들의 훈련 내용과 인생 경험의 여러 요소들을 새롭게 조합해야만 했다. 즉, 창의력은 바로 생존의 도구였던 것이다. 생존 문제와 생존 훈련에 있어서 창의력이 가장 핵심적인 요인일 것이라는 생각을 하지 못했는데, 생존한 사람들은 당면한 문제를 창의적으로 해결하고, 지속적으로 적응하기 위해 새로운 에너지의 원천이 될 창의적인 행동을 보여줬던 것이다. 훗날 Torrance는 미 공군에서의 연구 시절을 "생존 심리학" Survival Psychology의 시절이라고 부를 정도로, 그가 발견한 생존과 창의력에 대한 연구 결과는 그에게 큰 영향을 주었다는 것을 알 수 있다.

Torrance가 창의력 연구에 매력을 느끼게 된 동기가 한국전쟁이고 이로 인해 이와 같은 연구를 하게 되었고, 이와 같이 인상 깊은 연구 경험으로 '영재성giftedness'과 '창의력creativity' 연구에 대한 통찰력을 얻게 되어, 일생 동안 이 분야의 연구에 몰두하게 된다. 1954년 Time지에서 "탑건의 생생한 묘사Portrait of an Ace"란 제목으로 Torrance를 인터뷰한 내용을 보면 적기를 많이 격추시킨 우수 조종사들이 얼마나 용감하고, 모험심이 뛰어난 사람들이란 것을 잘 표현하고 있다는 것을 알 수 있다. 그 후 탑건에 대한 연구를 하게 되었고, 그들은 모험심이 뛰어나고, 독립적이고, 책임감이 뛰어나고 매우 창의적인 사람이라는 것을 발견하게 된다.

Torrance는 이런 경험으로 인해, 창의력 정의를 할 때 3가지 유형의 정의(연구 정의research definition, 예술적 정의artistic definition, 그리고 생존 정의survival definition)를 하게 된다.

이와 같은 연구 발견은 Torrance의 마음을 사로잡았고, 그 후 그는 50년이 넘도록 창조성 연구에 몰두하여 창의력 연구를 하는 많은 사람들에게 지대한 영향을 미쳤다. 그는 창의력 측정 방법에 대해서도 새로운 연구 방법을 개발하여 창의력 측정의 새로운 세계를 열었다. 그가 개발한 창의력 검사 도구는 32개 언어로 번안되어 사용되고 있고, 이와 관련된 연구가 2,000편이 넘는다.

Torrance는 창의적인 교수 방법, 창의적인 사고, 창의적인 사고 능력의 측정 분야에서 평생 동안 연구한 사람이다. 그가 왜 이런 연구를 하게 되었는지, 그의 어린 시절을 보면 그가 어떻게 미 공군 생존 훈련 과정 연구에 참여하게 되었는지 이해할 수 있다. 그는 9학년 때 Georgia에 있는 군사학교Georgia Military College, GMC에 입학했는데, 건강이 좋지 않아 다른 학생들처럼 군사학과 전략Military Science and Tactics 수업을 받을 수 없었다. 혼자서 도서관에서 책을 읽거나 다른 활동을 해야만 했다. 다른 학생들과 달리 혼자 고립된 시간을 보냈기 때문에 열등감을 느꼈을 수도 있었겠지만, 그는 이 시간 동안 열등감보다는 혼자만의 사색 시간을 갖고 연구를 하는 기본적인 소양을 길렀을 수도 있다. 훗날 이 당시의 경험으로 인해 그는 창의력에 대한 연구를 시작했을 수도 있다. 자신은 건강상의 이유로 훌륭한 군인은 되지 않았지만, 군인들의 생존을 위한 관찰, 인터뷰, 문헌 연구를 하며 군인들을 위한 훌륭한 연구를 수행했다.

한 사람이 40년 이상 한 가지 주제에 천착해서 지속적으로 연구할 수 있다는 것에 대해 찬탄하지 않을 수 없다. 한 사람이 연구 주제를 선택하게 되는 것도 그 어떤 계기가 있을 것이다. 자신의 선천적인 건강 상태, 부모의 교육과 주변의 환경에 따라 연구 방향이 운명적으로 정해지기도 한다. 걸프전의 영웅 슈워츠코프 총사령관의 경우도 어린 시절 그 나이 또래의 친구들과는 전혀 다른 다양한 상황과 문화를 경험하면서 창의적인 문제 해결 능력이 길러졌고, 걸프전에서도 이런 능력을 잘 발휘하게 된다. Torrance는 어린 시절의 특이한 경험과 '전쟁' 이라는 불가피한 역사적 사건으로 인해 운명적으로 '창의력' 에 몰두했다. Torrance에게 연구할 기회를 제공한 개인적 경험과 역사적 사건으로 인해 연구를 하는 동안 그 자신은 무척 행복했을 것이고, 전 인류의 행복한 창의력에도 공헌했을 것이다.

*전경원의 블로그 http://blog.naver.com/jeonkw333, 2009년 9월 30일

BOX 2_ Guilford와 창의력 이야기

나는 1983년도 가을에 '창의력' 을 만났다.

창의력 연구를 시작하면서 논문과 책 속에서 Guilford를 만났다.

그는 1950년 미국 심리학회 총회에서 창의력 연구가 필요함을 지적하고 앞으로 창의력에 대한 관심이 더 많이 필요하다고 주장했다.

창의력은 '인류의 생존' 을 위해 필요한 매우 중요한 인간 능력인데 관심을 가지지 않는다는 것은 창피한 일이라고까지 말했던 사람이다.

그는 창의력을 매우 중요하게 여겼다.

우리의 건강, 행복, 미래는 개개인의 창의력과 집단의 창의력에 달려 있다.

이렇게 중요한 창의력을 위해 연구자들은 창의력이 무엇인지, 창의력을 발달시키는 데 도움이 되는 것은 무엇이며 저해하는 것은 무엇인지, 그리고 어떻게 하면 사람들을 좀 더 창의적으로 만들 수 있는지에 대한 연구를 게을리하고 있다고 개탄

했다.

Guilford는 제2차 세계대전 중에 인력 연수Manpower Training에 관한 연구를 했었다. 인간 능력에 관한 새로운 영역을 연구했고, 연구 결과 나중에 널리 알려진 "인간의 지능구조Structure of Intellect, SOI" 이론을 개발했다. 이 연구를 통해 형식적인 교육 제도가 모든 사람들에게 잠재되어 있는 삶의 성공에 매우 중요한 역할을 하는 능력에 대해 거의 관심을 가지고 있지 않다는 것을 알게 되었다. 제2차 세계대전이라는 상황에 비추어 볼 때 이런 능력은 실제로 '생존'을 의미할 수 있었다.

Torrance가 '전쟁'을 계기로 창의력 연구와 측정에 대해 관심을 가지게 되었던 것과 마찬가지로, Guillford 또한 제2차 세계대전이라는 시대적 상황을 목도하면서 이런 능력은 실제로 삶과 죽음의 차이를 의미한다고 보았을 수 있다. Guilford는 개인차에 관한 수십 년에 걸친 심리학 연구 결과를 잘 알고 있었고, 지능 검사 한 가지만으로는 인생의 성취도를 의미 있게 예측하는 자료로 충분하지 않다는 것을 알게 되었다. 제2차 세계대전 중에 수행했던 연구와 그가 개발하던 "인간 지능 이론"은 그 당시 지능 검사에서 측정하던 것보다 더 많은 능력이 있다는 것을 시사했다. 훗날 그는 Torrance, Terman와 같은 심리학자들과 마찬가지로 창의력과 창의적인 잠재 능력을 수량화하기 위해 창의력 검사 도구와 절차를 개발했다.

*전경원의 블로그 http://blog.naver.com/jeonkw333, 2009년 10월 11일

Guilford의 연구를 기반으로 미네소타 대학과 조지아 대학에서는 Torrance를 중심으로 다양한 발산적 사고 검사가 개발되었다. Torrance(1974)의 창의력 검사는 간단하게 설명하자면 언어와 도형 검사가 대표적인데, 주로 발산적 사고와 문제 해결 기술과 같은 부분도 어느 정도 포함되어 있다고 할 수 있다. Guilford가 제안했던 창의력의 하위 요소들인 유창성, 융통성, 독창성, 정교성과 같은 것을 중심으로 채점이 된다. 검사의 내용에 대해서는 이 책의 뒷부분에서 자세하게 소개되므로 참고하도록 한다.

창의력 성격 검사와 발산적 사고 검사가 개발되면서, 다양한 창의력 교육 프로그램들이 개발되기 시작했다. 창의력 측정 연구가 교육적인 면에 적용된 것은

영재 교육이나 창의력 교육과 관련이 있다고 볼 수 있다. 좀 더 구체적으로 말하자면 창의력 교육이나 창의력 측정 등은 영재 교육 및 영재 판별에서 시작되었다고 볼 수 있다. 미국의 경우 어떤 아동이 지능과 성취도가 높으면 창의력 교육을 적용한다. 즉, 영재 교육의 핵심적인 부분으로 창의력 교육을 적용해 왔다고 할 수 있다. 이에 따라서 다양한 창의력 교육 프로그램들이 개발되기 시작했다. 대표적인 프로그램은 미국 버팔로 대학의 '창의력 교육 재단'에서 시작한 Parens-Osborn 창의적인 문제 해결 모델이다. 그 당시 Osborn과 Parnes는 브레인스토밍 기법을 토대로 '창의적인 문제 해결' 모델을 개발하여 많은 사람들에게 창의력 교육을 적용하여 그 효과를 입증했다. 예컨대, 브레인스토밍과 창의적인 문제 해결 모델을 적용한 학생들은 교육을 받지 않은 학생들에 비해 창의력이 94%나 증가되었다고 한다. 그 뒤에도 이곳에서는 Treffinger나 Isaksen, Puccio 등의 교수들이 창의적인 문제 해결 모델을 수정·보완해 나가면서 전 세계적으로 적극적으로 보급하고 있다. 이와 관련된 내용은 전경원(2000a)의 『창의학』을 참고하기 바란다.

이런 영향으로 1960년대와 1970년대에는 창의력이라는 용어가 유행되었고, 도처에서 창의력 강연과 교육 및 워크숍이 실시되었고, 그 결과 많은 창의력 전문가가 탄생되었다. 미국의 경우 이를 계기로 교육과정이 심화되어 브레인스토밍을 비롯한 다양한 창의력 교육이 시작되었다. 1970년대에 들어서 브레인스토밍을 비롯한 다양한 창의력 기법 및 창의적인 문제 해결 모델과 같은 창의력 교육 프로그램이 영재 교육을 담당하는 교사들에게 소개되기 시작했다(Feldhusen과 Clinkenbeard, 1986). 흔히 창의력 교육에서는 주로 발산적 사고divergent thinking만 다루고 수렴적 사고convergent thinking는 소홀히 한다는 잘못된 인식을 하고 있는데, 창의적인 문제 해결의 경우 발산적 사고와 수렴적 사고를 교대로 사용한다. 교사교육을 실시하면서 창의력 교육에 대한 올바른 정보를 제공하게 되었다.

영재에게 창의력 교육을 해야 한다는 것은 주지의 사실이다. 이에 대해 영재 교육은 엘리트 중심의 교육이라는 비난을 받아 왔으나 창의력 교육이 영재에게 필요하다는 사실을 부인하는 사람은 없을 것이다. 미국에서는 제2차 세계대전 이후 혁신적인 교육 방법의 일환으로 영재에게 창의력 교육이 시도되었다. 이러한 영향으로 창의력 측정 및 창의력 교육이 크게 발전되어 왔다. 이와 같이 초기의 창의력 연구, 교육, 측정은 매우 탁월한 천재들은 아니었지만, 영재들을 대상으로 창의력 교육을 하고 창의력을 측정했다.

그러나 근래에 들어서는 창의력을 연구하는 많은 학자들은 보통 사람들의 창의력everyday creativity에 대해서 관심을 갖고, 탁월한 사람들이 아닌 보통 사람들에 대한 창의력에 대해 연구하고 교육하기 시작했다. Sternberg와 Lubart(1996)의 논문에서는 보통 사람들의 창의력에 대해서 강조하고 있다. 또한 Runco와 Richard(1997)의 최근 저서인 『탁월한 사람들의 창의력, 평범한 사람들의 창의력, 건강』*Eminent Creativity, Everyday Creativity, and Health*에서는 보통 사람들의 창의력에 대한 연구물들을 탁월한 사람들의 창의력과 함께 소개하고 있다.

이런 추세를 보면 창의력 측정 연구는 탁월한 천재에서 영재 그리고 보통 사람에 이르기까지 다양하게 발전되어 오고 있다는 것을 알 수 있다. 이렇게 창의력 측정 연구가 발전될 수 있었던 데는 Guiford와 Torrance의 영향력이 컸다. 이들에 의해 창의력을 측정하는 심리 측정적인 대변혁이 이루어졌다고도 할 수 있다. 이들은 실시하기에 간편하고, 용이하며, 어느 정도 객관적으로 창의력을 측정할 수 있는 발산적 사고 검사 형태의 창의력 검사 도구를 개발하여 영재는 물론 보통 사람들의 창의력을 측정하고 연구하도록 하였다.

그러나 창의력 측정 연구가 발전됨에 따라서 발산적 사고의 단점들이 나타나기 시작하였다. 예컨대, 발산적 사고만이 창의력의 개념이 아니고, 더 복잡한 창의력 요인들이 포함되어 있다는 단점이 제기되었다. 즉, 발산적 사고 검사에서 주로 사용하는 유창성, 융통성과 같은 창의력의 하위 요인이 창의력 측정의 전부가 아니라 일부라는 점이다. 그러므로 간단한 지필 검사에 의한 창의력 검사로는 창의력을 제대로 측정하기 어렵다는 문제점이 대두되고, 간단한 지필 검사 외에 중요한 창의적인 산출물들을 포함하여 측정해야 한다는 방안책들이 제안되고 있다. 이에 대해서는 2·3·4장에서 자세하게 소개하고 있으므로 참고하도록 한다.

4. 창의력 측정 이유

창의력이란 개념은 매우 다양하고 어려운 개념이기 때문에, 창의력에 대한 어떤 정의가 보편적으로 인정할 만하다고 하는 것은 쉽지 않은 일이다. 이러한 이유로 창의력을 측정하는 것이 어려울 것이라고 생각한다. 그러나 학교 현장이나 실제 생활에서 창의력 검사, 측정, 사정, 평가 등이 필요한 실정이다. 어떤 사람들은 창의력이 신비한 것이어서 과학적으로 측정할 수 없다는 생각을 하기도 하지만, 창의력이란 측정할 수 있는 인간의 행동이라고 보고, 과학적으로 연구하고 측정할 수 있어야 한다고 주장하는 견해를 갖고 있는 사람이 많다(예: Torrnce, Guilford 등 다수). 물론 창의력이 다차원적이고 복잡한 개념(Rhodes, 1961)이지만, 그렇다고 해서 창의력이 측정 불가능한 것은 아니다.

Torrance, Guilford, Treffinger 등 많은 창의력 측정의 선구자들은 창의력을 측정할 수 있다고 믿어 왔다. 지금까지의 창의력 검사는 주로 심리적, 교육적 연구에 사용되어 왔다. 예컨대, 연구를 하거나, 학생 상담을 하거나, 영재 교육 프로그램에 참여할 영재아나 창의적인 아동을 선발하기 위해 창의력 검사를 사용해왔다. 창의력을 측정하기 위해서 검사 도구를 선택하여 구입하거나 제작을 하게 되는데, 이런 과정에서 왜 창의력을 측정하려고 하는지, 어떤 상황에서 창의력 측정이 필요한 것인지, 어떤 상황에서는 창의력 측정 결과가 잘못 사용될 수 있는지에 대해 신중하게 생각해 봐야 한다.

창의력을 측정하는 것이 매우 어렵고 까다로울 뿐만 아니라, 타당도를 비롯한 다양한 문제가 있는 것으로 알려져 왔음에도 불구하고 왜 창의력을 측정해야 하는가?

Treffinger(1987)는 창의력 측정의 이유를 다음과 같이 7가지로 제시했다.

① 학생 개인의 장점에 초점을 두기 위해서

② 지능 검사와 성취도 검사가 제한적이라는 것을 알기 위해서

③ 학교 간에 표준화된 규준을 사용하여 창의력을 비교할 수 있도록 창의력 관련 자료를 제공하여 학교에 도움을 주기 위해서

④ 창의력과 관련된 새로운 정보를 얻어 학생에 대한 기본적인 프로파일 내용을 확장하기 위해서
⑤ 교사 자신이 갖고 있는 창의적인 재능을 발견하는 데 도움을 주기 위해서
⑥ 창의적인 행동을 키워 주기 위한 연구에 도움이 되기 위해서
⑦ 창의력을 신비한 것으로 간주하기보다는 우리가 이해할 수 있는 것으로 받아들이기 위해서

또한 Torrance(1966)는 창의력 검사를 하는 이유를 다음과 같이 5가지로 들었다.
① 인간의 기능과 발달을 좀 더 이해하기 위해서
② 개별화 교육의 발달을 좀 더 도와주기 위해서
③ 심리치료나 교정을 위한 추가적인 정보를 제공하기 위해서
④ 교육적 자료, 프로그램, 교육과정, 절차 등의 차별적인 효과를 측정하기 위해서
⑤ 문화실조아나 사회경제적으로 열악한 환경에 처한 아동들의 창의적인 잠재 능력을 발견하기 위해서

Treffinger(1987)를 비롯한 Davis(1992), Isaksen과 동료들(1993), Isaksen과 Treffinger(1985)의 연구를 종합해 보면, 창의력 검사는 크게 연구 목적, 상담 목적, 프로그램 개발 및 적용 목적으로 사용되어 왔다고 볼 수 있다.

첫째, 연구 목적으로 사용된다.

창의력과 관련된 연구에서는 창의력 측정과 관련된 내용이 어느 정도 포함될 수밖에 없다. 예컨대, 창의력 효과를 보기 위한 연구를 수행한다면 사전-사후 검사를 위한 창의력 측정 도구가 필요할 것이다. 또한 창의력 교육을 실시하기 위해서 학생들을 창의력이 높고, 낮은 학생으로 구분하거나, 지능이 높거나 낮은 학생으로 구분 지어 연구했다(Carroll & Howieson, 1991). 이와 같이 창의력 검사는 창의력 교육의 효과를 평가하기 위해 사전-사후 검사의 목적으로 사용되거나, 창의력이 높고 낮은 아동을 판별하기 위해서 사용된다.

아울러, 창의적인 성격, 창의적인 산출물, 창의적인 환경과 같은 특성을 발견하기 위한 연구 목적으로 창의력 검사가 사용된다. 또한 연령이 많아짐에 따라서 창의적인 수행 능력이 어떻게 발전되는지 예측하기 위해서 사용된다.

둘째, 상담의 목적으로 사용된다.

상담가나 교육자들은 아동의 창의적인 잠재 능력을 알아보고 이에 따른 심리, 교육, 진로와 관련된 상담을 한다. 아동들 중에는 비협동적이거나 미성취 현상(능력에 비해 성취를 제대로 못하는 현상)을 보이거나, 수업 시간에 문제를 일으키는 아동이 있다. 창의적인 아동은 호기심이 많고, 모험심이 뛰어나고, 심미감이 뛰어나고, 유머 감각이 뛰어나고, 에너지가 넘치는 특성이 있다(Torrance, 1981). 또한 창의적인 아동들은 교사나 성인들의 권위에 도전을 하거나, 엄격하고 융통성이 없는 학습을 꺼려 하기 때문에 과제를 완성하기를 싫어하거나 호전적인 행동을 보이기도 한다(Davis와 Rimm, 1985). 창의력 검사 결과에 따라 상담가는 아동의 창의적인 장점과 단점을 인식하도록 도움을 주게 된다. 또한 창의력 검사의 결과를 토대로 아동의 창의적인 행동을 키워 주기 위해서 상담 자료로 활용하게 된다.

셋째, 창의적인 아동 선발을 위해 사용된다.

점점 더 창의력이 중요한 심리적 요인으로 간주되고 있어서 창의력 프로그램 개발에 대한 관심이 고양되고 있다. 미국의 경우 영재성의 정의가 법적으로 바뀌었어도, 창의력은 그대로 유지되고 과거보다 더 강조되고 있다. 따라서, 프로그램 개발자나 연구자 및 교사들은 적절한 형태의 창의력 또는 창의적인 문제해결력 프로그램을 개발하여 적용하는 목적으로 창의력 검사를 사용한다. 주로 창의력 프로그램을 개발하여 적용하기 위해서 창의적인 아동을 판별하는 목적으로 많이 사용되고 있다.

이 중에서도 두 번째 목적이 가장 중요하다. 창의력 검사의 궁극적인 목적은 누가 더 창의적인가를 알아보는 것보다는 아동의 창의적인 능력과 성격의 정도를 정확하게 알아보고, 조기에 창의적인 능력을 계발하고 나아가서는 자아실현을 도와주는 데 있다고 할 수 있다. 즉, 창의력 검사의 사용은 창의력 점수의 높고 낮음을 알아보는 것보다는, 아동 개개인의 창의력이 어떤 프로파일을 갖고 있는지 이해하고, 이를 토대로 적절한 교육이 이루어지도록 하는 데 있다. 무엇보다도 영역-일반적인 창의력은 물론 영역-구체적인 창의력을 발견하여 개개인에게 맞춤식 창의력 교육 프로그램을 제공하는 것이 가장 중요하다고 할 수 있다.

5. 창의력 측정의 어려움

창의력의 측정은 그 어느 때보다 어려워지고 있다. 날이갈수록 다양하고 구체적인 창의력 측정이 요구되고, 다원적인 창의력의 개념으로 측정이 더욱 어려워지고 있다.

1) 다양하고 구체적인 창의력의 측정

창의력이란 인간 활동의 모든 면에 표현되는 매우 중요한 능력이다. 한 점의 미술작품, 한 편의 시나 소설, 재즈나 고전음악 한 곡, 음식 한 가지에는 서로 다른 창의력이 담겨 있다. 우리가 살고 있는 집과 직장을 둘러보자. 다양한 산출물이 24시간 동안 우리의 삶을 얼마나 지배하고 있는지 알 수 있다. 집이라는 건물 외에 집 안에서 사용하고 있는 각종 도구들을 보면, 발명가들이 인간 생활에 편리함을 주려고 얼마나 노력해 왔는지 알 수 있다. 의자, 책상, 컵, 숟가락, 젓가락, 도마, 칼, 프라이 팬, 냄비 등 수많은 발명품들이 우리와 함께 호흡하고 있다. 대형 슈퍼마켓에 가보면 우리가 불편하다고 느껴서 이런 물건이 있으면 좋겠다고 라고 한번쯤 생각했던 물건들이 얼마나 즐비하게 많은지 알 수 있다. 이런 발명품들은 계속 새로운 모습으로 탄생하고 있다.

매일매일 홍수처럼 늘어나는 다양한 산출물들의 창의력을 어떻게 측정할 것인가? 그 동안 많은 창의력 연구자들이 언급해 왔던 것처럼 창의력 측정은 매우 어려운 일이다. 우리가 코믹 만화 한 줄을 읽고 박장대소하거나, 시사만화를 읽고 통쾌하게 생각하거나, 시 한 줄을 읽고 감동을 받아서 눈물을 글썽거리거나, 신제품을 보고 '정말 기발한 제품이다' 라고 생각되어 그 물건을 구입하려는 욕구가 생긴다고 해서 이런 기준이 창의력을 측정하는 기준이라고 볼 수 있을 것인가?

창의력은 그 목적과 특성에 따라서 각기 다른 방법에 의해서 측정되어야 한다. 기업에서 가장 창의적인 사람을 찾을 때, 창의력 프로그램의 효과를 보기 위해서 연구 목적으로 창의력을 측정할 때, 전쟁에서 창의적인 전략을 담당할 사람을 물색할 때, 교사가 학생들의 발표를 듣고 창의력의 정도를 알아볼 때, 시인이나 소설가의 작품을 읽고 창의력을 측정할 때, 대통령 중에 누가 가장 창의적인가를 알아볼 때, 각기 다른 상황에 따라서 창의력 측정의 기준이 달라야 한다. 또한 일상생활 속에서 물건(옷, 구두, 학용품, 식품, 생활용품 등)을 구입할 때, 어떤 음식을 먹을 것인가 결정할 때, 미술관에서 미술 작품이나 서예 작품을 감상하면서 창의력의 정도를 알아볼 때, 재즈나 고전음악 한 곡을 들으면서 창의력을 알아볼 때, 코믹한 영화나 쇼를 볼 때, 여러 편의 시사만화를 읽고 가장 창의적인 만화를 선정할 때, 패션 쇼를 보면서 창의적인 옷을 선택할 때, TV 광고를 분석하여 가장 창의적인 광고를 선정할 때, 컴퓨터 게임 중에서 가장 창의적인 게임을 선택할 때 각각 창의력의 측정 기준은 달라야 할 것이다.

심지어 비슷한 식품 종류의 밥이나 반찬의 창의력을 알아볼 때도, 밥에 대한 기준과 반찬에 대한 기준이 달라야 할 것이고, 반찬에서도 국류, 찌개류, 전류, 볶음류 및 절임류 등에 따라서 또 달라져야 할 것이다. 즉, 창의력은 같은 식품 안에서도 세분화되어 그 기준이 각기 달라야 한다. 또한 교사가 학생들의 과제에 대해 창의력을 측정하고자 할 때 그 영역이나 과제에 따라서 기준이 달라져야 할 것이다. 같은 언어 영역에서도 동시, 글짓기와 같이 성격이 다른 경우에는 다른 측정 기준이 필요할 것이다.

물론 이와 같이 다양한 경우에 각기 창의력을 측정하는 기준이 다르겠지만, 어떤 경우에는 공통적인 기준이 있을 수도 있다. 예컨대, 거의 모든 경우에 빠짐

없이 독창성이나 새로움이라는 기준을 창의력의 중요하고 공통적인 기준으로 삼을 수도 있는 것이다. 그리고 그 외의 기준은 각기 산출물의 성격에 따라서 그에 적절한 기준이 필요할 것이다.

2) 창의력의 다원적 접근

최근에는 창의력의 다차원적인 이론이 등장하고, 창의력의 개념은 더욱 다양한 개념으로 구성되고 있어서, 창의력의 측정은 더욱 어려워지게 되었다. 창의력 연구의 다원적 접근 방법은 창의력은 단일 요소가 아니라 다원적인 요소들의 상호 작용으로 발생되는 것이라고 보고 있는데, 학자에 따라 사용하는 용어는 생태학적 접근(Isaksen, Puccio, & Treffinger, 1993), 요인 모델(Amabile, 1989), 다원적 접근을 강조하는 투자 이론(Sternberg & Lubart, 1996), 체계 이론(Csiksentmihalyi, 1989), 창의적 행동의 상호작용 모델(Woodman & Schoenfeldt, 1989) 등으로 불려 왔다. Lubart(1999)는 이런 다원적 모델들이 창의적 행동에 포함되는 일련의 능력, 기술, 특성, 경향이나 과정과 같은 다양한 요소들로 구성되어 있기 때문에 요소 모델component model이라고 일컬었다. 물론 이전에 Sternberg(1977, 1978, 1979)가 인간의 사고를 설명하기 위해 요소 모델이라는 단어를 사용하기도 했고, 최근에 Sternberg(1996)는 합류적인 접근이라는 표현을 사용하기도 했다.

다원적 접근을 강조하는 요소 모델 주창자들이나 상호작용주의자들의 주장대로 창의력이 단일 요소가 아니라 다원적 요소로 이루어졌다면, 창의력의 복합적인 요소들을 어떻게 측정할 것인가? 이러한 접근 방식에 의하면 잠재적으로 창의적인 사람들은 창의력의 필수적인 요소들을 측정하여 판별될 수 있다. 개개인이 이와 같은 다양한 요소들에 대한 프로파일에 의해 평가된다는 것은 앞으로도 많은 연구를 필요로 한다. 실제로 한 개인의 잠재적인 다양한 창의적인 행동을 보여주는 요소들과 어떤 한 영역에서 구체적인 과제를 수행하는 데 필요한 요소들의 프로파일이 다를 수도 있다.

만일 창의력 검사가 개인의 창의적인 잠재 능력을 측정한다면, 이러한 요소들을 평가하기 위해서는 창의력과 관련된 모든 요소들이 매우 철저하게 분석되어야 한다. 예컨대, 창의력 검사의 한 종류인 발산적 사고 검사와 같은 것들이 모든 요소들을 측정하기 위해 개발되어야 한다. 그러나 실제적으로 이러한 다원적인 접근에서 강조하는 인지적인 능력과 스타일, 과제-관련 지식, 과제 동기유발, 구체적인 개인의 특성 등 다양한 요소들을 측정할 수 있는 복합 검사를 개발한다는 것은 연구 과제로 남아 있다. 다원적 접근에 대해서는 전경원(2000a)의 『창의학』을 참고하도록 한다.

6. 창의력 검사와 지능 검사

최근 다양한 검사 도구지가 범람하고 있다. 수많은 검사 도구 중에서 어떤 검사를 선택할 것인지 결정하기 위해서, 우선 검사의 정확한 목적을 알아야 한다. 그 외에 검사의 신뢰성, 시간과 비용의 문제 및 검사의 실시 방법과 채점 및 해석의 용이함도 고려해야 한다. 과거에는 교육 현장에서 지능 검사를 주로 사용하였으나, 최근에는 지능 검사에서 창의력 검사로 대치하여 실시하고 있는 추세다.

교육 현장에서는 '창의력 검사'와 '지능 검사'를 사용하고 있는데 창의력과 지능의 상관관계를 종단적인 연구로 비교해 보면 두 능력의 발달 과정을 명확히 알아볼 수 있겠으나, 지금까지 이러한 연구는 거의 없었다. 그러나 창의력과 지능의 상관도는 일반적으로 높지 않은 것으로 몇몇 연구에서 밝혀지고 있다. 즉, 창의력과 지능은 완전히 서로 독립적인 것은 아니라 해도 이질적인 면이 있다는 점에 대해서는 의견이 일치하고 있다. 종전까지는 지능과 창의력을 동일시할 수 있다는 생각에서 지능 검사로써 창의력도 측정할 수 있는 것으로 생각하여 왔으나 창의력이 풍부한 어린이를 선별하는 데 지능 검사가 절대적인 것이 아니라는 증거가 제시되기에 이르렀다. 이 문제에 대해 근본적인 문제를 제기한 사람은 Getzel과 Jackson이다. 이렇게 지능의 편협성을 보완하기 위하여 창의력 검사가 개발되어 널리 사용되고 있다.

1960년대부터 창의력과 지능은 서로 다른 능력이라고 알려져 왔다. 현재 사용되고 있는 지능 검사는 새로운 아이디어와 물건을 스스로 창조해 내는 능력을 포함하고 있지 못하다. Getzel과 Jackson은 "만약 지능 검사가 창의적인 재능을 지닌 사람을 선별하기 위하여 사용된다면, 창의력 검사 점수의 상위 20%를 차지하는 고창의력 집단의 사람 중 약 70%의 사람들이 제외될 것이다."라고 보고하였다. 물론 아직도 창의력이 지능의 일부분이라고 여기는 학자들도 있지만, 창의력에 대한 대부분의 연구자들은 창의력과 지능을 별개의 개념으로 보고 있다. 즉, 창의력은 사고하는 방법 이상의 정신 능력을 포함하며, 지능과 같은 의미로 사용될 수 없기 때문에 지능지수가 높은 사람이라고 해서 반드시 창의적인 사람이라고는 할 수 없는 것이다.

이전의 연구를 고찰해 보면 Andrews(1920)는 지능이 높은 모든 아동들이 반드시 높은 창의적인 상상력을 지닌다고 볼 수 없었다고 주장한 연구 결과를 접하게 된다(Torrance, 1962). 그러나 그는 지능과 창의력이 둘 다 높은 사람들의 수많은 예를 찾아볼 수 있었다는 것이다. 또한 그는 이렇게 지능과 창의력이 모두 높은 아동이야말로 미래의 창의적인 과학자가 예술가가 될지도 모르는 진짜 영재들이라고 하였다. 단 이들이 학교에 들어가서 공상을 사실로 바꾸어 생각할 수 있도록 숨막히지 않게 해 주고, 학교가 새로운 경험과 새로운 아이디어를 결합하려는 노력을 좌절시키지 않는 한 이러한 능력은 발휘될 것이라고 하였다.

1) 지능, 발산적 사고, 창의력 연구

Guilford에 의해 소개된 '발산적 사고'의 개념은 창의력이라는 심리적 구인의 일부분이다. 발산적 사고 검사와 기존의 지능 검사의 가장 큰 차이점은 전자는 답이 여러 가지로 나올 수 있다는 것이고, 후자는 답이 한 가지로 정해져 있다는 것이다.

창의력 검사와 발산적 사고 검사를 동의어로 생각하는 사람이 많은데, 이는 잘못된 생각이다. 특히 대표적인 발산적 사고 검사인 Guilford 검사와 Torrance 검사가 전 세계적으로 오랫동안 널리 사용되어 왔기 때문에, 흔히 발산적 사고 검사가 창의력 검사의 전부인 것처럼 생각하는 경우가 많다. 그러나 창의력 검사에는 발산적 사고 검사 외에 창의적 성격 검사, 창의적인 산출물 검사 및 창의적인 환경 검사 등 다양한 검사가 있다. 즉, 발산적 사고 검사는 창의력 검사의 한 가지인 것이다.

발산적 사고 검사, 지능, 실제 생활에서의 창의적인 행동(창의력)과의 관계를 연구한 Hocevar(1980)의 연구 결과를 보면 시사하는 점이 많다. 그는 '발산적 사고'와 '창의력'을 서로 다른 변인으로 보고 연구를 수행했다. 이 연구에서 발산적 사고와 실제 생활에서의 창의적 행동과의 관계를 알아본 결과, 발산적 사고 검사가 지능 검사보다 창의력을 예언하는 데 보다 좋은 검사가 아니라고 주장하고 있다. 그 동안 지능 검사가 창의력을 측정하지 못한다는 비난을 받아 왔는데, 그의 연구 결과 발산적 사고 검사보다 지능 검사가 오히려 실제 생활에서의 창의적인 행동을 더 잘 예언하는 것으로 나타났다. 나아가 발산적 사고 검사는 실제 생활에서의 창의적인 행동(창의력)을 10% 정도밖에 설명력을 갖고 있지 못하다고 언급했다.

Hocevar(1980)은 발산적 사고와 창의력을 다른 개념으로 보고 지능, 발산적 사고, 창의력과의 상관관계를 연구하였다. 그는 대학생 65명을 대상으로 발산적 사고 검사로 Guilford의 검사(대용 검사, 소설 제목 붙이기, 결과 예측하기)를 사용하고, 지능 검사로는 Concept Mastery 검사(구성: 과학, 역사, 문학, 음악 등)를 사용했고, 창의적인 활동과 성취 검사(구성: 예술, 기술, 무대예술, 수학-과학, 문학, 음악)를 사용했다.

이 연구 결과 Hocevar는 지능과 발산적 사고 간의 관계를 밝혔고, 발산적 사고와 창의력과의 관계를 밝혔다. 첫째, 지능 검사 점수가 발산적 사고 검사보다 문학적인 면에서의 창의력을 훨씬 더 잘 예측한다는 것과 지능 검사 점수가 예술 창의력 및 창의력 총점과 다소 상관이 있는 것으로 나타났다. 그 외에 지능과 발산적 사고 간에는 관계가 없는 것으로 밝혀졌다. 둘째, 발산적 사고 검사 점수는 기술, 무대예술, 수학-과학, 창의력 총점과 상관이 높은 것으로 나타났고, 예술 창의력과는 상관이 낮은 것으로 나타났고, 문학 창의력과 음악 창의력과는 상관이 매우 낮은 것으로 나타났다.

Hocevar는 흔히들 발산적 사고와 창의력을 동의어로 보기 때문에, 발산적 사고 검사가 창의력으로 잘못 사용되어 왔다고 개탄하고 있다. 그는 많은 연구자들이 창의적인 성격에 관한 연구를 하면서 발산적 사고 검사를 사용하기도 했다(예: Getzels & Jackson, 1962; Torrance, 1963; Wallach & Kogan, 1965)고 지적했다. 또한 Torrance(1972)는 142편의 창의력 관련 연구를 분석할 때 창의력 프로그램의 효과를 알아보고자 했는데, 이때 '실제 세계에서의 창의력' creativeness in the real world을 준거 기준으로 본 것이 아니라 대부분의 연구에서 발산적 사고 검사를 준거 기준으로 보고 있다고 지적했다.

7. 창의력 검사의 범주

창의력이라는 심리적 구인은 그 어떤 구인보다도 측정하기 매우 어려운 구인이다. 창의력을 측정하는 검사 도구는 매우 다양하여 혼란스러울 정도다. 그래서 창의력 연구자들은 이런 혼란스러움을 해결하기 위해서 다양한 검사 도구를 특정한 기준에 의해서 범주화해 왔다.

『창의력 백과사전』(Runco, 2000)에 제시된 것을 요약해 보면, 다음 〈표 2-2〉와 같이 그 내용별로 다양한 유형의 검사 도구가 개발되어 있다. 검사 도구를 12가지(1. 자서전적 도구, 2. 성격 검사, 3. 평정척도 도구와 사회적 타당도 측정, 4. 양식, 5. 발산적 사고와 문제 해결 능력, 6. 능력, 7. 투사와 지각 검사, 8. 선호도와 태도 검사, 9. 준거 검사, 10. 활동 체크리스트, 11. 창의적인 산출물, 12. 영역-구체적 측정)로 범주화했다. 그 이유는 검사의 개발자들의 각 창의력의 정의, 창의적인 사고의 개념, 창의적인 사람의 특성과 같은 기본 가정이 각기 다르기 때문이다.

표 2-2 『창의력 백과사전』(Runco, 2000)에 근거한 검사 도구 분류

검사 유형	검사 도구명	제작자	제작 연도
1. 자서전적 도구 (Biographical Inventories)	Alpha biographical Inventory of Creativity	The Institute for Behavioral Research in Creativity	1968
	Biographical Inventory of Creativity	Schaefer	1970
2. 성격 검사 (Personality)	Adjective Check List(ACL)	Gough & Heilbrun	1983*
	California Psychological Inventory(CPI)	Gough	1975
	Sixteen Personnality Factor Questionnaire	Cattell	1986
	The Myers-Briggs Type Indicator includes	Mayers, Briggs & Briggs	1985
	The NEO Personality Inventory	Costa & McCrae	1985
	Overexcitability Questionnaire-II(OEQ II)	Falk, Lind, Miller, Piechowski, & Silverman	1999
	What Kind of Person Are You?	Khatena & Torrance	1976*
3. 평정척도 도구와 사회적 타당도 측정 (Rating Instruments and Socially Valid Measures)	Creative Behavior Disposition Scale	Taylor & Fish	1979
	Students Self-Evaluation of Creativity	Miller & Sawyers	1989
	The Parental Evaluation of Children's Creativity-Revised	Runco, Johnson & Bear	1993
	Preschool and Kindergarten Interest Descriptor	Rimm	1983*
	Teacher's Evalution of Student's Creativity	Runco	1984
	Scales for Rating the Behavioral Characteristics of Superior Students(SRBCSS)	Renzulli	1976*

검사 유형	검사 도구명	제작자	제작 연도
4. 양식(Styles)	Adaptation-Innovation Inventory(KAI)	Kirton	1976
	Creativity Styles Questionnaire	Kumar, Kemmler & Holman	1997
	Kaufmann & Martinsen' s Assimilator/ Explorer Measure	Martinsen	1993
	Your style of Learning and Thinking	Torrance	1977
	Creative Problem Solving Inventory	Basadur, Wakabayashi & Graen	1990
5. 발산적 사고와 문제 해결 능력 (Divergent Thinking and Problem Solving)	Preschool Children: Multidimensional Stimulus Fluency Measure	Broberg & Moran	1988
	Consequences, Alternate Uses, and Plot Titles	Guillford	1971
	Meeker Creativity Rating Scale	Meeker	1987
	Pattern Meanings and Line Meanings	Wallach & Kogan	1965
	Multipie Choice Test of Divergent Thinking	Auzmendi, Villa, & Abedi	1996
	Problem generation	Runco	1994
	Test for Creative-Thinking Drawing Production (TC-TDT)	Urban	1991
	Thinking Creatively with Sounds and Word, Sounds and Images, Onomatopeia and Images	Torrance, Khatena, & Cunnigham	1973*
	Thinking Creatively in Action and Movement	Torrance	1974*

검사 유형	검사 도구명	제작자	제작 연도
5. 발산적 사고와 문제 해결 능력 (Divergent Thinking and Problem Solving)	Thinking Creatively about the Future	Torrance	1974*
	Torrance Test of Imagination	Torrance	1959*
	Fomulating Hypotheses Test	Frederiksen & Ward	1978
	Remote Associates Test	Mednick	1967*
	Functionally Remote Associate Test	Worthen & Clark	1971
	Smile Interpretations	Christensen, Guilford, & Hoepfner	1963
	The Smiles Test	Schaefer	1969
6. 능력 (Competencies)	Epstein Creativity Competencies Inventory for Individuals	Epstein	1998
7. 투사와 지각 검사 (Projective and Perception Measures)	Creative Functioning Test	Smith, Carlsson & Andersson	1989
	Thematic Apperception Test (TAT)	Murray	1973*
	Rorschach Psychodiagnostic Technique	Rorschach	1954*
	Synesthesia Questionnaire	Domino	1989
	Khatena Torrance Creative Perception Inventory	Khatena & Torrance	1998
	Physiognomic Cue Test	Stein	1974
8.선호도와 태도 검사 (Preferences and Attitudes)	Barron Welsh Art Scale	Welsh & Barron	1963
	Basadur's Attitude Measure	Basadur	1996
	How Do You Think Test	Davis	1975
	The Creative Attitude Survey	Schaefer & Bridges	1970
9. 준거 검사 (Criterion Measures)	Tel-Aviv Activities and Accomplishments Inventory	Milgram	1973, 1998

검사 유형	검사 도구명	제작자	제작 연도
9. 준거 검사 (Criterion Measures)	Arnold Ludwig's Creative Achievement Scale	Ludwig	1992
	Lifetime Creative Scales	Richards, Kinney, & Net	1988
10. 활동 체크리스트 (Activity Checklists)	Extracurricular Creative Activity	Wallach & Wing	1969
	Quality and quantity of in seven domains.	Runco	1986
	Runco's Ideational Behavior Scale(RIBS)	Runco	In Press
11. 창의적인 산출물 (Creative Products)	Tangrams	Domino	1980
	Creative Products Semantic Scale(CPSS)	Besemer & O'Quin	1989
12. 영역-구체적 측정 (Domain-Specific Measures)	Action Preference Test	Alter	1989
	Manual for Evaluating Performance in Technical Personnel	Stein	1961
	Musical Divergent Production Test	Gorder	1976
	Measure of Creative Think-ing in Music (version II)	Webster	1983
	Poetry Writing	Kasof	1997
	Iowa Inventiveness Inventory	Colanglo, Kerr, Huesman, & Gaeth	1992
	Preconscious Activity Scale	Holland & Baird	1968
	Fun Test	Karlines	1967
	Barron Symbol Equivalents Test	Barron	1958
	Barron Angram Test	Barron	1958

*검사의 내용은 지적 재산권과 관련되어 있어 검사 개발자의 허락을 얻어서 게재해야 하므로, 본서에서는 내용을 게재하지 않았음을 양해하기 바란다. 본서에서 소개하는 출판사로 연락하여 직접 구입해서 참고하기 바란다.

가장 널리 사용하고 있는 검사에 대한 연구, 즉 사용 빈도에 대한 검사 분류를 했던 Cooper(1991)는 가장 널리 사용되고 있는 창의력 검사 6가지를 골라서 이들을 비판적으로 분석하고 있는데 그 6가지는 다음과 같다. Torrance의 3가지 검사인 TTCT 언어 · 도형 검사, 소리와 단어를 이용한 음향 검사, 신체검사가 포함되어 있고, Meeker(1988)의 '지능구조 학습 능력 검사'와 Khatena & Torrance가 제작한 창의적 지각 검사 및 William이 제작한 '창의력 사정 검사' The Creativity Assessment packet가 여기에 포함된다.

또한 Puccio와 Murdock(1999)은 교육학, 심리학, 교육심리 및 측정 분야에 대한 다양한 정보들을 수록하는 데이터베이스 형식의 ERIC이나 PsychLit를 검색하여 적어도 25회 이상 인용된 창의력 검사들을 선정했고, 또한 25회 미만으로 사용되었고 비형식으로 사용되어 온 검사 도구들을 소개했다. 이들은 논문에서 인용 빈도에 따라서 검사 도구를 구분했다.

오랫동안 발산적 사고 중심의 창의력 검사를 개발해 온 Torrance는 1989년 Goff와 공동으로 발표한 '조용한 혁명'이라는 논문에서 1960년대 이후 미국 교육의 목적과 방법이 창의적인 문제 해결력과 창의적인 표현에 중점을 두고 있다고 설명하면서, 이를 조용한 혁명이라고 했다. 아울러 교육과정과 교육 자료 및 교수 방법에서의 변화를 소개하면서, Torrance가 개발한 창의력 검사를 사용한 225편을 검사 도구 유형별로 분석했다(표 2-3 참고). 그 결과 다음과 같이 검사의 유형을 분류했다.

표 2-3 Torrance의 창의력 검사 도구를 사용한 논문의 유형

검사 도구 유형	숫자	백분율
성격/태도	62	28
평정척도/관찰	42	19
언어	50	22
도형	21	9
일반	28	12
수학/과학	6	3
동작/무용	5	2
설문지	5	2
드라마	2	1
혼합(성격/태도와 등급/관찰)	2	1
예술	1	.5
음악	1	.5
총	225	

Torrance와 Goff(1989)의 위와 같이 검사 도구지의 유형별 범주화는, Torrance가 1972년도에 그의 검사 도구를 사용하여 창의력 프로그램의 효과를 검증한 논문 142편을 9가지로 범주화한 것과 달리, 그의 검사가 다른 사람의 논문에 사용될 때 검사 도구가 어떤 유형으로 사용되었는가를 유형별로 구분한 것이다. (이에 대해서는 전경원(2000a)의 『창의학』을 참고한다.) 물론 Torrance의 검사 도구는 1989년도 경에 이르러서 거의 2,000여 개에 달하는 논문에서 사용되었는데(Torrance & Goff, 1989), 이 중에서 225편의 연구에서 사용된 검사를 유형별로 분석한 것이다. 이를 보면 성격/태도의 연구가 62편(28%)으로 가장 많았고, 그 다음으로 언어는 50편으로 22%를 차지하고 있다. 평정척도 및 관찰은 42편(19%), 일반은 28편(12%)으로 나타났다.

그 외에 Hocevar와 Bachelor(1989), Davis(1992), 전경원(2005), 최인수(2000)가 범주화한 내용들을 살펴보자.

1) Hocevar와 Bachelor(1989)

다양한 창의력 검사를 Hocevar와 Bachelor(1989)는 창의력을 측정하는 100여 개 이상의 다양한 도구들을 다음과 같이 내용이 비슷한 것끼리 8가지로 범주화하였다.

(1) 발산적 사고 검사tests of divergent thinking

Guilford의 지능 구조 이론에 의한 발산적 사고를 중심으로 유창성, 융통성, 독창성, 정교성과 같은 요소들을 측정하는 검사로, Guilford의 창의력 검사, Torrance의 창의력, Mednick의 RAT 검사가 이 범주에 속한다.

(2) 태도 및 흥미 검사attitudes and interest inventories

창의적인 태도와 흥미를 측정하는 검사로 Guilford-Zimmerman 흥미 검사와 Covington의 Childhood Attitude Inventory for Problem Solving과 같은 검사가 있다.

(3) 인성 검사personality inventories

창의력을 인지적인 요인보다는 인성적인 요인으로 구성되어 있다고 보는 검사들이 있다. 예컨대, Gough와 Heilbrun의 Adjective Checklist, Gough의 California Psychological Inventory 검사, Torrance와 Khatena의 'What kind of person are you?' 등이 이 범주에 속한다.

(4) 전기적 검사biographical inventories

한 사람의 창의적인 재능을 측정하기 위해서 그 자신이 과거에 어떤 일들을 해왔는지 알아보는 것이다. 주로 취미, 어린 시절의 활동, 경험, 가족의 역사, 교육 배경, 신체적인 특성들과 관계된 검사 도구가 여기에 포함된다. 예컨대,

Schaefer의 'Biological Inventory' 와 행동연구소의 'Alpha Biographical Inventory' 와 같은 것이 이 범주에 속한다.

(5) 교사, 동료 및 관리자에 의한 평정척도ratings by teachers, peers, and supervisors

교사, 동료 및 관리자들이 어떤 한 사람에 대한 창의력의 정도를 평정하는 것이다.

(6) 산출물 평가judgments of products

창의적인 사람들이 만든 산출물에 대한 창의적인 정도를 평가하는 것으로 전문가에서부터 비전문가에 이르기까지 다양한 평가자들이 평가를 할 수 있다.

(7) 저명함eminence

저명한 사람들이 보였던 창의적인 특성들의 목록에 따라 창의적인 정도를 측정하는 방법이다.

(8) 자기보고 형식의 창의적 활동 및 성취self-reported creative activities and achievements

자기 자신이 활동과 성취에 대해 보고하는 형식의 창의력 측정 방법이 이 범주에 속한다. 예컨대, 과학경시대회의 수상 경력, 특허 경력, 시나 소설의 발표 여부 등과 같은 창의적 활동과 성취를 자신이 보고하는 방법이다.

Hocevar(1980)의 초기 연구에서는 10개의 범주로 구분했다가, 나중에 8개의 범주로 줄였다. 초기 연구에서는 교사 평정, 동료평정, 관리자 평정으로 구분했다가 이들을 한 범주로 통폐합했다. 그는 이 8가지 범주에서 창의적 활동과 성취를 자기가 보고하는 형식의 목록 검사가 창의적인 개인을 알아보는데 매우 유망한 방법이라고 결론을 내리고 있다.

2) Davis(1992)의 분류

Davis는 창의적인 능력이나 창의적인 사고를 측정하기 위한 검사들은 크게 2가지 검사로 구분된다고 했다. 첫 번째 유형은 발산적 사고 검사이고, 두 번째는 성격 및 전기적 특성 목록이다. Davis는 이와 같이 크게 2가지로 구분하고, 그 외의 것은 기타 검사로 분류했다. 발산적 사고 검사는 Torrance나 Guilford 검사와 같이 개방적인 반응을 많이 생각해 낼 수 있는 검사들이고, 성격 및 전기적 특성 검사는 태도, 의식, 동기유발, 가치관, 흥미, 창의적인 활동과 취미의 내력과 같은 것을 알아보는 검사들이다. 기타로는 이 두 가지 범주에 들어가지 않는 Mednick(1962)의 원격 연합 검사Remote Associate Test나 Welsh와 Barron(1963)이 개발한 Barron-Welsh Art Scale과 같은 것을 예로 들었다.

3) 전경원(2000a)의 분류

창의력 측정 도구가 범람하여 이들을 범주화하여 통합하려는 시도는 매우 바람직한 것으로 보인다. 그러면 우리나라의 실정으로 미루어 보아 창의력 검사를 어떻게 범주화하는 것이 바람직한가? 우리나라 교육학 용어 대사전(1995)에서 '창의력'을 "새로운 관계를 지각하거나, 비범한 아이디어를 산출하거나 또는 전통적인 사고 유형에서 벗어나 새로운 유형으로 사고하는 능력"(p. 682)이라고 정의하고 있다.

그리고 이것은 여러 가지 검사로 측정될 수 있으며, 교육과 정신건강의 목표로서 중시하고 있다고 부연 설명하고 있다. 따라서 창의력을 향상시키기 위한 교육 프로그램이 연구 개발되어 활용되고 있다고 설명하고 있다. 또한 이 사전에서는 '창의력 검사'란 "새롭고 독창적인 아이디어나 작품을 만들어 내는 지적 능력과 그와 관계되는 성격 특성을 측정하기 위한 도구"라고 정의되어 있다. 이런 점들을 고려하여 전경원(2005)은 다양한 창의력 검사를 3가지로 범주화하였다.

첫째, 창의적인 능력 측정 도구로서 발산적 사고 검사(Guilford, Torrance,

Urban, Mednick, 전경원의 종합창의력검사, 전경원의 도형창의력 검사, 정원식의 검사, 이영덕의 검사 등), 둘째, 창의적인 능력 측정 도구로서 산출물 평가 검사(Amabile, Sternberg, Besemer의 산출물 검사 등), 셋째, 창의적인 성격 측정 검사(Renzulli와 Hartman의 학생 평정척도, Davis와 Rimm의 흥미 발견 검사, Davis와 Rimm의 재능 발견 검사 등)으로 분류하고 있다.

4) 최인수(2000)의 분류

최인수는 현재까지의 창의력 측정 검사를 3가지로 분류하였다. 첫째, 창의력을 발휘하기 위해 필요한 능력을 측정하는 검사로 인지, 지각 검사로 분류하고, Torrance의 TTCT 검사, Mednick의 RATRemote Associate Test, Jellen과 Urban의 TCT-DP와 같은 검사를 예로 들었다. 둘째, 개인의 성격 및 태도를 검사하는 성향 검사로 생애사 검사, 흥미 검사, 성격 검사 등으로 구분하고, Davis의 GIFFI 검사나 Ochse의 생애사 검사를 예로 들었다. 셋째, 창의적 산물을 만들 것을 요구하고 그 결과물을 통해서 평가하는 방법으로 나누고 있다. 예컨대, Amabile이나 Besemer 등이 주로 개발한 창의적 산출물 검사 방법을 예로 소개하고 있다.

5) 통합적 분류

본서에서는 창의력 검사를 창의력의 4P로 널리 알려진 사람, 과정, 산출물, 환경에 의거하여 분류하고자 한다. 4가지 중에서 대부분의 검사가 사람과 관련된 것이지만, 최근의 통합교육적인 분류를 고려하여 우선 이를 중심으로 분류하고 이에 대한 설명을 하고자 한다.

창의력이란 매우 복잡한 인간의 행동으로 다양한 차원으로 구성되어 있다. 이러한 다양한 차원이 상호작용을 하여 창의적인 성취를 할 수 있도록 도와준다(Isaksen, Puccio, Treffinger, 1993). 이러한 차원은 Rhodes(1961)에 의해서 사람person, 과정process, 산출물product, 환경press의 4p로 소개되었다. 창의력에 대해 이러한 견해를 갖는 사람은 Isaksen, Puccio, Treffinger(1993) 외에도, MacKinnon(1978), Mooney(1963), Raven(1984), Stein(1968), Treffinger(1988, 1991), Treffinger, Sorter, & Cross(1993) 등이 있다.

본서에서는 통합적 분류를 토대로 창의력 검사의 내용과 특징을 소개하고자 한다.

CHAPTER 03

4P와 창의력 측정

1. 사람Person
2. 과정Process
3. 산출물Product
4. 환경Press
5. 기타 검사

CHAPTER 03

4P와 창의력 측정

예일 대학의 Sternberg(1988)는 『창의력의 본질』*The Nature of Creativity*라는 책에서 '심리측정적 접근' 이라는 주제하에서 창의력의 본질과 측정에 대해 다루고 있다. 특히 Torrance, Barron과 Taylor가 각각 1장chapter씩 할애하여 창의력의 심리측정적인 면을 다루고 있다. 이와 같은 문헌들을 살펴보면, 다양한 창의력 정의와 측정 방법이 소개되고 있다는 것을 알 수 있다. 창의적인 산출물, 환경, 과정, 특성에 따라 또는 검사 도구지의 특성에 따라 창의력의 요소를 측정하는 것이 다르다. 이와 같이 4p에 의해서 정의되어 왔던 창의력의 개념을 고려하여 본서에서는 창의력 측정을 4p로 구분하여 소개하고자 한다.

그 동안 전경원(2000a)은 창의력 측정 검사를 창의적인 능력과 성격으로 구분하였으나, 광의로 구분하였을 때는 다차원적인 요소를 고려하여 4P의 의미로 구분하여 다음과 같이 재정리하였다.

표 3-1 4P에 의한 창의력 검사 범주

4P	범주
사람Person	(1) 인지적인 특성: 발산적 사고 능력 ① 국외 검사 • Guilford 검사 • Torrance 검사 • Urban 검사 • Mednick 검사 • Wililams(1980)의 창의력 사정 검사 • Wallach & Kogan(1965) 검사 • Getzels & Jackson(1962)의 창의력과 지능 검사 ② 국내 검사 • 전경원의 K-CCTYC 검사(유아 종합 창의력 검사) • 전경원의 K-FCTYC 검사(유아 도형 창의력 검사) • 전경원의 K-CTC 검사(유아 창의적 특성 검사) • 전경원, 전경남의 초등 도형 창의력 검사 • 정원식 · 이영덕 검사 (2) 창의적인 성격 특성 ① ACL(Adjective Check List) ② Khatena-Torrance Creative Perception Inventory 창의적인 지각 검사 ③ The California Psychological Inventory 검사 (3) 흥미와 태도 검사 ① GIFFI I ② GIFFI II ③ 재능 발견 검사(Group Inventory For Finding talent, GIFT) (4) 교사나 부모에 의한 평정척도 ① Renzulli & Hartman(1971)의 학생 평정척도 ② PECC(Parental Evaluation of Children' s Creativity) (5) 발달 및 생애사적인 검사
과정Process	(1) 과정 검사의 유형 ① Csikszentmihalyi와 Getzels(1970, 1971) ② Gryskiewicz(1988) 연구 ③ Treffinger, Sortore와 Tallman(1992) ④ Okuda, Runco와 Berger(1991)의 연구 ⑤ 기타 연구

4P	범주
산출물product	(1) 산출물 검사의 유형 ① Amabile(1983) ② Sternberg(1995), ③ Besemer와 Treffinger(1981)
환경process	(1) 환경 검사의 유형 ① Ekvall의 연구 ② Amabile and Gryskiewicz(1988) ③ 기타 환경 검사
기타 검사	① TAT 검사 ② Rorschach 검사 ③ Hand Set 검사 ④ TEMAS 검사 ⑤ WCST 검사 ⑥ Circus 검사

1. 사람Person

사람과 관련된 창의력 측정 검사는 5가지로 구분된다. 첫째, 인지적인 특성으로 사람의 사고thinking와 관계가 있으며, 인지 주로 발산적 사고 검사를 의미한다. 둘째, 창의적인 성격적 특성과 관련된 것으로 모험심이 있다거나, 개방적이거나, 유머 감각이 있는 등의 성격을 의미한다. 셋째, 사람의 흥미 및 태도 검사와 같이 창의적인 사람의 흥미, 태도 등을 알아보는 것이다. 넷째, 평정척도로 교사나 동료에 의한 창의적인 행동에 대한 평정척도와 같은 검사를 의미한다. 다섯째, 현재의 창의적인 행동에 영향을 미치는 일련의 과거 경험들을 다루는 발달 또는 생애사적인 사건 등을 측정하는 검사를 일컫는다.

- 인지적인 특성: 발산적 사고 능력
- 창의적인 성격 특성

- 흥미와 태도 검사
- 교사나 부모에 의한 평정척도
- 발달 및 생애사적인 검사

위의 5가지 범주 중에서 발산적 사고 검사를 제외한 창의적인 성격 특성 검사, 흥미와 태도 검사, 성인에 의한 평정척도 및 발달 및 생애사적인 특성을 다루는 검사들은 발산적 사고 검사에서 나타나는 어려운 점들을 해결하기 위해 개발되어 많이 사용되고 있다. 그런데, 발산적 사고를 제외한 나머지 검사는 창의적인 사고 능력을 측정하는 것이 아니라 본인 자신이나 교사와 같은 타인이 체크하도록 되어 있어 이러한 검사 해석에 어려움이 따른다. 그러므로 창의적인 성격 특성 검사, 흥미와 태도 검사, 성인에 의한 평정척도 및 발달 및 생애사적인 특성을 다루는 검사들은, 이 검사를 단독으로 사용하기보다는 인지적인 특성을 측정할 수 있는 발산적인 사고 능력 검사와 같은 다른 검사와 함께 사용되어야 한다.

1) 인지적인 특성: 발산적 사고

발산적 사고의 개념을 소개한 Guilford와 그의 동료들의 연구에 이어서 가장 널리 사용되고 있는 발산적 사고 검사는 Torrance 검사이다. 발산적 사고 검사와 기존의 지능 검사와 가장 큰 차이점은 답이 여러 가지로 나올 수 있다는 것이다. 반면에 지능 검사에서는 답이 한 가지로 정해져 있다. Guilford, Torrance의 발산적 사고 검사 외에 Wallach & Kogan(1965) 검사, Wililams(1980)의 창의력 사정 검사, Getzels와 Jackson(1962)의 창의력과 지능 검사 등이 있다.

이러한 영향을 받아 국내에서도 발산적 사고를 측정하는 창의력 검사가 개발되었다. 전경남(1999)은 국내의 창의력 훈련 효과를 알아보기 위해 국내 최초로 메타 분석을 실시하였는데, 국내 석·박사 논문에서 주로 사용하고 있는 창의력 검사는 TTCT(Torrance, 1974), Wallach & Kogan(1965), 전경원의 K-CCTYC 검사, 정원식·이영덕 검사 및 기타 창의력 검사의 네 가지 검사인 것으로 보고하고 있다.

다음에서 국외의 Guilford, Torrance, Urban, Mednick 검사와 국내의 전경원의 검사, 정원식 · 이영덕 검사의 특징과 문제점을 알아보자.

(1) 국 외

① Guilford

1950년경부터 시작된 Guilford의 지적 능력 모델 연구는 창의력 측정에 크게 기여하였다. Guilford는 사고thinking를 발산적 사고와 수렴적 사고로 분류하였다. 발산적 사고란 하나의 주제에서 많은 해결책을 이끌어 내는 사고이고, 반면에 수렴적 사고는 최종적으로 해결책을 정리해 내는 사고력을 일컫는다. 기존의 지능 검사 도구지는 수렴적 사고를 측정하는 것이고, 발산적 사고는 잴 수 없다는 것을 알게 되었다. 그래서 지능 검사로는 새로운 것을 생각해 내는 능력을 측정할 수 없다는 것을 알게 되어 '창의력 검사' 연구가 활발하게 이루어졌다.

Guilford는 50종 이상의 검사를 실시하여 각 검사 간의 상관관계를 밝히고, 요인 분석을 하여 창의력 인자로 다음과 같이 7가지를 추출하였다. 이들 창의력 인자들은 각기 측정할 수 있는 인자로 이를 토대로 Guilford는 검사 도구를 개발하였다.

- 문제에 대한 민감성, 즉 문제에 대한 감수성과 평가하는 능력이다.
- 사고의 유창성, 즉 사고의 풍부성이며 언어, 연상, 표현, 관념의 원활 등 4개의 인자를 포함한다.
- 사고의 융통성, 즉 낡은 생각을 버리고 새로운 생각을 채용하는 능력이며 그것은 자발적인 유연성과 적응 유연성의 2가지 인자를 포함한다.
- 독창성, 즉 보통 사람과 달리 비범한 새로운 생각을 만들어 내는 능력이다.
- 면밀성, 즉 사태를 판단하고 처리하는 데 뛰어난 능력이다.
- 재정의 능력, 즉 현실 문제를 새로운 각도에서 재구성화함으로써 해결하는 능력이다.
- 재구성하는 능력, 즉 전술한 6개 능력에 의하여 새로운 해결을 시도하는 능력이다.

Guilford와 그의 동료들은 발산적 사고를 측정하기 위하여 대안적 용도 검사Alternate Uses, 플롯 제목Plot Title, 결과Consequences와 같은 3가지 검사를 개발하였다. 대안적 용도 검사란 흔히 볼 수 있는 물건(구두, 연필 등)들의 또 다른 용도를 생각해 보게 하는 것이다. 플롯 검사도 이와 유사하여 두 가지 이야기의 제목을 현명하게 붙여 보는 것이다.

② Torrance의 창의적 사고 검사Torrance Tests of Creative Thinking, TTCT

우리나라에 소개된 Torrance 검사는 주로 Torrance Tests of Creative ThinkingTTCT의 언어 검사Thinking Creatively with Words와 도형 검사Thinking Creatively with Pictures이다. 신체검사Thinking Creatively in Action and Movement, TCAM와 음향 검사Thinking Creatively with Sounds and Words, TCSW는 거의 소개되지 않았다. 그 외에 다양한 창의력 검사가 있지만 Torrance의 TTCT 언어 검사와 도형 검사가 가장 포괄적이며 대표적인 검사이다. 이 검사를 실시하기 위하여 특수 훈련을 받을 필요는 없다. 단지 채점 방법을 자세히 읽고 그 지시에 따라 채점하면 된다.

Torrance가 창의력 검사와 측정 연구에 미친 영향은 지대하다. 그의 검사가 전 세계적으로 많이 사용되고 있고 더욱이 연구 분야에서는 가장 많이 사용되고 있는 것으로 나타났다. 그가 개발한 TTCT 검사의 단점(발산적 사고 위주, 신뢰도와 타당도 결여 등)에도 불구하고, 그 동안 그의 검사를 사용하여 발표된 논문은 2,000편이 넘을 정도로(Tornace & Goff, 1989) 가장 보급이 많이 된 검사이다. 특히 TTCT의 언어 검사와 도형 검사는 창의력 프로그램의 효과를 측정하기 위한 사전-사후 검사에서 가장 빈번하게 사용된 검사로서 꾸준하게 개정 작업이 되어 왔고 한국을 포함한 다른 나라에서도 번역되어 보급되어 왔다.

Cooper(1991)는 발표한 창의력 측정 관련 논문에서 가장 많이 보급되어 사용된 창의력 검사 6종을 선정하여 분석하고 비평했다. 그런데 6종의 검사 도구 중에 3종류가 Torrance가 개발한 ① TTCT 검사(언어 검사와 도형 검사 모두 포함), ② 신체검사TCAM , ③ 음향 검사TCSW가 모두 포함되어 있을 정도로 Torrance의 공헌은 매우 크다고 할 수 있다. 창의력 검사에 대해서 조금이라도 아는 사람이라면 Torrance 검사를 알 정도로 그의 창의력 검사와 측정에 대한 공헌은 높이 평가되고 있다.

Torrance에 의해서 개발된 TTCT(Torrance Tests of Creative Thinking) 검사는 언어 검사Thinking Creatively with Words와 도형 검사Thinking Creatively with Pictures로 구분되며 각각 A형과 B형의 동형 검사가 있다. 그 외에도 Torrance(1973)는 문화실조 어린이 중에서 재능을 측정하는 검사(checklist)를 개발하였다. 또한 다른 동료들과 공동으로 개발한 검사로는 Khatena-Torrance Creative Perception Inventory, Style of Learning and Thinking(SOLAT), Abbreviated Torrance Test for Adults가 있다. 이런 검사들은 모두 미국의 STS(Scholastic Testing Service) 출판사에서 제작 판매하고 있다. 이 중에서 STS에서 발행한 2003년도 도서 카탈로그와 검사 도구 세트에서 제시한 개정된 Torrance 검사들의 내용을 참고로 하여, Torrance의 중요한 4가지 창의력 검사를 간단하게 살펴보도록 하겠다.

❶ TTCT

가) 언어 검사Thinking Creatively With Words

이 검사는 발산적 사고의 세 가지 하위 요인인 유창성, 융통성, 독창성을 측정하는 것이다. 원래의 검사에는 정교성 요인도 포함되어 있었으나, 훈련받지 않은 채점자들이 채점한 정교성 점수로부터 채점자 간 신뢰도를 계산하는 데 어려움이 있어 정교성 요인을 제외하고 3가지만 측정한다(Torrance, 1966, 1974).

Torrance의 언어 검사Thinking Creatively With Words는 총 5개의 하위 검사로 구성되어 있는데, 첫 번째 검사는 다시 3개의 검사로 나뉘어서 총 7개의 하위 검사로 나누어져 있다.

이 검사는 창의력의 하위 요인 중 유창성, 융통성, 독창성을 측정할 수 있으며, 초등학교 1학년부터 성인까지 적용할 수 있고, 총 소요 시간은 45분이다. 초등학교 1학년에서 3학년까지는 개별로 검사를 실시하고, 그 이상에서는 집단으로 실시해도 된다.

이 검사는 언어적인 활동을 요구하는 기본적인 7가지 활동으로 구성되어 있었는데, 그중 특이한 질문Unusual Questions 활동은 이후의 개정판에서 삭제되어 최근판에는 6개의 활동을 포함하고 있다. 이는 특이한 질문 활동이 전체 검사 결과에 어떠한 추가적인 정보도 제공하지 못한다는 것이 밝혀졌기 때문이다.

이 검사 도구지는 A형과 B형으로 되어 있으며, A형의 검사 내용의 일부는 다음과 같다.

활동 1 : 질문해 보기Asking

검사 도구지에 제시된 그림에 나타나 있는 현상이나 질문하고 싶은 것을 모두 생각해 보게 하는 검사 (총 5분)

활동 2 : 원인을 예측해 보기Guessing Causes

그림에서 일어나고 있는 일이 어떻게 일어났으며, 그 원인이 무엇인지를 생각해 보게 하는 검사 (총 5분)

활동 3 : 결과를 예측하기Guessing Consequences

그림에서 나타난 사건의 결과가 어떠한지에 대해 생각해 보게 하는 검사 (총 5분)

활동 4 : 산출물의 개선하기Product Improvement

보조 자료로서 헝겊으로 만든 코끼리 인형을 사용하여 여러 가지 특이한 방법으로 코끼리의 형태를 변화시키도록 하는 검사 (총 10분)

활동 5 : 색다른 용도법 열거하기Unusual Uses - Tin Cans(A), Cardboard Boxes(B)

두꺼운 종이 상자를 활용하여 재미있고 독특하게 상상할 수 있는 방법을 생각해 보도록 하는 검사 (총 10분)

*B형 검사는 두꺼운 종이 대신에 깡통을 사용한다.

활동 6 : 가정해 보기Just Suppose , What would happen if?

'구름에 줄이 붙어 있어서 땅 아래까지 늘어져 있다면 어떤 일이 일어날까요?' 라는 가정을 해본다. (5분)

*B형 검사는 '커다란 안개가 지면까지 내려와 우리의 발 위를 덮을 정도가

되면 어떤 일이 일어날까요?' 라는 그림을 제시한다.

초기에 개발한 TTCT 언어 검사는 만 4세에게 실시하기에는 부절적하여 만 5세부터 사용하도록 되어 있다. 특히 정교성을 측정하기 어려웠고, 언어적인 반응을 요구하기 때문에 만 3, 4세에게 TTCT를 적용하는 것은 어려운 것으로 나타났다(전경원, 1995). 정교성은 작품 개발, 비범한 사용, 추리하기의 하위 검사에 의해서 측정되는데, Torrance 자신은 언어의 정교성 점수를 사용하기를 주저하였다.

1966년에 개발된 기존의 검사에서는 대상 연령이 만 5세 유아부터였으나, 근래에는 초등학교 1학년부터 검사를 할 수 있도록 개정하였다(Torrance와 Safter, 1998). 대상 연령에 대한 개정 작업은 매우 고무적이라고 할 수 있다.

Cooper(1991)는 언어 TTCT의 단점을 다음과 같이 지적하고 있다. TTCT의 언어 검사의 B형에 대해서는 마지막 소검사인 "커다란 안개가 지면까지 내려와 우리의 발 위를 덮을 정도가 되면 어떤 일이 일어날까요?" 의 그림 상태가 조악한 수준이라서 그 그림을 보고 창의적인 생각을 하기 어렵다는 것이다. 또한 이 검사를 여러 번 사용해 본 필자의 경험으로는 A형도 " '구름에 줄이 붙어 있어서 땅 아래까지 늘어져 있다면 어떤 일이 일어날까요?' 라는 가정을 해 본다." 라는 문제가 있는데, 검사지의 그림이 매우 열악하여 어떤 그림인지 알아보기 어렵고 흥미를 유발시키기 어려워 검사를 실시하기 위해서 아동부터 대학생들에게 그 상황을 잘 소개해야 하는 어려움이 있었다. 이러한 상황을 고려한다면 TTCT의 시각적인 자료들을 재제작하여 좀 더 창의적인 사고를 할 수 있도록 개선해야 한다고 사료된다.

나) 도형 TTCT 검사Thinking Creatively With Pictures

Torrance는 도형 검사Thinking Creatively With Pictures를 통해서 창의력을 측정하고 있다. 이 검사는 그림 구성Picture Construction, 그림 완성Picture Completion, 두 개의 직선Lines 그리고 원Circles 구성의 세 가지 활동들을 포함하고 있다.

이 검사는 만 5세부터 성인까지 적용할 수 있으며, 소집단으로 실시할 수 있고, 각 검사마다 10분씩 시간 제한이 있어서 총 30분이 제한된다. 언어 TTCT 검사에서는 유창성, 융통성, 독창성 3가지 요인을 측정하는 반면에, 도형 TTCT에서는 유창성, 독창성, 정교성, 성급한 종결에의 저항resistance to premature closure, 제목의 추상성과abstractness of titles 같은 창의적 사고의 다섯 가지 하위 요인을 측정할 수 있다.

제목의 추상성 요인은 도형 검사에서 언어를 통해 표현된 창의적 사고를 측정하기 위한 것이며, 성급한 종결에의 저항 요인은 창의적인 반응을 생각해 내는 데 어느 정도로 충분히 개방적인 자세를 유지할 수 있으며, 모호함을 참아 낼 수 있는지를 측정하기 위한 것이다. TTCT 언어형과 달리 TTCT 도형 검사에서는 융통성 요인을 측정하지 않는데, 이는 융통성 요인이 유창성 요인과 매우 높은 상관을 보여 유창성 요인의 측정이 부가적인 정보를 제공하지 못하였기 때문이다.

도형 검사는 '활동 1: 그림 구성, 활동 2: 그림 완성, 활동 3: 원(도형 검사 B형)' 으로 또는 두 개의 직선(도형 검사 A형)' 으로 구성되어 있다. 도형 검사의 A형의 예는 다음과 같다.

활동 1의 예 : 그림 구성Picture Construction

검은색의 계란 모양의 도형을 제시하고 이것을 사용하여 어떤 물건이나 그림을 상상해 보게 한다(총 10분).

활동 2의 예 : 그림 완성Picture Completion

불완전한 그림 10개를 제시하고, 이 그림에 선을 추가로 그려 넣어 다른 사람이 생각해 내지 못한 독특한 그림을 완성해 보게 한다. 그림이 완성되었으면 번호 옆에 그림의 제목을 적도록 한다(총 10분).

활동 3의 예 : 두 개의 직선Lines 또는 원Circles

두 개씩 짝 지어 놓은 직선을 가지고 될 수 있는 한 여러 가지 물건이나 그림을 생각하여 그려 보게 한다(총 10분).

최근의 도형 검사의 예

그러나 도형 검사의 내용은 Torrance가 초기에 개발한 도형과 다른 내용으로 구성되어 있다(Torrance, 1962). 이와 같이 Torrance는 그의 발산적 사고 검사를 약 50여 년 동안 꾸준하게 단점들을 수정 · 보완하여 개정 작업을 해 왔다.

Chase(1985)는 TTCT 검사의 구인 타당도construct validity가 낮다는 점을 비판했고, Davis(1986)도 TTCT의 구성 내용이 창의력의 일부분만을 측정하고 있다고 지적했다. 이러한 단점이 최근에는 어느 정도 보완되고 있다. 최근에는 도형 TTCT의 성격적 특성을 측정할 수 있는 항목을 보완하여, Torrance와 Safter(1998)는 간편형 도형 창의력 검사 채점법streamlined scoring procedure에 따라서 13가지의 창의적인 특성을 측정하고 있다. 예를 들면 감정 표현, 정확하게 이야기하기, 움직임과 활동, 제목의 표현성, 불완전한 도형의 종합성, 유머 감각, 환상, 심상의 풍부함과 같은 것을 측정한다. 아마도 이런 개정 작업은 그 동안 창의력의 타당도에 대한 비판을 고려하여 개정 작업을 하면서 추가로 이런 변인들을 포함시킨 것으로 보인다.

다) TTCT 언어 · 도형 검사의 신뢰도와 타당도

앞서 살펴본 바와 같이 Torrance의 TTCT 검사는 언어 검사와 도형 검사가 있다. 이 두 검사 모두를 TTCT로 부르며, 각각 TTCT 언어 검사, TTCT 도형 검사라고 일컫는데, 이 두 검사를 각각 사용하기도 하지만, 함께 사용하는 연구도 있다.

Tornace는 그가 개발한 검사들을 소개한 검사 연구(Torrance, 1966)에서 방대한 자료를 토대로 타당도를 제시하고 있으나 미비한 것도 있다. 예컨대, 내용 타당도에 관한 연구는 적고, 예언 타당도에 관한 연구는 많다는 점이다. 구인 타당도와 공인 타당도에 관하여서는 50편 이상의 연구를 통하여 제시하고 있다. 많은 구인 타당도에 관한 연구들은 창의력 검사 결과 고득점자와 저득점자 간의 성격과 행동을 분석하는 방법을 사용하였다. 그러나 초등학생을 대상으로 한 연구에서는 검사의 고득점자와 저득점자 간의 비교에서 독창적이며, 정교한 그림을 만들었던 집단이 일상생활에서는 제멋대로이며 지각 없는 생각을 가졌다거나 유머를 많이 사용하고 놀기 좋아하는 것으로 나타나기도 하였다. 많은 연구 결과는 창의력 관련 문헌에서 지적하고 있는 창의력 검사가 창의적인 행동을 측정한다는 점은 연구 결과에서 일치하고 있다(Baird, 1972).

검사 결과와 준거 행동인 동료 지명, 교사 지명들의 의견과 교육적 성취 및 다른 창의력 검사를 준거로 설정하여 실시하여 공인 타당도를 검증하였다(Alston, 1971; Yamamoto, 1964). Yamamoto(1964)의 연구 결과 언어 창의력 검사를 했을 때 동료 지명과 유창성, 융통성, 발명성과의 공인 타당도는 각각 0.24, 0.22, 0.15를 얻었고, 교사 지명에서는 유창성, 융통성, 독창성이 있다고 지적한 학생을 대상으로 창의력 검사를 실시했을 때 의의가 있는 것으로 나타났다. Torrance(1966)의 견해로는 이같은 연구 결과를 이 검사의 타당도로서 인정해야 한다는 것이다.

Torrance(1966)의 검사에 있어 타당도의 문제는 현실적으로 창의적 행동을 장기적으로 예언하는 힘이 얼마나 되느냐 하는 것이다. 검사 요강에는 단기적 예언 타당도만을 제시하였으며, 장기적 예언 타당도는 검사 요강에 있는 예언 타당도만 확장 연구한 것이다. Torrance는 기본적 타당도만을 제시하였으나 이에 대하여 의문을 제기하는 학자들도 많다. 특히 유아들에게 검사를 사용할 때 예언 타당도에 관하여서는 설명된 바가 없다.

신뢰도에 관하여 Torrance(1966)는 검사 요강에서 여러 가지 종류의 신뢰도를 제시하였다. 검사 요강에는 동형 검사 신뢰도가 제시되었는데 0.37 내지 0.52로 상관이 있는 것으로 나타났으나 높지는 않다. 동형 검사 신뢰도는 Cicirelli(1964)가 초등학교 6학년 아동 118명을 대상으로 언어 검사와 도형 검사 간의 하위 요인 점수별로 상관관계 계수를 산출하였다. 연구 결과 유창성에서는 0.52, 융통성에서는 0.37, 독창성에서는 0.43의 상관 계수를 보고했다(Torrance, 1974).

검사-재검사의 신뢰도는 Wodtke(1964)와 Hagender(1967)의 연구에 제시되었다. Wodtke(1964)는 초등학교 2~5학년 아동을 각 학년당 100명에서 150명을 대상으로 6개월 간격으로 TTCT 언어 검사와 도형 검사의 재검사를 실시한 결과 신뢰도 범위는 0.34에서 0.79로 밝혀졌다. 언어 검사가 도형 검사보다 더 신뢰롭게 산출되었으며, 이는 학년이 올라갈수록 더 증가하는 경향을 보였다.

Hagender(1967)는 초등학교 5학년 아동 118명을 대상으로 8개월 간격으로 검사-재검사를 실시한 결과 언어 검사의 유창성에서 0.93, 융통성 검사에서 0.84, 독창성에서 0.88의 상관 계수를 얻었으며, 도형 검사에서는 유창성에서 0.71, 융통성에서는 0.73, 독창성에서는 0.85, 정교성에서는 0.83의 점수를 얻어 비교적 안정된 것으로 나타났다(Treffinger, Renzulli, & Feldhusen, 1971).

그 외에 언어 창의력 검사의 채점자interscorer 간의 신뢰도는 0.90 이상이라고 검사요강에서 밝히고 있으며(Torrance, 1974), 채점자intrascorer 내의 신뢰도는 검사요강에 언급되지는 않았지만 대체로 인정할 만하다고 한다(Torrance, 1974).

현재 이 검사의 신뢰도는 규준 작성에서는 바람직한 결과를 나타내고 있으나 타당도와 실용도에 대해서는 연구가 좀 더 심도 있게 진행되어야 한다. 정신측정연감The Eighth Mental Measurement Yearbook을 보면 많은 연구들이 창의력에 대한 것이므로, Torrance 검사를 비롯한 그 외의 창의력 검사의 타당도가 조속히 연구되어야 할 필요가 있다.

Torrance 검사 중 언어 검사와 도형 검사는 한국어판이 출판되어 있다(김영채, 2002). 한국어판 검사의 검사 요강에는 5,000여 명의 유치원생부터 고등학생까지의 한국 학생들의 표본 집단으로부터 수집한 상세한 규준이 제시되고 있다. 한국어판 TTCT의 검사 요강에 의하면, 한국판 규준집단의 경우 TTCT와 WKOPAYWhat kind of person and you? 창의적 성격 검사에는 0.50의 상관이, 그리고 학업성취도와는 0.52~0.56(초등학교 3학년) 및 0.54~0.61(대학생)의 상관을 보이고 있는 것으로 보고되어 있다. 신뢰도의 경우 평균점수를 기준으로 언어형은 0.92~0.93, 도형 검사는 0.73~0.76로, 언어 검사의 신뢰도가 도형 검사의 신뢰도보다 더 높은 것으로 보고되고 있다.

❷ 신체검사Thinking Creatively in Action and Movement, TCAM

Torrance에 의해 개발된 TCAM 검사 도구지나 활동은 만 3세부터 8세까지의 아동을 대상으로 창의적인 사고력을 측정하기 위해 제작되었다. 이 검사 도구지는 대부분 학교, 유아원, 유치원, 보육소뿐 아니라 기타 아동을 보호하는 기관들에서 간단한 도구로 쉽게 활용할 수 있도록 제작되었다. 그러나 이 검사는 널리 알려져 있지 않으며 훈련받지 않은 사람이 실시하기엔 어려우므로 어느 정도 훈련을 받아야 실시할 수 있다.

주스를 담아서 마실 수 있는 종이컵은 보육소, 유아원, 유치원과 교회학교 등에서 쉽게 사용할 수 있다. 예능 수업을 제외한 보통 일상적인 생활에서는 독특한 방법으로 물건을 사용하지 못하도록 하고 있지만, 아동들은 무엇인가를 고안해 내려는 본성을 갖고 있기 마련이다. 아동들은 이러한 시험 과정을 거쳐서 합법적인 방법을 찾아서 행동하려고 한다. 이 활동은 나이가 든 아동이나 성인들을 위한 Torrance의 색다른 용도법 검사Unusual Uses와 비슷하며, 이러한 과제는 창의력 검사 도구지에서 가장 창의적인 능력을 잘 예언할 수 있는 과제라고 볼 수 있다.

아동들은 누구나 창의적으로 행동하는 방법이 무궁무진하기 때문에, 그들의 창의적인 사고력을 표본으로 한다는 것이 쉽지는 않다. 이러한 문제를 해결하기 위해 제작자는 아동들이 창의적인 능력을 보여주는 가장 중요한 방법을 표본으로 할 수 있는 4가지 활동을 선정하였다. 이 4가지 세트의 활동은 '① 몇 가지 방법으로? ② 이렇게 움직일 수 있나요? ③ 또 다른 방법으로? ④ 이것이 무엇이 될 수 있나요?'로 구성되어 있다. 이 검사에서는 유창성, 융통성, 독창성, 상상력을 측정할 수 있다.

활동 1 : 몇 가지 방법으로?

모든 아동들은 태어날 때부터 한 곳에서 다른 곳으로 계속 움직이기 시작한다. 어떤 아동은 누군가 격려하거나 배운 행동으로만 움직이기도 하고, 독창적인 방법으로 움직이는 방법을 고안해 내지 않는다. 반면에 어떤 아동은 아주 영리한 방법으로 한 곳에서 다른 곳으로 옮겨 가면서 삶에서 계속 발생하는 문제를 해결해 나가기도 하고, 그들 자신을 즐겁게 하면서 생활한다. 어떤 아동은 금지된 방법으로 움직였을 때 벌을 받기도 한다. 물론 아동에 따라서는 어떤 행동을 하지 못하게 할수록 더 영리하고 새로운 방법으로 움직여 보려고 시도하기도 한다.

TCAM의 첫 번째 활동은 아동들이 다양한 방법으로 생각해 낼 수 있는 능력을 표본으로 하기 위한 것이다. 언어적인 반응과 행동적인 반응이 모두 인정되며, 언어적인 반응과 행동적인 반응을 결합한 것도 수용된다.

활동 2 : 이렇게 움직일 수 있어요?

'이렇게 움직일 수 있어요?' 라는 두 번째 활동은 아동들이 상상하고, 동정심을 갖고, 공상하고, 익숙하지 않은 역할을 수행해 보이는 능력을 관찰하기 위한 것이다. 아동들은 아주 어릴 때부터 동물과 인간의 행동을 모방하기 시작한다. 이 활동은 여섯 가지 상황을 제시하고 있는데, 이들 중에 4가지 활동은 아동으로 하여금 그 자신이 마치 동물이나 사물(나무, 토끼, 물고기, 뱀)로 여기게 하고, 두 가지는 다른 사물(차를 운전하고, 거대한 코끼리를 원하는 방향으로 밀어 보이는 행동)과 관련된 역할을 수행하도록 하는 활동이다.

활동 3 : 또 다른 방법으로?

창의적인 사람들은 오래된 과제나 사물을 반복하여 다시 생각해야 하는 능력을 갖고 있어야 하고, 또한 새로운 시각으로 그것들을 보아야 한다. 휴지통에 종이컵을 버리는 과제에서, 아동들은 새롭고 다양한 방법으로 과제를 수행하려고 한다. 창의적인 아동은 이러한 단순한 행동에서도 독특한 방법을 보이려고 할 것이다. 아마도 진부한 방식을 탈피하려고 하거나 좀 더 새로운 방법을 찾으려고 할 것이다. 이러한 활동은 그 상황에서 아동들의 능력과 한계점을 찾아볼 수 있는 기회가 된다. 그래서 휴지통에 종이컵을 버리는 다양한 대안책과 독특한 방법을 찾아내는 능력은 아동의 창의적인 잠재력을 알아볼 수 있는 좋은 지표라고 생각된다.

활동 4 : 이것이 무엇이 될 수 있나요?

아동들이 주어진 환경에서 평범한 사물을 가지고 즉흥적으로 다양한 생각을 해 내거나, 의도된 목적 외의 다른 방법을 생각해 내는 것은 매우 자연스러운 일이다. 어떤 아동은 놀거나, 일하거나, 문제를 해결하기 위해 평범한 방법으로 물건을 다루는 방법을 생각해 낸다. 적어도 어떤 물건이 원래 사용되기로 한 목적대로 사용하는 것을 배우게 될 때까지. 우리는 보통 아동들에게 의자에는 걸터타고 앉는 것보다는 바로 앉는 것으로, 테이블은 우주선 발사대나 무대보다는 앉아서 음식을 먹는 도구로써 사용하도록 가르친다. 그리고 종이컵은 음료수를 담아서 먹는 용기로 생각하지, 그것을 가지고 공을 만들어 던진다거나 팽이처럼 돌린다는 생각은 잘 하지 않게 된다.

가) 신뢰도

검사를 검사 요강대로 제대로 실시한다면 TCAM의 검사자 간의 신뢰도는 0.90 이상의 수준으로 유지된다(Torrance, 1974). 30명의 2학년 학생들의 표집하여 연구한 Bolen(1976)은 신뢰도 계수 0.96을 얻었고, 이들 간의 평균값에는 통계적으로 유의한 차이가 없음이 밝혀졌다. Torrance와 그의 동료는 18명을 표집하여 유창성의 신뢰도 계수 0.96과 독창성의 신뢰도 계수 0.97을 얻었다. 저자와 저자 조수는 50명을 대상으로 표집하여 신뢰도를 구해 보니, 유창성 신뢰도 계수는 0.99이고, 독창성의 신뢰도 계수는 0.98이었고, 이들의 평균값에는 통계적으로 유의한 차이가 없는 것으로 나타났다.

검사-재검사의 예비 연구 결과는 만족스러웠다. 만 3세부터 만 5세 아동 20명을 2명의 대학원 학생들에 의해서 2주 간격으로 검사-재검사 한 결과 얻어진 검사-재검사의 신뢰도 계수는 0.84로 나타났다. 구체적으로 활동 1은 0.71, 활동 2는 0.79, 활동 3은 0.67, 활동 4는 0.58로 나타났다. 아동들은 다양한 상황 아래서 다른 수준의 창의적인 에너지를 보이기 때문에, 이러한 유형의 검사에서 전반적인 신뢰도는 상당히 높은 것이라고 생각된다. 예컨대 활동 1에서는 신통치 않게 반응을 하다가, 활동 2에서는 워밍업이 되어서 활동 3과 4에서 상당히 생산적인 활동을 보이기도 한다. 두 번째 검사(재검사)에서는 첫 번째 검사를 받았던 아동이 훨씬 더 동기 유발이 되고, 활동 1에서부터 놀랄 정도의 반응을 하고, 활동 2까지도 에너지가 연장되는 경우가 많다. 이러한 아동들은 활동 3과 활동 4에서는 지쳐서 반응을 잘 하지 않기도 한다. 이러한 상황으로 미루어 보아 각 영역의 활동들의 검사-재검사 신뢰도는 낮을 수밖에 없지만, 전반적인 신뢰도 정도는 큰 영향을 미치지는 않는다. 그러므로 창의적인 능력을 측정하기 위해 전체 검사 도구지에서 한 가지 활동만 측정해 본다는 것은 바람직하지 못하다.

나) 타당도

TCAM을 활용하여 실시된 예비 타당도 연구와 박사논문들이 있다. 지금까지 보고된 연구물들로는 어느 정도까지 타당도를 직접적으로 측정할 수 있는지에 대해 논의하기 어렵다고 Torrance(1974)는 지적하고 있다.

TCAM의 직접적인 타당도를 측정하는 방법을 고안해 내는 것이 상당히 어렵지만, 간접적으로 타당도에 대해 입증할 만한 연구는 상당히 많다. TCAM 점수는 비교적 지능, 협동, 인종, 성, 유치원 취원 여부, 사회 경제적인 지위 등과 상관관계가 없는 것으로 나타났다. 그러나 TCAM의 점수는 창의적인 율동, 농촌의 경험과 창의적인 교육과정, 문제 해결 사회 드라마와 같은 창의적인 생산을 해내는 데 얻어진 학습 경험과는 깊은 관련이 있는 것으로 나타났다. TCAM은 정서장애 아동이나 청각장애 아동뿐만 아니라 장애 아동에게도 성공적으로 사용될 수 있다. TCAM은 장애라는 요인이 창의적인 기능에 영향을 줄 수 있는 연구의 단서가 될 수도 있다.

❸ 음향 검사Thinking Creatively with Sounds and Words, TCSW

지금까지 외국에서 개발된 소리를 통한 창의력 검사로는 Torrance의 검사 도구지가 널리 알려져 왔다. 이 검사는 1973년에 Torrance, Khatena, Cunnington이 함께 개발한 것으로 언어, 도형, 동작에 비해서 가장 최근에 개발된 검사이다. 이 검사는 두 부분으로 구성되어 있는데 모두 제시된 소리를 듣고 떠오르는 생각을 단어로 표현하는 것으로서, 소리를 듣고 얼마나 독창적인 생각을 했는가를 측정해 보는 것이다. 그러므로 이 검사를 소리를 통한 언어적인 독창성 검사라고 한다.

첫째 부분은 '소리와 심상' Sounds Images, SI 창의력 검사인데 4개의 추상적인 소리(천둥치는 것과 비슷한 추상적인 소리, 사이렌 울리는 것과 같은 소리, 총소리나 무엇인가 폭파할 때 나는 메아리와 같은 소리, 그랜드 피아노에서 나는 추상적인 소리)를 각각 3번씩 듣고 몇 초 후에 이 소리에 의해 떠오르는 영상을 묘사하는 것이다. 이 검사는 소리를 반복해서 들으면 들을수록 독창적인 영상이 떠오른다는 것을 가정하고 있으며, 사실상 그렇다고 보고되었다. 12번의 소리(4가지 소리를 3번씩 듣기)에 대해 각각 독창성 점수를 0점에서 4점까지 준다. 이 때에는 통계적으로 그 반응이 얼마나 희귀한가를 참고하면 된다. 이 검사는 훈련받은 사람과 훈련받지 않은 사람이 실시한 검사자 간의 신뢰도가 0.88에서 0.97로 나타났다. 이로 미루어 보아 이 검사를 실시할 때 특별한 훈련을 필요로 하지 않는 것을 알 수 있다.

둘째 부분인 '의성어와 심상' Onomatopeia and Images, OI 검사는 '소리와 심상' 검사와 유사한데, 단 이 검사에서는 정신적인 자극을 줄 수 있는 5가지의 의성어(비행기 날아가는 소리, 거품이 이는 음료수 뚜껑을 딸 때 나는 소리, 바람이 윙윙거리는 소리, 벌이 윙윙거리는 소리 등)를 듣고 떠오르는 생각을 묘사하는 것이다. 이 검사도 5가지 소리를 3번씩 들려주고, 0점에서 4점까지의 독창성 점수를 준다. 이 검사는 훈련받은 사람과 훈련받지 않은 사람이 실시한 검사자 간의 신뢰도 계수가 0.95에서 0.97로 나타났다.

이 두 검사의 차이점은 4개의 추상적인 소리를 사용하는 것과 5개의 의성어를 사용하는 것 외에 별로 차이점은 없으며, 검사 요강의 지시 사항도 거의 비슷하다. 두 검사 모두 아동용(수준 I)과 성인용(수준 II)이 있으며, 이 검사와 같은 형태의 활동은 아동의 창의적인 활동을 자극하는 데 큰 도움을 준다. 아동용은 만 8세에 12살까지(초등학교 3학년부터 12살까지) 사용할 수 있으며, 성인용은 (고등학생 이상)의 성인에게 적합하다. 기존의 검사에서는 아동용은 만 8세에서 20살까지를 대상으로 했으나, 근래에는 12살까지를 대상으로 하고 있다. 이 검사는 쉬지 않고 30~35분 사이에 끝내도록 하고 있다.

❹ Torrance 검사의 시사점

Torrance의 검사는 Guilford(1967)가 SOI를 기초로 하여 개발한 요인 형식 검사와는 다르기 때문에 Guilford의 '아동용 창의력 검사' Creativity Tests for Children 와 TTCT 간의 상관은 낮다. 또한 TTCT는 Wallach와 Kogan(1965)의 발산적 사고 검사와도 다르다.

Torrance의 검사들은 창의력 측정에 기여한 바가 크다. 그는 지난 30년 동안 다양한 접근법, 연령 및 교육 수준의 사람들을 대상으로 창의력을 연구하여 모든 문화권에서 사용할 수 있는 창의력 검사를 만들려고 노력하였다. 그 결과 전 세계 30여 개국에서 번안되어 전 세계적으로 가장 널리 사용되고 있다. Torrance에 의하면 창의력 언어 검사와 도형 검사는 지능 검사와 달리 인종과 사회·경제적 수준에 따라 차이가 나지 않기 때문에 모든 문화에서 유치원에서 대학원생이나 성인에 이르기까지 공통적으로 사용할 수 있다.

그러나 인도의 Sudhir와 Khangte(1991)는 TTCT가 세계적으로 사용되고 있지만 언어적이든 비언적인 도형 검사이든 간에 이러한 검사는 문화 공평 검사 culture-free test가 아니라고 강하게 주장하고 있다. 그래서 다양하고 특수한 문화권에 TTCT를 사용하는 것은 한계가 있으므로, 각 문화권에서는 이에 적절한 검사를 제작해야 한다고 지적하고 있다. 이러한 주장에 따라 인도에서는 12세~18세의 중등학교 학생들을 대상으로 '색다른 용도법 검사'와 '그림 완성 검사' 등과 같은 8개 소검사들을 제작하여 인도 문화에 적합한 형태로 사용하고 있다.

인도뿐만 아니라 홍콩에서도 그들 문화에 적절하게 TTCT를 개작하여 사용하고 있다. 이러한 문화적인 차이를 고려하여 한국에서도 Torrance의 언어나 도형 검사를 그대로 번안하여 사용하는 것보다는 우리 실정에 적합한 형태로 제작하여 사용하는 것이 바람직하다고 하겠다. 이런 이유로 전경원(1999, 2000b)은 한국의 만 4세~만 6세 유아들을 대상으로 전통 문양과 전래 동화 및 전래 놀이 등을 중심으로 창의적인 능력을 측정하는 검사를 제작하여 한국 유아들에게 적용하고 있다. 요약하자면 미국과 비슷한 문화권에서는 TTCT를 사용하는 것이 별 문제가 없겠지만 인도나 한국 및 일본, 중국 등과 같은 동양권에서 TTCT를 사용할 때는 심사숙고해야 한다.

③ Wallach와 Kogan의 발산적 사고 검사

Wallach와 Kogan은 Guilford가 개발한 발산적 사고 검사들을 토대로 다섯 개의 발산적 사고 검사를 개발했다. 이 검사들은 Wallach와 Kogan이 지능과 창의력 간의 관계를 알아보기 위한 연구를 수행하기 위해 연구용으로 개발한 것으로, 이 검사들은 초등학교 5학년 학생들을 대상으로 실시되었다. 지필 형식으로 응답하도록 되어 있는 다른 발산적 사고 검사들과 달리, Wallach와 Kogan의 발산적 사고 검사들은 일종의 언어 게임과 같은 대화를 통해 검사자는 질문 형식으로 검사 자극을 제시하고 피검자는 이에 구두로 응답하는 방식으로 실시되었다.

Wallach와 Kogan이 개발하고 이용한 다섯 개의 발산적 사고 검사 중 세 개의 검사는 언어 자극을 이용한 것으로, ① 예Instance, ② 대안적 용도Alternate Use, ③ 유사성Similarities의 세 검사이다. Instance 검사는 하나의 유목 개념을 제시하고, 그 유목 개념에 해당되는 가능한 한 많은 예들을 생각해 내도록 하는 것이다(예: 바퀴로 움직이는 것들의 이름을 모두 생각해 보라). Alternate Use 검사는 구체적으로 한 사물의 다른 용도들을 가능한 많이 생각해 보도록 요구하는 검사이다(예: 코르크 마개를 사용할 수 있는 모든 다른 방법들을 말해 보라). Similarities 검사는 제시된 두 개의 구체적인 사물 간의 유사성을 가능한 한 많이 찾아보도록 요구한다(예: 라디오와 전화기가 어떻게 비슷한지 모두 말해 보라).

나머지 두 개의 검사는 도형 자극을 이용한 것으로 ① Pattern Meanings ② Line Meanings 검사이다. Pattern meanings 검사는, 검사자가 피검자에게 4인치×6인치 크기의 종이에 그려진 각각의 그림을 제시하고, 각 그림에 대해 가능한 많은 의미나 해석을 생각해 보도록 요구하는 검사이다. Line meanings 검사는 다양한 모양의 선 그림을 제시하고, 선 그림에 대해 가능한 많은 의미나 해석을 생각해 보도록 요구하는 검사이다.

다섯 개의 검사들 모두, ① 반응의 유일성과 ② 반응 수의 두 기준에 의해 채점된다. 반응의 유일성은 발산적 사고의 독창성과 거의 같은 개념으로, Wallach와 Kogan의 검사에서 반응의 유일성 요인은, 특정 검사 문항에 대한 한 피검자의 반응이 전체 피검자 집단이 보인 반응 가운데 오직 하나의 유일한 반응일 때만 1점을 부여하는 방식으로 채첨된다. 반응의 유일성 총점은 위에 언급한 검사들에서 얻은 반응의 유일성 점수를 모두 합산하여 계산한다. 반응의 수는 발산적 사고 검사의 유창성 요인과 같은 개념으로, 특정 문항에 대해 한 피검자가 응답한 반응의 개수를 모두 합산하여 계산한다.

Wallach와 Kogan의 검사는 검사 문항의 형식과 내용, 그리고 채점 방식에 있어서 TTCT와 많은 유사점을 가지고 있다. TTCT와 이 검사의 중요한 차이점은 검사 환경과 검사 시간에 있다. Wallach와 Kogan은 자신들이 개발한 검사는 놀이와 같은, 비평가적인 분위기 속에서 검사 시간에 제한이 없이 실시되어야 한다고 밝히고 있다. Wallach와 Kogan은 자신들이 개발한 발산적 사고 검사들을 이용한 연구에서, 지능과 창의력이 서로 다른 개념임을 지지하는 중요한 증거를 제시하고 있다. 이러한 결과를 볼때, 발산적 사고는 Wallach와 Kogan이 실시한 대로 놀이와 같이 검사에 대한 압력이 없는 분위기 속에서 검사 시간의 제한 없이 실시할 때, 보다 더 피검자의 반응을 적절히 이끌어 낼 수 있는 것으로 보인다.

표 3-2 Wallach-Kogan 창의력 검사의 예

검사 항목		일반적인 답	창의적인 답
이 그림은 무엇인가?	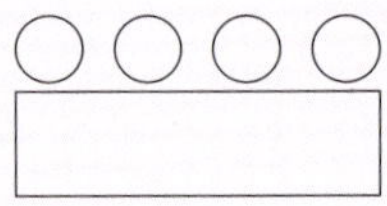	탁자 위에 무엇이 놓여 있는 모습	발가락들
	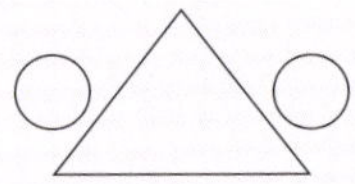	탁자 둘레에 세 사람이 앉아 있는 모습	치즈 조각을 먹고 있는 세 마리의 생쥐
	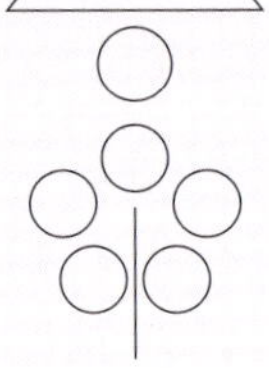	꽃	조각조각 부서지는 사탕(막대 끼워서 빨아먹는)
		두 개의 에스키모 집	나는 양탄자 위의 건초 더미 두 개
다음 것들의 공통점은 무엇인가?	우유와 고기	둘 다 동물로부터 얻을 수 있는 것이다.	둘 다 정부 검사를 받는 것이다.
다음 것들은 어떤 방법으로 활용될 수 있는가?	신문지	종이 모자를 만든다.	화날 때 찢는다.

④ Urban과 Jellen의 도형 산출물 검사The Test for Creative Thinking-Drawing Production, TCT-DP

Urban과 Jellen은 1986년에 도형 산출물 검사The Test for Creative Thinking-Drawing Production, TCT-DP를 개발하였다. 이 검사를 개발하는 과정에서 Urban(1995)은 Amabile의 내적 동기 유발 이론과 Sternberg의 삼차원 모델을 기초로 하여 창의력의 구성 요소에는 산출물을 만들어 내는 과정process, 창의력을 나타내는 산출물product, 창의적인 사람의 특성personality, 창의력을 나타내기 위한 환경environment 및 해결해야 할 문제problem를 포함한다고 했고, 이를 근간으로 하여 4PE 모델을 제시하였다. 그는 이러한 통합적 모델에서 인지적이고 과정 중심적인 정의를 강조하여, 창의적 과정에는 발산적 사고, 일반적 지식 기반, 구체적 지식 기반과 특정 영역 기술, 집중하기/과제 집착력, 동기 유발, 개방성/애매모호함에 대한 인내심과 같은 성격적인 요소가 포함되어 있다고 했다.

이러한 모델과 창의력 요소를 중심으로 Urban과 Jellen은 검사를 개발하였다. 검사의 내용은 Torrance 검사에서 활용하고 있는 미완성 그림 완성하기와 유사하여, 검사지에는 반원이나 곡선, 끊어진 선 등과 같은 여섯 개의 도형이 제시된다. 특정한 도형들이 불완전한 형태로 주어져서, 그것을 토대로 그림을 완성하는 것으로서 매우 자유롭고 개방적으로 자신의 창의적인 능력을 나타낼 수 있다.

이 검사 도구지는 A형과 B형으로 구분되고, 5세부터 95세까지 개인이나 집단으로 실시될 수 있다. 검사 소요 시간은 대략 15분 가량이며, 채점은 훈련만 약간 받으면 검사 도구지 1개당 1~2분 정도면 된다. 도형적인 산출물은 검사 도구지 내용에서 11가지 기준의 창의적인 사고를 기준으로 이들의 총점을 합산하여 채점되고 평가된다.

① 연속성continuation(Cn)

주어진 6개의 도형의 일부분을 확장시키거나 연결시키거나 사용하였는지 알아본다.

② 완성도completion(Cm)

주어진 도형을 확장하거나 연결시키거나 사용하여 그 무엇인가를 추가하여 완성하였는지 알아본다.

③ 새로운 요소new elements(Ne)

새로운 도형이나 상징 및 요소가 있는지 알아본다.

④ 선을 사용하여 이루어진 연결connection made with lines(Ci)

주어진 어떤 한 도형과 다른 도형이 선으로 연결되었는지 알아본다.

⑤ 주제를 나타내는 연결connection made that contribute to a theme(Cth)

도형이 구성적인 주제나 게스탈트적인 요소에 기여했는지 알아본다.

⑥ 조각-의존적인 경계의 해체boundary-breaking being fragment-dependent(Bfd)

밖의 사각형 틀에 있는 열려 있는 작은 사각형에 어떤 형태의 사용이 있었는지 알아본다.

⑦ 조각-독립적인 경계의 해체boundary-breaking being fragment-dependent(Bfi)

2차원의 틀을 깼는지 알아본다.

⑧ 원근감perspectives(Pe)

원근감적 요소들이 들어가 있는지 알아본다.

⑨ 유머감각humor(Hu)

도형에서 유머와 감정적인 요소들이 가미되어 있는지 알아본다.

⑩ 비범성

비범성 요인은 다음과 같은 네 개의 하위 요인으로 구성되어 있다.

- 비범성 A(비범한 조작)Unconventionality A

  자료들의 조작

- 비범성 B(상징성, 추상성, 상상성)Unconventionality B

  초현실적이거나 추상적인 요소들

- 비범성 C(상싱, 형상, 조합)Unconventionality C

  상징이나 표식의 사용

- 비범성 D(주어진 도형들의 비정형적인 사용)Unconventionality D

  주어진 도형 자극들을 비범한 방식으로 사용

⑪ 속도speed(Sp)

위의 10가지 준거에서 최소한 25점을 얻었을 경우에 한해, 최대 6점까지의 점수가 속도 요인에 할당된다. 그림을 완성하는 데 12분 이상의 시간이 소요되었을 경우 속도 요인에 대한 점수는 없다.

이 검사는 만 4세부터 99세의 성인들에게 사용될 수 있으며, 채점자 간 신뢰도는 0.89에서 1.00이고, 검사-재검사 신뢰도 평균은 0.81로 매우 신뢰로운 검사로 알려져 있다(Urban, 1995). 14가지 점수를 합산하여 대략 창의적인 점수가 산출된다. 이 점수들은 다양한 독일 사람들 2,500명을 대상으로 한 연령별 규준에 의해 비교된다. 백분위 비교뿐만 아니라 T 점수도 제공된다.

이 검사 도구지는 창의력을 완벽하게 측정할 수는 없지만 창의적인 잠재 능력을 간단하게 측정할 수 있는 검사 도구지다. 모든 연령층의 사람들에게 적용할 수 있어 유치원생부터 99세까지 사용할 수 있는 검사 도구지이며, 이 검사 도구지로 도전심과 후원이 부족하여 미개발된 창의적인 능력이나 지연된 창의적인 능력을 지니고 있는 사람들뿐 아니라 창의적인 능력이 매우 뛰어난 사람들의 능력까지도 측정할 수 있다. 자기 스스로 창의적인 능력을 확인할 수 있을 뿐 아니라, 검사 기준이 단순하여 간단한 채점 방법으로 창의력을 측정할 수 있어서 경제적이므로 널리 사용되고 검사 결과가 폭넓게 사용될 수 있다. 언어적인 창의력 검사가 아니기 때문에 비교적 문화적인 편견이 없는 검사 도구지로서 널리 사용되고 있다.

⑤ 원격 연합 검사Remote Association Test, RAT

원격 연합 검사(Remote Association Test, RAT)는 창의적인 사고 능력을 측정하는 검사로서, 미국의 미시간 대학교의 Mednick이 1962년에 개발했고, Mednick과 Mednick(1967)이 검사 요강을 제작했다. 이 검사는 총 30개의 문항으로 구성되어 있는데, 각 문항에서는 3개의 단어를 제시하고 이들이 서로 관계가 있는 네 번째 단어를 만들어 보게 한다. 3개의 단어를 효과적으로 연결하여 네 번째의 단어를 찾는 과정에서 겉으로는 서로 거리가 멀어 보이지만 이들 간의 관계들을 예상하고, 그 관계들을 결합하여 연상해 내는 검사이다.

예컨대, cottage: blue: mouse라는 3개의 단어를 효과적으로 연결하여 4번째 단어를 찾아내게 하는 연상검사다. 또 다른 예를 보면 cookies: sixteen: heart 3개의 단어를 보고 이 3개 단어와 모두 관계된 4번째 단어를 연상해 내는 것이다. 이때 4번째 단어로 일반적으로 누구나 떠올릴 수 없는 4번째 단어를 생각하거나 거리가 먼 연상을 하는 사람이 창의적인 아이디어를 떠올릴 가능성이 많다는 것이다.

이와 같이 RAT 검사를 창안한 Mednick는 어떤 사람이 한 단어에서 다른 단어로 쉽게 잘 이동하는 경우나, 한 개념에서 다른 개념으로 쉽게 이동하는 능력이 뛰어나다면 창의적인 사람으로 보고 있다. 그의 이론에 의하면 연상 위계 associative hierarchy가 '수평적 연상 위계' flat hierarchy를 갖고 있다면, 한 가지 요소가 다른 많은 요소들과 서로 연결되는 것이고, 이런 구조를 가진 사람이 창의적인 사람이라고 보고 있는 것이다. 반면에 창의력이 부족한 사람은 '수직적 연상 위계' steep hierarchy를 가지고 있기 때문에 한 가지 요소에서 몇 가지 안 되는 소수의 요소들과의 관련성밖에 생각하지 못한다는 것이다. '수평적 연상 위계' 를 가진 사람은 그렇지 않은 사람보다 더 독창적이고, 더 관계가 없고, 더 놀라운 연상, 즉 서로 거리가 먼 단어끼리의 연합인 '원격 연합' 을 하게 된다는 것이 Mednick의 창의력 이론이다. Mednick에 의하면 주어진 자극에 대해 다양한 결합과 연합을 많이 해본 사람은 원격 연합을 잘할 것이라는 것이다. 예컨대 고무신을 신발로만 신는 사람보다는 꽃을 심는 화분으로 사용하거나, 금붕어를 키우는 어항이나 또는 꽃병으로 사용하는 사람이 더 많은 아이디어를 생성해 낼 것이라는 것이다.

이 검사에서는 창의력이란 새로운 결합을 만들어 낼 수 있는 능력으로 보고 있으며, 창의적인 사람일수록 관련이 다소 없는 것처럼 보이는 엉뚱한 것을 새롭게 결합할 수 있는 능력이 있다고 전제하고 있다. 어찌 보면 RAT 검사는 다른 검사와 달리 일종의 놀이 속에서 창의력을 측정할 수 있다는 장점이 있다. RAT 검사와 비슷한 문항들을 만들어서 창의력 놀이 활동을 해 보는 것도 좋을 것이다. 문항 자체를 만드는 것도 창의력을 요하는 일일 것이다.

이 검사 소요 시간은 40분 정도이고, 대학생을 대상으로 한 몇몇 연구에 의하면 Spearman-Brown 신뢰도 계수는 0.91~0.92로 보고되고 있다. RAT 검사는 다른 창의력 검사와 마찬가지로 실제 생활에서의 창의력을 측정하는 데 있어서는 타당성을 입증하지 못했다는 단점이 있다. 또한 RAT는 발산적 사고보다는 수렴적 사고를 측정하고 있으며, 창의적인 사고를 측정하기보다는 언어의 구조에 대한 민감성을 측정한다는 지적이 있어 왔다.

6 William의 CAP 검사Creativity Assessment Packet

CAP(Williams, 1980)는 3가지('발산적 느낌 검사excercise in divergent feeling', '발산적 사고 검사excercise in divergent thinking', 'William의 행동목록 검사')로 구성되어 있다. CAP 검사는 발산적 사고라는 인지적 속성과 아울러서 발산적 느낌이라는 정의적 속성도 함께 측정하고 있다는 특징이 있다. 첫 번째 검사에서는 50개의 문항에서 전반적인 창의력, 호기심, 상상력, 복잡성, 모험심 등이 측정되고, 두 번째 검사에서는 12개의 일련의 불완전한 도형을 제시하고 그려 보게 하고 독창적인 방법으로 제목을 붙이도록 한다. 그림을 보고 독창성, 유창성, 융통성, 정교성을 측정하고, 제목을 보고 길이와 복잡성, 창의력, 유머 감각을 측정하게 된다. 세 번째 검사는 48개의 문항으로 구성되어 있는데, 부모나 교사가 아동의 행동을 보고 창의력(유창성, 융통성, 정교성, 독창성, 호기심, 상상력, 복잡성, 유머 감각)을 체크하게 된다.

예를 들면 "아동은 생생한 상상력이 있는가?"라는 문항에 대해 5가지 척도(5점: 적극 동의, 4점: 동의, 3점: 중립, 2점: 동의 안함, 1점: 절대 동의 안함) 중에 한 가지를 표시하도록 되어 있다. 아울러 아동 자신이 스스로 평가하는 내용도 포함되어 있다.

CAP는 아동 자신이 그림을 그리고 이름을 붙이는 검사와, 부모나 교사의 아동 행동 목록표 및 아동 스스로 자기를 평가하는 세 가지 내용으로 구성되어 있는 특징이 있다. 즉, 창의력이 발산적 사고뿐만 아니라 성격적 요인이나 생애사적 자료와 함께 측정될 때, CAP는 다른 검사에 비해 더욱 그 본질에 접근해 간다고 할 수 있다.

CAP 검사는 하위 구성 개념 구성에 대한 충분한 이론적 근거가 부족하여, 검사의 내용 타당도에 대한 의구심을 갖게 한다는 문제점이 있다. 또 다른 단점은 CAP의 첫 번째 구성 요인 발산적 사고 검사를 실시할 때, 학생들에게 빠른 시간 내에 완성을 하라고 요구하고 있다는 것이다. 이와 같이 검사를 할 때 속도 제한이 있기 때문에, 정교한 사고를 좋아하거나 놀이와 같은 상황을 좋아하는 유형의 아동들이 검사를 할 때 창의력을 충분히 보여주기 어렵다는 문제가 있을 수 있다(Cooper, 1991). 또한 Damarin(1985)이 지적했듯이, 아동용 창의력 검사에서 중요한 유창성 측정에 대한 기준도 단순히 아동이 반응을 보인 도형의 개수만을 보고 있어, 유창성이 제대로 측정되지 않았다는 단점도 있다.

종합적으로 볼 때, CAP는 구성 타당도와 내용 타당도에서 만족할 만한 정도는 아니지만, 창의력을 인지뿐만 아니라 정서적인 측면에서 종합적으로 측정하려는 최초의 종합 검사였다는 점에서는 그 중요성을 높이 평가할 수 있다.

(2) 국 내

국내에서 제작되고 창의력 교육의 효과를 알아보기 위해 가장 널리 사용된 검사 도구지는 전경원의 '유아용 종합 창의성 검사K-CCTYC' 와 정원식 · 이영덕의 '표준화 간편화 검사' 이다(전경남, 1999).

그 외에 전경원의 '도형 창의성 검사K-FCTYC', '유아 창의적 특성 검사K-CTC', 전경원 · 전경남의 '초등 도형 창의성 검사' 가 있고, 최인수 · 이종구의 '통합 창의성 검사', 우종옥 · 이경화 · 이신동 · 전경원이 개발한 '대교 초등학교 집단 검사', 우종옥 · 이경화 · 이신동 · 전경원이 개발한 '대교 초등학교 개별 검사' 및 김상윤의 '창의성 검사' 가 있다.

이 중에서 유아용 검사 3종과 초등 창의력 검사 2종 및 초 · 중 · 고등용 1종을 좀 더 자세하게 살펴보자.

1 전경원의 유아용 창의성 검사

전경원의 창의성 검사는 종합 창의성 검사K-CCTYC와 도형 창의성 검사K-FCTYC 2가지로 만 4세에서 만 6세 유아들을 대상으로 표준화한 검사이다. 창의성의 주요 척도인 유창성 · 융통성 · 독창성 · 상상력을 측정하는 종합 창의성 검사로서, 총 4개의 소검사로 구성되어 있다. 언어 · 도형 · 신체 영역에서 창의성을 파악하여 부모나 교사가 유아를 이해하고 돕는 데 목적이 있다.

❶ 유아용 종합 창의성 검사K-CCTYC

- 제작 연도와 출판사: 1999(재표준화), 학지사 부설 학지심리연구소 (초기 제작: 1995, 한국유아교육원)
- 개발자: 전경원
- 규준 집단

본 K-CCTYC 검사의 재표준화(1999년)를 위하여 구성된 규준 집단은 4개 권역의 만 4~6세 유아들로, 지역별로는 ① 서울 · 경기 · 강원 · 인천은 303명, ② 대전 · 충남 · 충북은 164명, ③ 광주 · 전남 · 전북은 143명, ④ 부산 · 울산 · 경남 · 경북은 210명으로 총 820명으로 구성되어 있다.

- 검사 내용

다음과 같이 4개의 검사로 구성되어 4개의 척도(유창성, 융통성, 독창성, 상상력)와 3개의 영역(언어, 도형, 동작)에서의 창의성을 측정하고 있다.

영역	검사명	검사의 내용	측정 요소
언어	소검사 1 빨간색 연상하기	빨간색 연상하기 검사에서는 빨간색과 연상되는 물건이나 느낌 및 생각을 적어 보게 한다. 이 검사는 창의력 개발에 중요한 역할을 하는 연상 활동으로 이루어져 있다.	유창성 융통성 독창성
도형	소검사 2 도형 완성하기	태극기의 가운데 선(에스자 모양)만 9개 제시하고, 그 선을 하나씩 사용하여 어떤 그림을 그리는 것이다.	유창성 융통성 독창성
신체	소검사 3 동물 상상하기	창의적 사고의 기초가 되는 상상력을 측정하기 위해 전래동화나 우화에 등장하는 동물을 5가지 등장시켜 상상하게 하는 것이다.	상상력
	소검사 4 색다른 나무치기	전통놀이의 비석치기와 같은 형식으로 세워져 있는 목자를 색다른 방법으로 쓰러뜨리게 하는 것이다.	유창성 융통성 독창성

* 신뢰도

검사-재검사 신뢰도 계수는 0.67이었고, 척도별로는 유창성이 0.67, 융통성이 0.68, 독창성이 0.52, 상상력이 0.43이었고, 영역별로는 언어가 0.56, 도형이 0.66, 신체는 0.49로 나타났다. 채점자 간 신뢰도 계수는 총점의 신뢰도 계수가 0.98~0.99로 나타났다. 각 척도별 채점자 간 신뢰도 계수는 유창성은 0.98~1.0, 융통성은 0.97~1.0, 독창성은 0.84~0.94, 상상력은 1.0으로 나타났다. 영역별로는 언어에서는 0.95, 도형에서는 0.89~0.94, 신체에서는 0.99~1.0으로 매우 신뢰로운 것으로 나타났다.

* 타당도

내용 타당도는 물론 공인 타당도와 구인 타당도가 제시되었다. 공인 타당도는 27문항의 창의성 체크리스트(내적 합치도 0.86)와의 상관계수를 산출한 결과 상관의 평균은 0.65로 나타났다. 척도별로 보면 유창성과의 상관은 0.65, 융통성과의 상관은 0.63, 독창성과의 상관은 0.52, 상상력은 0.37로 나타났다. 척도별로 보면 언어 창의성과의 상관은 0.62, 도형 창의성과의 상관은 0.52, 신체 창의성과의 상관은 0.49로 나타났다. 구인 타당도는 4개의 하위 요인 모두 총점과의 상관계수가 0.59에서 0.96으로 매우 높은 것으로 나타났다. 또한 영역별 창의성도 0.65에서 0.82로 매우 높은 것으로 나타났다.

이 검사는 국내 최초의 유아용 표준화 창의성 검사로 1995년에 제작되었고, 5년 후인 1999년에 재표준화 과정을 거쳐 초기 제작 단계에서 나타난 취약한 점을 보완하였다. 재표준화 작업에서 규준 집단의 유아 수도 늘려서, 다양한 신뢰도 검증과 타당화 작업을 거쳐 석사, 박사 및 학술논문에 다양하게 사용되고 있다(전경원, 조칠례, 2008).

❷ 유아용 도형 창의성 검사K-FCTYC

* 제작 연도와 출판사: 2000b, 학지사 부설 학지심리연구소
* 개발자: 전경원

규준 집단

본 K-FCTYC 검사의 표준화를 위하여 구성된 규준 집단은 4개 권역의 만 4~6세 유아들로, 가형과 나형 모두 동일한 유아로 구성되었다. 지역별로는 ① 서울·경기·강원·인천은 921명, ② 대전·충남·충북은 158명, ③ 광주·전남·전북은 238명, ④ 부산·울산·경남·경북은 494명으로 총 1,811명으로 구성되어 있다.

검사 내용

유아 도형 창의성 검사Korean Figural Creativity Test for Young Children, K-FCTYC의 대상은 만 4~6세이다. 본 검사는 가형과 나형의 동형 검사로 개발되어 있다. 각 검사는 2개의 소검사로 구성되어 있으며, 유창성·독창성·민감성·개방성의 4가지 요인을 측정한다.

검사명	검사의 내용	측정 요인
소검사 1 으뜸 도형으로 그리기	갓의 일부분을 선으로 제시하고, 이를 이용하여 연상되는 모양으로 완성한다. 총 18개의 같은 도형이 제시되어 있다.	유창성 독창성
소검사 2 모듬 도형으로 그리기	제시된 5개의 도형(갓의 일부분, 之의 변형, 수막새 일부분, 태극무늬의 일부분, 점)을 이용하여 자유롭게 완성한다.	개방성 민감성

신뢰도

가형의 총점 평균은 24.82였고, 나형의 총점 평균은 24.58이었는데 두 점수 간의 동형 신뢰도 계수는 0.64으로 나타났다. 그리고 가형과 나형의 유창성은 0.59, 독창성은 0.50, 민감성은 0.57, 개방성은 0.35으로 신뢰도 계수가 0.35에서 64수준으로 높은 것으로 나타났다.

가형 검사-재검사 신뢰도 계수는 0.52였고, 하위 요인별로는 유창성이 0.34, 독창성이 0.50, 민감성이 0.36, 개방성이 0.31이었다. '나형' 검사는 '가형'에 비해 검사-재검사 신뢰도 계수가 다소 높은 것으로 나타났다. '나형'의 총점의 검사-재검사 신뢰도 계수는 0.71이었고, 하위 요인별로는 유창성이 0.70, 독창성이 0.41, 민감성이 0.62, 개방성이 0.22이었다.

4명에 의해 얻어진 가형 검사의 채점자 간 총점의 신뢰도 0.93~0.98로 매우 신뢰할 만한 것으로 나타났다. 각 하위 요인별 채점자 간 신뢰도 계수는 유창성은 0.92~0.98, 독창성은 0.97~0.99. 민감성은 0.92~1.000, 개방성은 0.37~0.71로 나타났다. 4명에 의해 얻어진 나형 채점자 간 총점의 신뢰도 0.84~0.95로 매우 신뢰할 만한 것으로 나타났다. 각 하위 요인별 채점자 간 신뢰도 계수는 유창성은 0.82~0.97, 독창성은 0.73~0.90, 민감성은 0.92~0.98, 개방성은 0.29~0.76으로 나타났다.

✿ 타당도

가형 검사의 공인 타당도를 구하기 위하여 유아 53명을 대상으로 하여 본 검사를 실시하고, 그 직후 연구자가 직접 개발하고 표준화한 27문항의 '유아용 간편 창의성 체크리스트' (내적 합치도 0.86)를 실시하여 두 검사 간의 상관계수를 산출한 결과 가형 검사의 상관의 평균은 0.49로 나타났다. 하위 요인별로 보면 유창성과의 상관은 0.47, 독창성과의 상관은 0.49, 민감성과의 상관은 0.26, 개방성과의 상관은 0.09로 나타났다. 나형 검사의 상관의 평균은 0.31로 나타났다. 하위 요인별로 보면 유창성과의 상관은 0.29, 독창성과의 상관은 0.29, 민감성과의 상관은 0.16, 개방성은 0.24로 나타났다.

K-FCTYC 가형을 구성하는 4개의 구인 모두 창의성 총점과의 상관계수가 0.43 이상에서 0.87로 비교적 높은 것으로 나타났다. 나형 검사의 구인 타당도는 총점과의 상관계수가 0.45 이상에서 0.85로 비교적 높은 것으로 나타났다.

도형 창의성 측면만을 측정하는 검사 도구로 그림으로 창의성을 표현할 수 있다는 장점이 있다. 그러나 2000년에 제작되었기 때문에 이를 사용한 논문은 아직 보고되지 않았다.

❸ 전경원의 유아 창의적 특성 검사K-CTC

✱ 규준 집단

본 검사의 표본은 총 2,129명으로 여아가 1,091명(만 4세: 339명, 만 5세: 360명, 만 6세: 392명), 남아가 1,038명(만 4세: 353명, 만 5세: 356명, 만 6세: 329명)이었다.

✱ 검사 내용

본 검사는 교사나 부모가 일차적으로 관찰을 통하여 창의적인 특성을 알아볼 수 있는 간편한 체크리스트 형식의 검사이다. 창의적 특성 검사는 총 40문항에 대해 진위형으로 반응하도록 되어 있다. 이 중에서 11문항은 인지적인 요인이고 29문항은 정의적인 요인으로 구성되어 있다. 인지적 요인은 한 개 요인으로 유창성/융통성/독창성으로 구성되어 있고, 정의적 요인은 6개 요인으로 탈고정관념/독자성, 호기심/모험심, 다양성, 민감성, 유머 감각, 개별성 등 전체 7개 요인으로 구성되어 있다.

✱ 신뢰도

내적일치도는 영역별로 0.5409(정의적 요인: 유머 감각)에서부터 0.7694(인지적 요인: 유창성/융통성/독창성)까지의 비교적 높은 신뢰도를 보여주고 있다. 요인별로 보면, 인지적 요인인 첫 번째 유창성/융통성/독창성 요인이 0.7694로 가장 높았다. 정의적 요인인 두 번째 요인인 탈고정관념/독자성 요인은 0.7600으로 두 번째로 높았고, 세 번째 요인인 호기심/모험심 요인은 0.6744, 네 번째 요인인 다양성 요인은 0.6198이었다. 그리고 다섯 번째 요인인 민감성 요인은 0.5425, 여섯 번째 요인인 유머 감각은 0.5409, 일곱 번째 요인인 개별성은 0.5532로 다른 요인들에 비해 내적 일치도가 낮았다. 검사 문항 전체적으로는 0.8901로 높은 α계수를 보여주고 있다.

검사-재검사는 동일한 검사를 동일한 피험자 집단에 일정 시간 간격을 두고 실시하여 얻은 두 검사 점수의 상관계수에 의하여 신뢰도를 검정하는 방법이다(성태제, 1995). 유아용 창의적 특성 검사에서는 2주 간격으로 유아 377명에 대한 검사-재검사 신뢰도를 검정한 결과 다음과 같이 요인 1에서 0.662, 요인 2에서 0.675, 요인 3에서 0.475, 요인 4에서 0.443, 요인 5에서 0.524, 요인 6에서 0.486, 요인 7에서 0.363으로 추정되었다. 전체 40문항에 대한 검사-재검사 신뢰도는 0.733으로 비교적 높은 것으로 나타나, 검사 도구가 안정성을 갖고 있다고 할 수 있다.

✽ 타당도

각 요인에 해당하는 문항들의 내용을 분석한 결과 첫 번째 요인은 인지적 요인의 '유창성/융통성/독창성'을, 두 번째 요인은 정의적 요인의 '탈고정관념/독자성'을, 세 번째 요인은 정의적 요인의 '호기심/모험심'을, 네 번째 요인은 정의적 요인의 '다양성'을, 다섯 번째 요인은 정의적 요인의 '민감성', 여섯 번째 요인은 정의적 요인의 '유머 감각'을, 일곱 번째 요인은 정의적 요인의 '개별성'을 의미하는 것으로 나타났다. 그러므로 유아의 창의적 특성을 측정하기 위해 사용된 40문항은 이러한 일곱 가지 요인을 측정하며 구인 타당도가 높다고 할 수 있다. 즉, 어느 한 문항도 측정하고자 하는 목적에서 벗어난 문항이 없다는 것을 알 수 있다.

표 3-3 유아용 창의적 특성 검사의 요인 분석 결과

영역	문항 번호	요인 1	요인 2	요인 3	요인 4	요인 5	요인 6	요인 7
1영역(11문항): 인지적 요인 (유창성/융통성/독창성)	1	.415	.134	.391	.027	.124	.099	.107
	2	.491	.068	.172	.050	.153	.057	.041
	3	.397	.282	.094	.126	.097	.085	.021
	4	.441	.101	.272	.045	.063	.067	.088
	5	.480	.044	.116	.167	.057	.231	.164
	6	.546	.122	.125	.127	.133	.198	.011
	7	.402	.225	.018	.169	.160	.025	.152
	8	.449	.107	.027	.138	.285	.202	.058
	9	.436	.146	.015	.276	.017	.139	.126
	10	.380	.097	.039	.163	.293	.192	.024
	11	.426	.120	.016	.355	.098	.140	.049

영역	문항 번호	요인 1	요인 2	요인 3	요인 4	요인 5	요인 6	요인 7
2영역(11문항): 정의적 요인 (탈고정관념/ 독자성)	12	.309	.319	.247	.060	.022	.039	.216
	13	.106	.414	.148	.103	.112	.091	.135
	14	.193	.574	.110	.047	.096	.078	.072
	15	.066	.631	.029	.053	.129	.163	.065
	16	.081	.587	.053	.080	.036	.152	.015
	17	.196	.360	.021	.027	.123	.094	.039
	18	.096	.487	.078	.154	.026	.320	.020
	19	.027	.534	.124	.423	.097	.035	.032
	20	.017	.584	.054	.090	.174	.012	.045
	21	.121	.374	.087	.253	.356	.023	.013
	22	.188	.487	.011	.138	.211	.098	.043
3영역(5문항): 정의적 요인 (호기심/모험심)	23	.225	.146	.528	.052	.067	.158	.050
	24	.219	.156	.494	.234	.054	.047	.055
	25	.072	.127	.522	.032	.057	.282	.150
	26	.238	.239	.377	.270	.121	.065	.117
	27	.164	.062	.422	.117	.253	.297	.134
4영역(5문항): 정의적 요인 (다양성)	28	.108	.011	.196	.453	.257	.078	.023
	29	.230	.033	.143	.517	.113	.155	.119
	30	.251	.140	.222	.396	.320	.099	.084
	31	.112	.030	.306	.380	.174	.110	.225
	32	.144	.128	.073	.474	.174	.012	.079
5영역(4문항): 정의적 요인 (민감성)	33	.060	.089	.429	.085	.359	.115	.126
	34	.122	.037	.239	.188	.382	.063	.231
	35	.298	.054	.050	.184	.486	.129	.038
	36	.143	.133	.035	.193	.500	.255	.051
6영역(2문항): 정의적 요인(유머 감각)	37	.300	.110	.247	.080	.125	.492	.013
	38	.221	.264	.164	.090	.062	.517	.096
7영역(2문항): 정의적 요인(개별성)	39	.134	.071	.096	.062	.047	.096	.679
	40	.126	.013	.066	.187	.069	.096	.677

❹ 전경원, 전경남의 초등도형 창의성 검사K-FCTES

✲ 제작 연도와 출판사: 2008, 학지사 부설 학지심리연구소

✲ 개발자: 전경원 · 전경남

✲ 규준 집단

초등 K-FCTES 검사에서 얻어진 창의성 검사의 원점수는 그 자체로는 무의미한 것이며, 반드시 규준에 비추어 해석해야 한다. 본 초등 K-FCTES 검사의 표준화를 위하여 구성된 규준 집단은 대도시 · 중도시 · 소도시 권역의 초등학교 1~6학년 학생으로 구성되었다. 지역별로 ① 대도시 인천 · 대구는 713명 ② 중도시 대전 · 광주는 767명 ③ 소도시 경기 · 충북 · 전남은 591명으로 총 2,071명으로 구성되어 있다.

✲ 검사 내용

초등 도형 창의성 검사Korean Figural Creativity Test for Elementary school Students, K-FCTES의 대상은 초등학교 1~6학년 학생이다. 각 검사는 2개의 소검사로 구성되어 있으며, 유창성 · 독창성 · 민감성 · 개방성의 4가지 요인을 측정한다.

검사명	검사의 내용	측정 요인
소검사 1 으뜸 도형으로 그리기	갓의 일부분을 선으로 제시하고, 이를 이용하여 연상되는 모양으로 완성한다. 총 18개의 같은 도형이 제시되어 있다.	유창성 독창성
소검사 2 모듬 도형으로 그리기	제시된 5개의 도형(갓의 일부분, 之의 변형, 수막새 일부분, 태극무늬의 일부분, 점)을 이용하여 자유롭게 완성한다.	개방성 민감성

✲ 신뢰도

초등 K-FCTES의 재검사 신뢰도 계수를 추정하기 위해 초등학생 60명에게 3달 간격을 두고 어떤 창의성 훈련도 실시하지 않고 재검사를 실시하였다. 초등 K-FCTES의 검사의 총점의 검사-재검사 신뢰도 계수는 0.73이었고, 하위 요인별로는 유창성이 0.45, 독창성이 0.53, 민감성이 0.47, 개방성이 0.39였

다. 전체적으로 신뢰도 계수가 0.73인 것으로 볼 때, 초등학생의 경우 검사 상황에 따라 변화가 있다는 것을 고려한다면, 초등 K-FCTES는 일관성이 있는 것으로 볼 수 있고, 만족할 만한 신뢰도 계수를 나타냈다고 볼 수 있다.

초등 K-FCTES 채점자 간 신뢰도는 하위 요인별, 총점별로 매우 높은 것으로 나타났다. 4명에 의해 얻어진 채점자 간 총점의 신뢰도 0.95~0.98로 매우 신뢰할 만한 것으로 나타났다. 각 하위 요인별 채점자 간 신뢰도 계수는 유창성은 0.94~0.99, 독창성은 0.97~0.99, 민감성은 0.93~0.97, 개방성은 0.39~0.77로 나타났다.

* 타당도

공인 타당도를 구하기 위하여 초등학생 80명을 대상으로 본 검사를 실시하고, 그 직후 연구자가 직접 개발하고 표준화한 27문항의 '초등용 간편 창의성 체크리스트' 검사를 실시하여, 두 검사 간의 상관계수를 산출한 결과 초등 K-FCTES 검사의 상관 평균은 0.53으로 나타났다. 하위 요인별로 보면 유창성과의 상관은 0.61, 독창성과의 상관은 0.57, 민감성과의 상관은 0.49, 개방성과의 상관은 0.54로 나타났다

초등 K-FCTES를 구성하는 4개의 구인 모두 창의성 총점과의 상관계수가 0.35이상에서 0.87로 비교적 높은 것으로 나타났다. 유창성(0.87), 독창성(0.86)과 창의성 총점과의 상관이 매우 높았고, 민감성(0.39)과 개방성(0.35)도 비교적 높은 것으로 나타났다. 유창성이 가장 높았고, 그 다음은 독창성, 민감성 순으로 높았고, 개방성은 3개 구인에 비해 상관계수가 제일 낮았다.

② 정원식 · 이영덕의 창의성 검사

정원식 · 이영덕의 창의성 검사는 초등학생과 중 · 고등학생용으로 구분되어 있다. 본 검사는 원 검사가 있고, 이를 간편하게 제작한 간편화 창의성 검사가 있는데, 대부분의 논문에서는 간편화 창의성 검사가 사용되었다.

- 제작 연도와 출판사: 1969, 코리안 테스팅 센터
- 개발자: 정원식 · 이영덕
- 측정 요인: 유창성 · 융통성 · 독창성 · 조직성 · 지각적 개방성 · 성격적 요인
- 검사 내용:

  9개의 소검사 및 성격적 요인을 측정하기 위한 검사로 초등학교용과 중 · 고등학교용의 소검사 내용은 비슷하다.

  - 9개 소검사: 도형 찾기 검사, 그림 완성 검사, 수식 검사, 색채 어휘 검사, 사물 분류 검사, 성냥 문제 검사, 어휘 연상 검사, 동화 검사 및 자기 진술은 초등과 중 · 고등이 공통이고, 초등용에는 '낱말 쓰기 검사' 가 그리고 중 · 고등용에는 '문장 만들기 검사' 와 '등식 검사' 가 있다.

  자세한 검사 내용은 검사를 참고하도록 한다.
- 신뢰도: 각 소검사들의 선행 연구 결과를 토대로 0.70~0.90으로 추정하고 있다.
- 타당도: 보고되어 있지 않음

이 검사는 국내에서 최초로 제작된 초등학교용과 중 · 고등학교용 표준화 창의성 검사로 창의성 연구에 기여한 바가 크다. 그러나 1969년에 제작된 것으로 그 이후 재표준화 작업이 단 한 번도 이루어지지 않아서 21세기의 학생들을 대상으로 한 검사 도구로는 사용에 무리가 있다고 보인다.

≫ 발산적 사고 검사에 대한 비판과 앞으로의 전망

Guilford에 의해 '발산적 사고' 라는 개념이 최초로 제시된 이래로, 발산적 사고 검사는 창의력 연구 및 교육에 커다란 영향을 미쳐 왔다. 창의력 연구자들은 발산적 사고가 곧 창의력 그 자체는 아니라는 데에 동의하고 있다. 발산적 사고 검사는 다양한 창의력 훈련의 효과를 검증하는 수많은 연구들에서 창의력의 변

화를 알아보기 위한 하나의 준거로 사용되어 왔으며, 발산적 사고 개념에 기초한 창의력 검사들, 그중에서도 특히 Torrance의 창의적 사고 검사는 현재까지도 전 세계적으로 가장 많이 사용되고 있는 창의력 검사 방법 중의 하나이다. 이 외에도 국내외의 많은 창의력 검사들이 발산적 사고 개념을 기초로 개발되어 왔다는 것은 발산적 사고가 창의력의 핵심적인 요인 중의 하나라는 전통적인 생각이 아직도 뿌리깊음을 보여주는 것이라 할 수 있다.

하지만, 발산적 사고 검사가 창의력 연구와 교육에 미친 지대한 영향에도 불구하고, 많은 창의력 연구자들은 지속적으로 발산적 사고 검사의 여러 문제점에 대해 지적해 왔다. 발산적 사고의 문제점 중 가장 자주 언급되는 것은, 발산적 사고 검사의 요인 구조에 관한 것이다. Guilford의 전통에 따라, Torrance의 창의적 사고 검사를 포함한 많은 발산적 사고 검사들이 발산적 사고의 주요 하위 요인인 유창성, 융통성, 독창성, 그리고 정교성을 측정하고 있다고 주장하고 있으나, 발산적 사고 요인과 이 네 가지 주요 하위 요인에 대한 수렴 타당도와 판별 타당도에 관한 강력한 경험적 증거는 의외로 부족하다.

먼저, 발산적 사고가 네 가지 하위 요인을 모두 수렴하는 단일의 상위 요인인지가 명확하지 않다. 최근의 연구는 이에 대해 상반된 결과들을 보고하고 있다. 한 연구에서는 발산적 사고가 단일의 상위 요인임을 지지하는 증거를 보고하고 있고, 또 다른 연구에서는 발산적 사고가 두 개의 상위 요인으로 구성되어 있음을 시사하는 증거를 보고하고 있다. 발산적 사고가 단일 요인인지 아니면, 두 개 요인으로 구성되어 있는지는 발산적 사고 검사의 채점 방식에 영향을 미칠 수 있으므로 매우 중요한 문제이다. 만약 발산적 사고가 단일 요인이라면, 발산적 사고 검사의 점수를 하나의 총점으로 계산하는 것이 논리적으로 타당성을 가질 것이다. 하지만, 만약 발산적 사고가 두 개의 요인으로 구성되어 있다면, 하나의 총점을 이용하는 것보다는 두 개의 상위 요인에 대한 각각의 총점을 계산하는 것이 더 타당할 것이다. 발산적 사고 검사의 의미 있는 해석과 활용을 위해, 발산적 사고 검사의 요인 구조에 관한 보다 많은 연구가 있어야 할 것이다.

발산적 사고의 판별 타당도와 관련된 문제점도 발산적 사고 검사의 채점에 영향을 줄 수 있다. 발산적 사고가 명확히 구분되는 네 개의 하위 요인들로 구성되어 있다면, 이 네 요인별로 점수를 구하고, 각각의 요인별 점수에 해당되는 해석을 하는 것이 논리적인 타당성을 갖게 될 것이다. 하지만, 이 네 요인이 명확히 구분되지 않는다면 이러한 채점 방식은 문제를 갖게 될 것이다. 발산적 사고의 판별 타당도와 관련하여 가장 큰 문제점으로 제시되어 온 것은 유창성 점수이다. 기존의 연구들은 유창성 점수가 발산적 사고의 다른 요인들, 그중에서도 특히 독창성 검사 점수의 해석에 영향을 준다고 보고하고 있다. 이러한 문제점들을 해결하기 위해 창의력 연구자들은 발산적 사고 검사의 다양한 채점 방식들을 제시해 왔다. 수렴적 타당도에 관한 문제와 마찬가지로, 발산적 사고의 하위 요인들의 판별 타당도에 관한 보다 많은 연구가 있어야 할 것으로 생각된다. 이러한 연구들이 부족한 현재 상황에서는, 앞선 연구들에서 제시된 발산적 사고 검사의 다양한 채점 방법들의 결과를 비교하는 것이 차선의 방법이라고 생각된다.

발산적 사고 검사의 타당도와 관련된 또 다른 문제점은 발산적 사고 검사의 예언 타당도에 관한 것이다. 발산적 사고 검사의 예언 타당도의 문제란, 발산적 사고 검사 점수가 미래의 창의적인 수행 또는 성취를 얼마나 잘 예측할 수 있는가에 관한 문제이다. 대표적인 발산적 사고 검사인 Torrance의 창의적 사고 검사를 개발한 Torrance는 수십 년에 걸친 종단 연구를 통하여, 초등학교 시기에 측정한 Torrance의 창의적 사고 검사 점수가 이후의 청소년기와 성인기의 창의적인 성취의 상당 부분을 예언할 수 있다는 발산적 사고 검사의 예언 타당도에 관한 강력한 증거들을 보고했다. 더 나아가, Torrance의 종단 연구 데이터를 이용한 최근의 종단 연구들은 초등학교 시기에 측정한 Torrance의 창의적 사고 검사 점수가 검사 시행 후 40년이 지난 성인기의 창의적인 성취를 심지어 50% 가까이 설명할 수 있다고도 보고하고 있다. 하지만, 최근의 창의력 연구의 주요 이론 중의 하나인 영역-특수적 창의력 이론domain-specificity of creativity을 지지하는 연구자들은 발산적 사고 검사의 예언 타당도와 관련된 연구들에서 사용한 창의적 성취의 준거가 실제적인 창의적 산출물이나 수행이라기보다는 자기 보고식의 질문지를 통해 측정되었다는 점을 이유로, 이러한 연구 결과들을 있는 그대로 받아들이기 어렵다는 점을 비판하고 있다. 더 나아가, 영역-특수성을 지지하는 학자들은 특정 영역에서 창의적인 수행 및 성취는 발산적 사고와 같은 일반적인 요인에 의해서 잘 설명될 수 없으며, 특정 영역에서의 구체적인 수행을 통해, 예들 들면 Amabile의 CAT 방법 같은 방식으로 보다 더 잘 설명될 수 있다고 주장한다. 하지만, 이러한 주장에도 문제점이 없는 것은 아니다. 발산적 사고와 같은 창의력의 영역-일반적인 요인의 존재를 지지하는 연구자들은 아직까지 발산적 사고 검사 점수가 실제의 창의적인 성취나 수행을 얼마나 설명하는가에 관한 직접적인 경험적 증거들이 부족한 상황에서 이러한 결론은 성급한 것이며, 창의력의 일반 요인으로서 발산적 사고 검사의 가치와 효용성은 여전히 유효하다고 주장한다.

1986년 출판된 *The Journal of Creative Behavior* 20권 3호 153쪽부터 182쪽에 걸쳐 초등학생들의 창의력을 함양시킬 수 있는 프로그램에 관한 총정리를 해 놓았다. 특히 Purdue Creative Thinking Program(PCTP), Productive Thinking Program(PTP)에 대해 집중적으로 다루고 있다. 1962년 Torrance의 저서 *Guiding Creative Talents* 이후 쏟아져 나온 창의력 훈련을 위한 많은 자료들과 교육 방법들을 검증하고, 다양한 프로그램들의 효과성을 검증해 보기 위해 PCTP와 PTP 프로그램 적용 후에 어떤 결과가 나타났는지를 심층 분석했다.

이들은 PCTP, PTP, CPS 3개 프로그램을 중점적으로 어떤 연구가 진행되었는지 자세하게 분석하고 있다. 다른 분석적인 연구 논문들과 마찬가지로, 이들도 창의력 프로그램의 효과를 측정하기 위해 Torrance Tests of Creative Thinking 검사들을 사용하여 사전-사후 검사의 차이를 알아보았다. 이 검사는 유창성, 융통성, 독창성, 정교성 등의 언어적·도형적인 창의력 점수들을 알아보는 것이다.

TTCT와 마찬가지로 발산적 사고를 재는 다양한 창의력 검사 도구지들이 타당성이 불확실하다는 면에서 비난을 받아 왔다. Tannebaum(1983)은 발산적 사고 능력이 창의적인 사고 능력과 동등한 것이 아니라고 주장하면서, 발산적인 사고 능력 검사 결과의 점수가 성인이 되었을 때 창의력 점수를 예언할 수 없다고 주장했다. 또한 창의력 훈련 자료들이 대부분 발산적 사고의 내용으로 구성되어 있기 때문에, 발산적 사고 검사들의 내용들을 가르치는 것과 같다고 볼 수도 있다. Gallagher(1985)는 이에 관해 사전 창의력 검사에 비해 사후 검사 점수가 향상된 것은 창의력이 신장되었다기보다는 창의력 검사에서 원하는 내용들을 학습하였기 때문이라고 볼 수 있다고 강도 있게 비난하였다.

이와 같이 발산적 사고 검사가 창의력 연구에 큰 영향을 미쳤지만 이에 대한 비판도 제시되고 있다. 그래서 많은 연구자들이 발산적 사고 검사를 적절하게 수정하여 사용할 수 있는 방법을 제안하기도 했다. 예컨대 발산적 사고 검사를 수정 변형하여 창의적인 문제 해결력 검사로 사용하기도 하고, 발산적 검사 외에 다른 검사와 함께 사용하는 등 다각도로 문제를 해결하기 위해 대안책을 제시하고 있다.

이런 제한에도 불구하고, Gallagher와 Tannenbaum은 창의력 훈련 자료들에 대한 긍정적인 점들이 있다고 보고 있다. 특히 Gallagher는 창의력 훈련이 장기적인 효과는 가져오지 못할지라도 적어도 개방적인 활동, 창의력에 대한 긍정적인 태도 및 새로운 일들을 시도해 보거나 모험을 하려는 자세들을 고양시키기 위해 사용되어야 한다고 했다.

MacKinnon(1978)은 창의력 검사보다 동료들의 판단peer judgment과 전문적인 창의력professional creativity이 훨씬 더 받아들일 만하다고 하면서, 전문적인 창의력에 이르게 하는 선천적인 요인들을 찾아내는 데 어려움이 있다고 했다. 자서전적인 정보들은 기억이 흐릿한 부분도 있겠고, 솔직하지 못한 부분도 있을 것이기 때문에 예언 타당성에 의구심을 갖을 수도 있다.

Harrington과 그의 동료(1983)들은 발산적인 훈련을 받은 뒤 6~7년 후에 교사에 의한 창의력 점수가 예언될 수 있다고 했다. 그들은 유창성, 융통성, 독창성, 및 정교성 점수보다는 상상력과 과제의 압박감을 인식하는 정도에 대한 반응의 총체적인 고질의 반응high-quality response이 훨씬 더 창의력을 측정하는 데 유용하다고 했다. 이런 고질의 반응으로 창의력 프로그램의 효과성을 평가해야 한다고 했다.

Feldhusen과 Clinkenbeard(1986)는 창의력 훈련의 효과성을 검증할 때는 앞서 언급한 제한점들을 염두에 두어야 한다고 했다. 그들의 논문에서는 창의력을 발산적 사고 이상으로 간주하여 복잡한 개념으로 보았고, 기능, 동기 유발, 태도 등 모든 분위기 속에서 수용되고 격려되는 환경에서 창의력이 개발되고 발전될 수 있다고 했다.

발산적 사고 검사의 가장 큰 문제점 ≪

발산적 사고 검사는 그 동안 창의력 검사로 가장 널리 사용되어 왔다. Runco(1993)에 의하면 발산적 산출물 검사는 '창의적인 사고'의 잠재성을 대략 알아보는 데 매우 중요하다고 했다. 그러나 지금까지 알려진 바에 의하면 발산적 사고 검사의 가장 큰 문제점은 정말 창의적인 아동인데, 발산적 사고 검사 점수가 매우 낮게 나와서 영재 교육이나 창의력 교육의 대상에서 제외될 수 있다는 것이다.

반면, 발산적 사고 검사 점수는 매우 높게 나왔는데 전혀 창의력을 보이지 않는 아동으로 영재 교육 대상에 포함되는 경우가 있다. 이 경우에는 특히 Torrance의 발산적 사고 검사 점수는 높지만 창의적인 산출물이나 창의적인 면을 보이는 지표가 전혀 없는 아동이다. 이런 아동은 평소에는 창의적인 산출물이 없어서 영재 교육이나 창의력 교육 대상자에서 제외되었으나, 발산적 사고 검사를 통해서 발산적인 사고 능력이 뛰어난 것으로 밝혀져 긍정적으로 받아들여진다.

만일 입학사정관제도에서 발산적 사고 검사를 사용했는데, 이와 같이 오류를 범하게 되면 어떻게 될까? 잘못 판별되어 필요한 창의력 교육을 받지 못하게 되거나 수준에 맞지 않는 창의력이나 영재 교육을 받게 된다면 어떻게 될까?

입학사정관이 큰 오류를 범해서 영재로 잘못 판별되어, 잘못 교육한다면 이는 더욱더 교육자원의 낭비이며 부당한 처사가 아닐까.

2) 성격적인 특성 도구

(1) 형용사 체크리스트 검사Adjective Check List, ACL

50년 전에 Gough와 Heilbrun(1952)이 개발한 ACL 검사는 초기에는 성격 측정 연구소Institute for Personality Assessment and Research에서 개발되었다(Puccio & Murdock, 1999). 그 이후 꾸준하게 수정 · 보완 작업이 이루어져 현재의 300문항의 검사로 창의적인 성격을 측정하기 위해서 널리 사용되고 있다. 고등학생 이상에서 사용될 수 있는 검사로 15분에서 20분 정도면 검사를 실시할 수 있지만, 이 검사를 실시하고 해석하기 위해서는 특별한 훈련이 요구된다. ACL 검사는 자기 보고식으로 사용될 수도 있고, 다른 사람이 관찰을 할 때 체크리스트로 사용할 수도 있다(Consulting Psychologist Press, 2003).

ACL은 심리적 욕구, 지능과 창의력, 자기 기능과 관련된 성격 특성을 측정하는 37개의 척도로 구성되어 있어, 피검사가 자기를 어떻게 의식하는지, 타인이 피검자를 어떻게 보는지와 관련하여 형용사를 중심으로 체크할 수 있도록 되어 있다. 주로 이 검사는 개인이나 집단 상담, 개인적이고 전문적인 진로 상담, 갈등 확인 등을 위해서 사용된다.

이 검사는 지필검사 형식이 아니라 체크리스트 형식의 행동목록으로도 활용될 수 있도록 제작되었기 때문에, 부모나 교사가 유아의 창의적인 성격을 측정하기 위해 사용될 수 있다는 장점이 있다. 또한 ACL은 다른 검사들과의 준거 타당도가 높게 나와서 비교적 안정적인 검사라는 특징이 있다.

(2) 창의적인 지각 검사Khatena-Torrance Creative Perception Inventory, KTCPI

Khatena와 Torrance(1976)는 사람이 창의적인 사고를 하거나 창의적인 산출물을 만드는 것은 창의적인 성격 검사를 통해서 측정할 수 있다고 믿었다. 이 검사는 Torrance(1962)가 연구한 내용 중에서 창의적인 사람의 성격 연구에 기초하여 개발되었다. Khatena와 Torrance가 이런 신념을 갖고 개발한 지각 검사인 Khatena-Torrance Creative Perception Inventory가 있다(Khatena와 Torrance,

1976). 이 검사는 Cooper(1991)의 연구에서 가장 널리 사용되고 있는 6가지 검사 중에 한 가지로, 20분에서 40분 정도의 검사 실시 시간이 필요하다. WKOPAYWhat Kind of Person Are You?와 SAMSomething About Myself이라는 두 가지 종류의 하위 검사로 구성되어 있고, 12세 이상부터 사용할 수 있는 자기 보고식의 검사다(Bolton, 1998; Lang, 1998).

WKOPAY는 다섯 가지의 하위 요인(권위에 대한 수용, 자기-확신, 호기심이 강함, 타인 의식, 단련이 된 상상력)으로 구성되어 있고, SAM은 여섯 가지의 창의적인 특성(환경에 대한 민감성, 주도권, 자신의 강점, 지적인 능력, 개인성, 예술성)으로 구성되어 있다. 검사 요강에는 신뢰도와 타당도들이 보고되어 있고, 영재들의 창의적인 지각력을 판별하기 위한 도구로 사용될 수 있다고 보고하고 있다(Consulting Psychologist Press, 2003).

KTCPI의 2가지 검사 모두 쉽게 실시할 수 있고, 채점이 간편하고, 표준화 등이 되어 있는 자기보고식 성격 검사라는 장점이 있다(Veron, 1985). 그런데, WKOPAY는 문항 구성력과 요인 구성에 있어서 일관성이 부족한 것으로 나타났고, SAM 검사도 WKOPAY와 마찬가지로 요인 구성 점수가 상당히 낮고, 검사의 하위 요소들은 5개부터 12개의 문항으로 구성되어 있는데, 이로 인하여 내적인 일관성이 낮다고 지적되어 왔다(Cooper, 1991: Vernon, 1985). 두 검사 모두 하위 요인들의 구성 타당도에 문제가 있는 것으로 지적을 받고 있어서, 개발자들은 이 검사가 영재들의 창의력을 측정하기 위해서 사용될 수 있고 이에 따라 다른 검사와의 상관관계를 연구하고, 단점에 대해 수용하고 있는 것으로 알려졌지만, 영재교육 대상을 선정하기 위한 검사 도구로 추천되지 않았다(Cooper, 1991: Vernon, 1985). 아마도 이런 이유로 개발자들은 KTCPI의 제한점을 인식하고 있어서 검사 요강에 연구용research edition이라고 명시한 것으로 보인다.

그렇지만, Bolton(1998)은 KTCPI 검사가 이런 제한점은 있어도 창의적인 사고를 요구하는 특별한 상황에서는 피검자가 얼마나 일을 잘 수행할 것인가를 예측하기 위해서 사용할 수 있다고 조심스럽게 언급하고 있다. 또한 Lang(1998)은 KTCPI 검사는 연구용으로 사용하거나, 창의력을 중점적으로 다루는 자기 인식 정도를 알아보는 검사로는 사용할 수 있다고 했다.

KTCPI 검사의 장점과 단점을 고려하여 연구 목적에 적합성을 알아본 뒤에 사용하는 것이 좋다.

(3) 캘리포니아 심리 검사The California Psychological Inventory, CPI

CPI 검사는 Gough가 1956년에 개발한 검사로 그 이후 계속 수정·보완되었고, 3차례에 걸쳐 개정 작업이 이루어졌으며, 현재 사용하고 있는 검사는 1995년도에 3번째 개정된 것으로 많은 사람들이 널리 사용하고 있는 검사다. 현재까지 125,000명 이상을 대상으로 검사한 데이터 베이스를 구축하고 있으며, 창의력 연구와 관련되어 널리 사용되고 있다(Consulting Psychologist Press, 2003).

13살 이상부터 사용할 수 있는 CPI 검사는 참/거짓으로 434문항에 대해 체크하도록 되어 있어 비교적 간단하여, 빠른 시간 내에 실시(45분~60분 정도)할 수 있는 장점이 있다. 그러나 훈련을 받은 사람이 검사를 실시하고 해석을 하도록 요청하고 있어서 전문적인 훈련을 필요로 하는 검사이다.

검사 요강에는 신뢰도와 타당도, 표집에 대한 내용들이 자세하게 수록되어 있다. 또한 매우 자세하게 3가지 형태(프로파일형, 설명형, 배열형)로 준비되어 있어 해석을 하는 데 도움을 주기 때문에 창의적인 성격과 행동을 연구하는 사람들이 많이 사용하고 있다.

이 검사에서는 대인관계 중심과 관련된 요소뿐만 아니라 창의적인 잠재력, 리더십 잠재력 등 다양한 요소들을 측정하고 있다. CPI는 크게 3가지로 구성되어 있다. 3개의 주요한 벡터 검사, 20개의 하위 검사와 13개의 특수 목적 척도로 구성되어 있다. 3개의 주요 벡터 검사에서는 대인관계 경향성, 규준적인 견해와 현실화 3가지를 측정하고, 20개의 사람들 척도folk scales에서는 대인관계 유형, 사회적 전문성 및 성취 경향, 개인적인 흥미 유형 등을 측정하고, 13개의 특수 목적 척도special purpose scales에서는 창의적인 기질을 비롯한 다양한 행동을 측정하고 있다(Consulting Psychologist Press, 2003).

CPI는 창의력과 관련된 연구에서 많이 사용하고 있으므로, 연구 목적과 관련이 있으면 사용할 것을 추천한다.

3) 태도 및 흥미와 재능 발견 검사

흥미 발견 검사Group Inventory For Finding Interests, GIFFI는 I(6~9학년용)과 II(9~12학년용)가 있다. 이 검사는 Davis(1975)의 '당신은 어떻게 생각하나요?' 검사의 일부를 토대로 Davis와 Rimm(1980)이 제작했다.

(1) GIFFI I

GIFFI I은 호기심, 모험심, 창의력 자기평가 등과 같은 내용을 포함하고 있다. 내적 일치도는 0.88로 보고되어 있다. GIFFI I 문항의 예는 다음과 같다.

- 나는 매우 호기심이 강하다.
- 나는 모험심이 강하다.
- 나는 매우 독창적이고 상상력이 풍부하다.
- 나는 문제에 대해 새롭게 접근하려고 노력하는 것을 좋아한다.

(2) GIFFI II

이 중에서 GIFFI II는 독립성, 자신감, 위험 감수, 고도의 에너지, 호기심, 심사숙고성, 유머 감각, 예술적 흥미 등과 개인의 창의적인 활동, 흥미, 취미와 같은 자전적인 내용을 알아보기 위한 내용도 있다.

이 검사는 창의력 총점과 자신감, 도전-발명, 상상력과 같은 하위 척도의 점수도 제공하고 있다. 그래서 이 검사는 겉으로는 수줍음을 타서 창의적인 표현이 잘 드러나지 않지만 창의적인 특성을 갖고 있는 학생들을 판별해 내는 데 유용하므로 진단적인 목적으로 사용될 수 있다. 내적 일치도는 0.91에서 0.96 사이로 비교적 높게 보고되어 있다.

GIFFI II 문항의 예는 다음과 같다.

- 나는 유머 감각이 많다.

- 나는 창의적인 작문을 많이 한다.
- 나는 일을 하는 데 있어서 새롭고 더 잘할 수 있는 독창적인 방법으로 생각하기를 좋아한다.
- 나는 매우 독창적이고 상상력이 뛰어나다.
- 나는 여러 가지 취미를 가지고 있다.

(3) 재능 발견 검사Group Inventory For Finding talent, GIFT

GIFT는 위스콘신의 Madison 대학의 Rimm(1976)이 유치원 유아와 초등학생의 독립성, 호기심, 지구력, 융통성 등 및 흥미 등을 알아보고, 과거에 창의적인 활동을 했었는지, 어떤 취미가 있었는지도 알아보기 위해 개발되었다. 이 검사는 창의적인 특성을 아동을 판별하기 위해 비교적 쉽게 집단으로 실시할 수 있는 신뢰롭고 타당한 검사를 만들기 위한 목적으로 제작되었다.

GIFT는 기초용 32문항(K-2학년), 초등용 34문항(3~4학년), 상급 초등용 33문항(5~6학년) 3가지가 있다. 이들 검사는 아동 자신이 '예', '아니오'로 답할 수 있는 간단한 문항으로 구성되어 있는데, 각 검사에서 25문항은 세 가지 검사에서 공통으로 사용하고 있고, 나머지 7~9문항은 학년에 적절한 내용으로 구성되어 있다. 검사 내용은 상상력, 독립성, 흥미의 다양성 3가지 척도를 측정하기 위한 내용으로 구성되어 있고, 검사 결과 각 척도별 점수와 총점을 얻을 수 있다.

준거 타당도는 0.25에서 0.54로 보고되었고, 반분신뢰도는 0.80(기초용), 0.86(초등용), 0.88(상급 초등용)과 같이 보고되었다.

검사 문항의 몇 가지 예는 다음과 같다.

- 나는 새로운 노래 만들기를 좋아한다.
- 나는 그림 그리기를 좋아한다.
- 나는 그 전에 했던 게임보다 새로운 게임을 더 좋아한다.
- 나는 정말 좋은 아이디어를 가지고 있다.
- 나는 어려운 일을 하기 좋아한다.

4) 평정척도

(1) Renzulli와 동료들의 학생 평정척도

Renzulli와 동료들(1971)의 학생 평정척도The Scales for Rating the Behavioral Characteristics of Superior Students, SRBCSS는 영재를 담당하는 교사가 학생들의 영재성, 창의력, 재능성 등을 판별하기 위해 개발되었다. 학생 평정척도는 10개의 척도(학습, 동기 유발, 창의력, 리더십, 예술, 음악, 연극, 대화-정확성, 대화-표현성, 계획)로 구성되어 있어, 교사가 평소에 학생들을 잘 알고 있어야 쉽게 사용할 수 있다. SRBCSS는 1점에서 5점으로 평정하게 되어 있고, 창의력과 관련된 척도의 예는 다음과 같다.

- 이 학생은 많은 것에 대해 호기심을 보이고 끊임없이 질문한다.
- 어떤 문제나 질문에 대해 다양한 반응을 하고, 때로는 독창적인 반응도 한다.
- 모험적이고 위험을 감수한다.
- 지적인 유희를 즐겨 하고 상상력이 뛰어나다.
- 심미안적인 특성이 있다.
- 생각을 표현하는 데 있어 의견이 맞지 않을 때는 가끔 과격해지거나 고집을 피우기도 한다.
- 유머 감각이 풍부하고 상황에 맞는 유머를 만들어 낼 수 있다.
- 자신의 행동이나 감정에 대해 개방적이고 정서적으로 민감하다.
- 자신의 주장이 강하고 개인주의적이며 자신이 타인과 다르다는 것을 두려워하지 않는다.
- 논리적으로 비판하며 권위적인 지시에 무조건 따르지 않는다.

Renzulli와 동료들은 SRBCSS를 개발하는 데 있어서 종합적인 문헌연구가 심도 있게 이루어졌고, 신뢰도와 타당도가 비교적 높은 것으로 알려져 교사가 영재를 판별하는 데 널리 사용되어 왔다. 신뢰도와 타당도는 학습, 동기 유발, 창의력, 리더십에 대해 잘 알려져 있고, 신뢰도 상관계수가 3개월 간격으로 실시했을 때 0.77(리더십)에서 0.91(동기 유발)으로 밝혀졌고, 평가자 간 신뢰도는 0.67(리더십)에서 0.91(창의력)로 나타났다. 창의력 관련 타당도도 TTCT의 언어 창의력 검사와 비교되었을 때 매우 높은 것으로 나타났고, 리더십 관련 타당도도 높은 것으로 나타났다. SRBCSS는 총 10개의 범주로 구성되어 있지만, 이 중 3개(학습, 동기 유발, 창의력)는 대부분의 영재 교육 프로그램의 목적에 부합되고, 나머지 7개(리더십 외)는 구체적인 영재 프로그램에 적합한 것으로 밝혀졌다(9th Mental Measurement Year Book, 1989; Argulewicz, 1982). 특히 SRBCSS는 문항의 명료성, 객관성, 변별력이 뛰어나다(9th Mental Measurement Year Book, 1989).

2. 과정Process

창의적인 과정을 가장 잘 설명하고 있는 것은 무엇일까? 대표적인 예는 Coleridge의 시 「쿠빌라이 칸」이라고 할 수 있다. 쿨리지는 25세 때 시를 짓는 동안의 창의적인 과정을 기록으로 남겼다. 그는 이 시를 등단한 지 얼마 되지 않아서, 그것도 마약을 한 상태에서 지었다. 그렇다면 과연 창의적인 과정을 측정하는 것이 가능한 것일까? 가능하다면 어떻게 측정하는 것일까?

4P 중에서 과정과 관련된 창의력 측정 부분은 대체로 사람이 새롭고 유용한 것을 만드는 동안 사용하는 다양한 문제 해결 단계나 사고thinking의 단계와 관련이 있다. '과정' 측면에서는 어떤 사람의 창의적인 능력이나 성격 또는 산출물과 관련된 차원에 관심이 있는 것이 아니라 창의적인 사람이 창의적인 산출물을 만드는 과정에서 나타나는 창의적인 차원에 관심이 있는 것이다.

대표적인 창의적 과정에는 Wallas(1926)가 1920년대에 만든 창의적인 문제 해결 과정이 있다. Wallas는 창의적인 문제 해결 과정에는 준비 단계, 잠복 단계, 확인 단계, 검증 단계와 같은 4단계가 있다고 했다. Patrick(1935, 1937)은 예술가와 시인의 창의적인 과정에 대해 실험 연구를 했다. 감화력이 강한 Osborn(1953)의 연구에서, Osborn은 창의적인 사고력을 위한 실제적인 전략을 제시했고, 창의적인 문제 해결 과정과 관련된 연구를 시도했다. 이들의 창의적인 문제 해결 과정에 대한 연구가 사람들에게 많은 영향력을 미쳤고, 교수 전략이나 모델 연구 등에 많이 적용되어 왔으나, 창의적인 문제 해결 과정을 측정하는 연구는 매우 미미한 정도다. 지금까지 연구되어 온 예를 들어 보면 다음과 같다.

1) 과정 검사의 유형

(1) Csikszentmihalyi와 Getzels(1970, 1971)

Csikszentmihalyi와 Getzels는 1970년, 1971년, 1976년 연구에서 문제 발견 행동과 이어서 일어나는 산출물의 질적인 정도의 관계를 명확하게 보여주는 실험적인 연구를 시도했다.

Csikszentmihalyi와 Getzels(1970, 1971)는 예술대학생들을 중심으로 실시한 종단적 연구에서 문제 발견 활동과 산출물의 질 사이에 유의미한 상관관계가 있음을 밝혀 냈다. 이 연구에서 31명의 미술 전공 학생들에게 일련의 사물들을 제공하고, 이 사물들을 잘 배치한 다음 그림을 구성하라고 했다. 학생들이 구성을 하는 동안 발견 중심의 행동들을 잘 관찰했고, 이 그림들을 독창성, 심미적 가치, 공작 기술 등에 대해 등급을 매겼다. 발견 중심의 행동은 학생들이 사용했던 사물의 개수, 사물을 탐색하는 데 소요된 시간, 사용했던 자극물들의 독특함, 재료나 견해의 변화 등에 의해서 정의되었다. 그 결과 문제 발견 행동의 등급은 그림의 등급과 매우 유의한 상관관계가 있는 것으로 밝혀졌다.

Getzels와 Csikszentmihalyi(1976)는 후속 연구에서 문제 발견력 행동과 7년 후에 예술가로서의 성공과의 사이에서도 유의미한 상관관계가 있음을 밝혀 냈다.

(2) Gryskiewicz(1988)의 연구

Gryskiewicz(1988)는 아이디어를 만들 때 선택한 과정의 방법process techniques은 실제 문제를 해결하는 데 사용하는 아이디어의 본질에 영향을 미쳤다는 것을 밝혀 냈다.

이 연구에서 Gryskiewicz는 Kirton의 순응자-혁신자adaptor-innovator 검사를 사용했고, 연구 결과 각기 다른 방법에 따라 서로 다른 아이디어의 유형이 다른 것으로 나타났다. 이 연구를 좀 더 확장하여, Gryskiewicz(1988)는 목표 지향적인 혁신Targeted Innovation이라는 진단적인 성격을 지닌 창의적인 과정 모델을 만들었다.

(3) Treffinger, Sortore와 Tallman(1992)

Treffinger, Sortore와 Tallman(1992)은 구체적으로 창의적인 과정 모델과 관련된 연구를 했다. 이들은 창의적인 문제 해결Creative Problem Solving, CPS과 관련된 기술과 산출물을 평가하는 일련의 자료들을 고안했다. CPS 과정은 3가지 요소(문제 이해, 아이디어 생성, 행동 개시)로 구성되어 있는 과정을 설명하는 구조적인 틀이라고 할 수 있다(Isaksen, Dorval, & Treffinger, 1994). 널리 알려진 CPS 모델은 40년 이상 창의력 교육에서 사용되어 왔다. Treffinger, Sortore와 Tallman(1992)에 의해 개발된 평가 자료에서는 지식knowledge, 어휘terminology, 전략strategies 및 태도attitudes 등과 같은 CPS의 다양한 면들을 측정한다.

(4) Okuda, Runco와 Berger(1991)의 연구

Runco와 Okuda(1988)는 중고등학생을 중심으로 연구한 결과 실제 생활 속의 문제 발견력 검사가 기존의 발산적 사고 검사나 실제 생활 문제 해결 검사보다 창의적인 활동을 더 잘 예언한다고 밝혔다. 또한 Okuda, Runco, Berger(1991)는 초등학교 고학년 학생들을 중심으로 이와 비슷한 연구 결과를 얻었다.

이 두 연구는 연구 대상만 서로 다르고, 연구 내용은 거의 유사하다. Okuda, Runco, Berger(1991)는 발산적 사고와 실제-세계 수행 능력real-world performance과의 상관관계가 낮다고 비난받아 왔다고 지적하면서, 이들은 실제-세계 문제real-world problem들이 표준 발산적 사고 과제가 포함되어 있는 문제보다 창의적인 성취를 더 잘 예언하는지 알아보았다. 또한 문제 발견 과제와 전통적인 문제 해결 과제 사이에서의 관계를 알아보고자 했다. 이 연구에서는 77명의 초등학생(4학년: 29명, 5학년: 26명, 6학년: 22명)을 대상으로 4가지 과제를 제시했고, 준거 기준으로 창의적인 활동 체크리스트 목록을 사용했다. 그 결과 Runco와 Okuda(1988)의 연구와 마찬가지로, 실제 생활 속의 문제 발견력 검사가 기존의 발산적 사고 검사나 실제 생활 문제 해결 검사보다 창의적인 활동을 더 잘 예언한다고 밝혀졌다. 이러한 두 가지 유사한 연구로 인해 문제 발견에 관한 연구들이 증가하고 있어(한기순, 2000), 앞으로도 이런 연구들이 계속 진행될 것으로 보인다.

이와 같은 2가지 연구에서 이들은 실제 생활 속에서의 문제 발견력 검사가 기존의 발산적 검사나 실제 생활 속의 문제 해결력 검사보다 창의적인 성취를 잘 예언한다고 밝혔다. 문제 자체가 분명하지 않은 상태에서 문제의 본질을 명확하게 포착하는 능력이나 다른 사람은 문제라고 생각하지 않는 상황에서도 문제의식을 느껴서 의미 있는 문제를 형성하거나 발견하는 능력은 궁극적으로 창의력 발휘에 있어 중요한 역할을 하게 된다는 것이다. 또한 Sternberg와 Davidson(1986)의 연구 결과 영재들은 탁월한 문제 발견력을 지녔다고 결론지은 것을 보면, 문제 발견력과 관련된 연구를 하는 사람들은 새로운 문제 자체를 발견하는 일이 창의력 발휘의 첫 단계이며, 이를 매우 중요하게 생각한다는 것을 알 수 있다.

(5) 기타 연구

기타 창의적 과정 검사로는 Pershyn(1992)과 Basadur와 Finkbeiner(1985) 및 Wakefield(1986)의 연구가 있다.

2) 과정 검사의 시사점

발산적 사고 검사에서는 주로 지필 검사를 통해서 창의력의 하위 요인을 측정하거나 문제 해결 능력을 측정해 왔기 때문에, 실제 생활 속에서 창의력을 제대로 측정하지 못하여, 실제 세계에서의 궁극적인 창의적 성취와 산출물 평가에서 예언력이 낮다는 단점을 갖고 있다. 이러한 발산적 사고 검사의 한계를 극복하기 위해서 ① 문제를 해결하는 과정이나 ② 문제 발견 능력 및 ③ 문제 감지 능력과 같은 것을 창의적인 성취나 창의력 발휘의 중요한 요인으로 보고, 이를 측정하고자는 하는 연구들이 진행되어 왔다. 앞에서 소개한 과정 중심의 창의력 검사들은 실제적인 생활 속에서 창의적인 문제 해결 과정 및 문제 발견과 같은 내용을 중심으로 참신한 연구들을 중심으로 사용되어 왔다.

요약하자면, 과정process 측면과 관련된 창의력 측정은 개인의 창의적인 사고를 증진시키는 과정과 절차의 발달과 같은 실제적인 적용에 많이 사용되어 왔다(Isaksen, Firestien, Murdock, Puccio, & Treffinger, 1994). 그러므로 이 분야에서는 주로 과정 훈련의 효과를 검증하는 데 초점을 두었다(Firestien & McCowan, 1988; Parnes & Meadow, 1959; Parnes & Noller, 1973; Torrnace, Presbury, 1984). 창의력의 4p와 관련지어 볼 때 사람, 산출물, 환경 측면에 비해 과정 측면에서는 이론과 실제 분야가 매우 밀접하게 연관되어 왔다고 할 수 있고, 실제로 CPS를 실제적으로 창의력 과정 훈련을 하는 데 널리 적용해 왔다. 그러나 이와 같이 실제적으로 적용을 해왔기 때문에 사람, 산출물, 환경 차원에 비해서 창의적인 과정을 측정하는 구체적인 방법 연구를 등한시했다고 할 수 있다. 이 중에서도 사람person 차원에 비해서 창의력 과정 측정 연구가 매우 부족했다고 할 수 있다. 따라서, 앞으로는 과정과 관련된 연구들이 좀 더 심도 있게 진행되어야 한다.

3. 산출물Product

이 방법은 창의력을 발산적 사고라고 생각하는 협의의 정의에서 벗어나, 창의력을 새롭고 유용한 생각을 해 내는 능력으로 보고 창의적인 사람들이 만든 실제의 산출물(시, 그림 작품, 등)을 평가하여 창의력을 측정하는 것이다.

MacKinnon(1978)은 창의적 산출물이 창의력 연구의 기초가 되는 가장 중요한 것이라고 강조했다. 그는 산출물은 창의력의 다른 차원보다 훨씬 더 중요하고 창의력 연구자들이 좀더 많은 연구를 해야 할 분야라고 강조했다. 창의적인 산출물과 관련된 연구를 보면, 창의적인 산출물을 만드는 사람과, 산출물을 만들기까지의 과정, 그리고 산출물이 만들어지는 환경 등의 질적인 면들이 어우러져서 궁극적으로 산출물이 만들어진다는 것을 알 수 있다. Amabile(1982)도 언급한 것처럼, 산출물 중심의 조작적 정의는 창의력의 실험적 연구에서 가장 유용하다.

이와 같이 산출물은 4p 중에서도 가장 중요하기 때문에 유형의 창의적인 산출물의 지표에 대한 많은 연구가 진행되어 왔다. 이러한 방법으로 특허의 개수(Albright & Glennon, 1961), 출판물의 개수(Cole, 1979), 한 개인의 성과물에 대한 인용 횟수(Cole, 1979), 동료나 전문가 평가(Amabile, 1987; MacKinnon, 1978; Roe, 1952) 등이 연구되어 왔다. 사람person과 관련된 연구는 산출물과 밀접하게 연구되었는데, 저명한 사람들의 창의적인 산출물에 대한 연구가 그런 예라고 할 수 있다. 이런 연구의 대부분은 저명한 사람들의 역사적인 산출물이나 출판된 산출물들에 대한 자서전적인 기록들을 분석하여 창의적인 사람과 산출물과의 관계를 보고자 했다(Hocevar & Bachelor, 1989). Simonton(1987)은 연구 목적으로 역사적이고 자서전적인 자료들을 양화하여, 창의적인 산출물을 측정하고자 했다.

최근에는 이와 같은 창의적인 잠재 능력을 측정하기 위한 산출물 평가 방법으로 포트폴리오 평가 방법을 사용하고 있다. 이 방법은 기존의 창의력 검사들이 신뢰도와 타당도 등과 관련된 표준화 검사에 대한 비판이 제기되고 있어 이에 대한 대안책으로 제시된 것이다.

이러한 포트폴리오 방법은 최근 영재아 선발에서 많이 사용되고 있다. Johnsen과 Ryser(1996)은 포트폴리오 방법을 사용하여 120명의 유아들이 초등학교 영재/재능 교육 프로그램에서의 성공을 타당하게 예언할 수 있는지 알아보았다. 120명의 유아들이 학급에서 활동했던 다양한 그림 작품, 이야기, 수 놀이, 음악 테이프, 상장 등을 포트폴리오로 수집했고, 이를 교사들이 질적으로 우수한가 그렇지 못한가에 대해 등급을 매겼다. 그 결과 교사들의 평정척도 결과는 훗날 초등학교 영재/재능 교육에 참여하게 될지를 예언했다고 밝혀졌다.

최근 들어서 창의적 산출물creative product 자체에 대한 직접적인 평가를 통해서 창의력의 보유 여부를 판단하는 산출물 검사들이 새로운 대안으로 제시되고 있다(Amabile, 1982; Besemer, 1999; Hennessey, 1999). 이 창의적 산출물 검사의 장점은 무엇보다도 창의적 산출물을 통해 창의적인 능력을 직접 평가한다는 것과 다양한 연령에도 적용할 수 있다는 것을 들 수 있다.

이와 같은 산출물 평가 방법에서는 창의적인 사람이 창의적인 산물을 만들어 낼 것이라는 전제하에서 창의적인 사람들이 만들어 낸 산출물에 대한 평가를 하여 창의력을 측정하는 것이다. 대표적으로 Amabile(1983)과 Sternberg(1995), Besemer와 Treffinger(1981), Reis와 Renzulli(1991)의 검사가 있다.

1) 산출물 검사의 유형

(1) Amabile의 합의적인 평가Consensual Assessment Technique, CAT

창의력은 정의하기 어려운 개념이고 산출물의 창의력 정도를 평가하는 것은 매우 어려운 일이다. 그 동안 Torrance 검사를 비롯한 지필 검사들이 개발되어 왔지만 창의력을 평가함에 있어서 평가 범위의 문제(기존의 창의력 평가는 한두 가지 창의적 능력을 측정할 수는 있지만 포괄적인 창의적 능력을 측정할 수 없다는 문제) , 평가자의 주관성 문제(창의력 판단은 궁극적으로 주관적일 수밖에 없다는 문제점을 극복하고 창의력 측정을 객관화하려고 시도) 및 지능 검사와의 유사성 등으로 인한 문제점들이 제기되어 왔다.

이러한 문제점을 해결하기 위한 방법으로 Amabile이 고안한 CAT 방법이 등장하였다. Amabile(1987)이 "적절한 관찰자들이 독립적으로 어떤 산출물이나 반응에 대해 창의적이라고 동의하는 정도에 따라, 산출물이나 반응이 창의적이라고 간주된다."(pp. 230-231)라고 한 것처럼, CAT 방법은 어떤 산출물에 대해 친숙한 평가자들이 독립적이고 주관적인 판단을 하는 합의적인 평가 방법이다. CAT 방법은 서로 의견을 나눌 기회가 없고, 연구자에 의해 훈련을 받지 않은 일련의 전문적인 평가자들이 산출물의 창의력 평가를 가장 잘할 수 있다는 가정에 기초하고 있다.

즉, 어떤 영역(문학, 미술, 음악, 조각 등)을 잘 아는 관찰자들이 작품이나 결과물을 창의적인 것이라고 합의한다면 그것이 창의적인 산출물인 것이다. 창의력 평가의 객관성을 유지하기 위하여 연구자 본인이 아닌 동료나 전문가(창의력 평가에 대해 훈련된 전문가나 평가하고자 하는 해당 영역의 전문가)가 산출물을 직접 평가하는 방법이다.

이때 다수의 평가자들이 참여하여 '집단 평가'를 하는 것이 좋다. 전문가들이 학생들의 산출물 평가를 하기 위해 전문가 개개인이 개별적으로 학생의 산출물들을 평가하여 창의력의 정도를 '있다, 없다'로 평가하거나, 5점 또는 7점 척도(1점: 창의력 낮음, 5점이나 7점: 창의력 높음)로 평가하여 종합한 후에 최종적으로 판단하는 것이다. 한 가지 산출물에 대해 평가자 개개인이 점수를 매긴 후에 이 점수들을 합산하여 평균을 내서 학생 개개인의 산출물 점수를 산출할 수 있다. 이때 평가자들은 그들 자신의 창의력 정의를 사용하거나, 연구자들이 제시한 세부 지침에 따른 창의력의 정도를 측정할 수 있다.

1 CAT를 이용한 방법

이 방법은 Amabile(1983)에 의해 개발되었는데, 그는 합의적인 평가를 기초로 창의적인 산출물을 측정하는 8가지의 일련의 연구를 수행하였다. 그중에서 첫 번째 연구에서는 7~11살의 소녀들 22명을 대상으로 동일한 자료(서로 다른 크기, 모양, 색깔의 종이, 풀, 마분지)를 나눠 주고 '우스꽝스러움'이라는 주제로 콜라주를 만들어 보도록 했다. 그리고 미술에 대한 경험이 서로 다른 집단(심리학자, 미술교사, 미술가)로 하여금 5점 척도에 의해 창의적인 정도를 평가하게 하였다. 일곱 번째 연구에서는 언어 창의력을 알아보기 의해 여대생 48명에게 5줄로 된 단순한 형태의 운이 없는 시를 짓도록 한 후에 영시 전공의 상급생과 시인 집단과 비시인 집단에게 평가하도록 하여 창의력을 측정하였다.

콜라주 만들기

그 외에 Amabile이 수행한 연구에는 아동의 콜라주 작품을 전문적인 미술가들에게 보여주고 전문가가 판단했을 때 창의적인지 그렇지 않은지 평가하게 하였더니 전문가들 간에 비슷한 평가 결과가 나왔다는 연구도 있다. 즉, 어떤 작품에 대해 전문가들이 창의적이라는 데 합의를 하면 창의적인 산출물로 여기게 되는 것이다. 또한 Amabile은 또한 이 평가 방법을 창의력과 경쟁 간의 관계를 알아보기 위해 사용했다. 7살에서 11살 사이의 소녀들을 두 집단으로 나누어 2가지 형태의 파티를 열었다. 한 집단은 파티가 끝나면 제비뽑기를 해서 상을 주겠다고 했다. 그리고 집에 가기 전에 파티를 주최한 사람이 기념으로 간직할 수 있는 콜라주 작품을 한 개씩 만들어 달라고 했다. 또 한 집단에게는 콜라주 작품을 가장 잘 만든 3명에게 상을 주겠다고 하여, 경쟁심을 갖도록 했다. 그리고 나서 두 집단의 작품을 미술 전문가에게 평가하도록 했는데, 경쟁을 하지 않았던 집단의 콜라주가 훨씬 더 창의적으로 밝혀졌다.

이야기 만들기

미술 작품이나 콜라주 외에 이야기 만들기story telling를 이용하여 창의력 측정을 시도했다. Hennessey와 Amabile(1988)은 초등학생들의 언어적인 창의력을 측정하기 위해서 학생들에게 글씨가 없는 동화책을 보여주고 이야기를 만들게 했다. 그리고 이야기story에 대해 큰 소리로 말하게 했다. 한 페이지에 한 가지씩만 이야기하도록 하였으며, 이때 이야기 내용을 녹음하여 창의력을 측정했다.

아동들이 이야기를 한 다음에 3명의 교사들에게 등급을 매기도록 했는데, 이들은 어떤 특별한 훈련도 받지 않고 녹음된 이야기에 대해 9가지 기준에 대해 등급rating을 매기도록 했다. 9가지 기준은 좋아함, 새로움, 상상력, 논리, 감정, 문법, 상세함, 어휘, 솔직함이었다. 3명의 교사들의 등급은 유사했고, 교사들 간의 신뢰도가 매우 높은 것으로 밝혀졌다. 이와 같은 이야기 말하기story telling 방법도 평가자 간의 합의에 의해 창의력을 측정하는 방법으로 단순한 지필 검사 형식을 벗어나서 창의적인 산출물을 평가할 수 있는 대안적인 방법으로 받아들여지고 있다.

❶ CAT 사용 시 가정과 유의 사항

합의적인 평가 방법을 사용하면 평가자들의 주관적인 판단에 의존하므로, Amabile(1982)은 이 방법을 사용하는 데 있어서 가정과 유의 사항을 제시하고 있다. CAT의 첫 번째 가정은 적절한 평가 집단을 구성해야만이 신뢰로운 판단 결과를 얻을 수 있다는 것이다. 두 번째 가정은 평가자가 어떤 산출물이 다른 산출물에 비해 더 창의적이라고 말할 수 있는 '창의력의 정도'를 가정한다.

CAT를 사용하려면 다음과 같은 5가지 사항에 유의해야 한다(Amabile, 1982, 2000).

첫째, 영역에 대한 친숙함

평가자가 평가하고자 하는 영역에 대한 친숙함이 있어야 한다. CAT가 처음 소개되었을 때는, 산출물을 '전문가expert'가 평가해야 한다고 했다. 그 후 이러한 '전문가'라는 용어에서 '적절한 평가자 집단appropriate body of judges'으로 불리게 되었다. CAT 방법에서는 산출물을 평가하는 사람들이 평가하고자 하는 영역에서 대해서 충분히 잘 알고 있어야 함을 기본 전제로 하고 있다. 그렇지만 평가자가 그 영역에 대해서 친숙한 것만을 필요로 하는 것이지, 실제로 그 영역에서 창의적인 산출물을 생산할 수 있어야 하는 것은 아니다. 즉, 산출물 평가자는 매우 창의적인 수준의 작업을 하는 사람은 아닐지라도 평가하고자 하는 영역에 경험이 많고 정통하거나 매우 친숙한 상태이어야 한다.

둘째, 평가자들의 독립성

산출물을 평가하는 평가자들은 서로 상의하지 않고 각각 독립적으로 평가해야 한다. CAT 방법은 평가자들의 암시적이고 주관적인 창의력 평가에 기준을 두고 있기 때문에, 평가자들 간에 서로 의견이 일치하도록 연구자나 그 외 다른 사람에 의해서 훈련을 받지 말아야 하고, 또한 창의력을 판단함에 있어서 특정한 기준이 제시되어서도 안된다. 그리고 평가자들 간에 어떻게 산출물을 평가할 것인지에 대한 논의가 이루어져서도 안 된다.

셋째, 평가의 상대성

평가자들은 그들 자신이 갖고 있는 회화, 조각, 시 등에 대한 절대적인 기준에 따라 산출물을 평가하는 것이 아니다. 연구자들이 접하는 피험자들은 '보통 사람'들이므로, 만약에 이들의 산출물을 어떤 영역에서 매우 위대한 사람들의 산출물에 비교하여 평가를 하면 매우 창의력이 낮게 나타날 것이다. 그러므로 CAT에서는 연구에 참여하는 피험자들에 견주어 보았을 때 상대적으로 창의력이 어느 정도인가를 평가하면 된다. 즉, 평가자들은 산출물을 평가할 때 그들이 평가해야 하는 사람들의 산출물들은 전문가들에 비해 수준이 낮을 것이므로, 전문가 자신의 절대적 기준이 아니라 평가해야 하는 차원들에 의거하여 평가해야 한다.

넷째, 평가 순서의 무작위성

평가를 하는 평가자들은 산출물을 평가하는 순서에 유의해야 한다. 만약 모든 평가자들이 동일한 순서로 평가한다면 이에 따른 연구 방법론적인 인위적 문제가 발생할 것이다. 그러므로 각 평가자들은 서로 다른 순서에 의해 평가를 해야 한다.

다섯째, 기존 산출물에의 적용 여부

만약 CAT 방법이 어떤 산출물이나 과제에 한 번도 적용된 적이 없었다면, 평가자들은 창의력 외에 다른 차원도 평가해야 한다. 이러한 부가적인 평가를 통하여 산출물에 대한 주관적인 판단에 있어서 다른 차원들과의 관련성과 독립성을 알아볼 수 있게 된다. 이때 다양한 차원들을 고려하여, 평가 결과가 얻어지면 각 차원들에 대한 평가자 간 신뢰도가 분석되어야 한다.

5가지 외에도 CAT 과제는 특정한 전문 기술에 크게 좌우되지 않는 과제여야 하고, 평가를 할 때 창의력뿐 아니라 기술적인 측면이나 심미안적인 측면도 함께 고려하여 평가해야 한다는 점도 유의해야 한다.

❷ 장점

CAT 방법은 표준화된 창의력 검사에 비해 단점도 있지만 장점이 더 많아 널리 사용되고 있다.

첫째, 높은 신뢰도

CAT는 20년 이상 여러 연구에서 신뢰도가 높은 것으로 입증되어 왔다. 주로 Amabile에 의해서 콜라주 연구에 의해 이루어졌다. 이 연구에 참가하는 피험자들은 두꺼운 종이판, 풀, 다양한 색깔과 형태의 종잇조각을 가지고 콜라주를 만들었다. 연구자는 피험자들에게 우스꽝스러운 것을 만들어 보라고 했고, 15분 정도의 시간을 주었으며, 대부분의 연구에서 전문 예술가나 대학원생 등이 전문적인 평가자로 구성되어 합의적인 평가를 했다. 유치원생과 초등학생들이 대상이었고, 콜라주를 많이 접해 본 교사들이 연구에 함께 참여했다. 8~10명 정도의 전문적인 평가자 집단이 평가를 한 결과, 콜라주 연구에서 예외 없이 거의 높은 신뢰도를 보였다(표 3-4 참고).

표 3-4 콜라주 연구의 창의력 신뢰도

연구 대상	평가자	신뢰도
아동 80명	예술가 11명	0.80
여대생 60명	예술가 14명	0.75
아동 58명	초등학교 교사 12명	0.70
아동 41명	예술가 15명	0.79
대학생 40명	예술가 12명	0.77
대학생 87명	예술가와 예술학도 8명	0.78
대학생 151명	예술가 10명	0.80
아동 50명	아동 예술가 5명	0.82
아동 118명	미술 교사 5명	0.72

출처: Amabile(1982b). 창의학 사전 1권, p. 353.

둘째, 높은 생태학적 타당도

CAT 방법에서는 지필 검사와 달리 피험자들이 실제 세계에서 창조자들이 어떤 산출물을 만드는 것과 같이 그 어떤 것을 만들게 된다. 피험자들이 수행하는 과제들 자체가 실제 세계에서 자연스럽게 만들어질 수 있는 것이라서, 이러한 산출물의 창의력을 평가하는 데 있어서, 평가의 인위성이 없으므로 매우 높은 생태적 타당성을 가진다.

❸ 단점

첫째, 과다한 소요 시간

합의적인 평가 방법을 적용하여 창의력 연구를 하는 것은 수월해 보인다. 즉, 유아들에게 그림을 그려 보게 하거나, 다양한 형태의 작품을 만들어 보게 하거나, 대학생들에게 창의적인 글짓기나 그림을 그리게 한 후 전문가들에게 평가하게 하는 것이다. 그러나 어떤 연구를 하기 위하여 그 방면의 전문가들로 구성된 평가 팀에게 작품을 보여주고 평가하게 하는 것은 가능한 일이지만, 교육 현장에서 이런 방법을 사용하려면 평가하고자 할 때마다 전문가를 찾아서 전문가 집단을 구성하여 그 작품들을 보여주고 창의적인지 그렇지 않은지 평가받아야 하는데 그것은 그리 쉬운 일은 아니다.

CAT를 실시함에 있어서 시간이 문제라면 이 방법을 사용하기 어렵다. 지필 창의력 검사에 비해 CAT 방법은 적절한 평가자들을 선정하는 것과 적절한 과제를 선정함에 있어서도 생각했던 것 이상으로 많은 시간이 필요하다. 또한 이외에도 산출물에 대한 평가와 이에 따른 통계학적 분석도 많은 시간을 필요로 한다.

둘째, 혁신적인 산출물에 대한 적용의 어려움

어떤 영역에서 매우 혁신적인 산출물에 대한 평가를 하는 데 어려움이 있다. 이러한 산출물에 대해서 평가자 집단의 합의를 이끌어 내기란 쉽지 않기 때문이다. 그 분야에서 제아무리 전문가라 하더라도 매우 혁신적인 산출물에 대한 창의력 평가를 한다는 것은 어려운 일이다. 즉, 앞에서 언급한 바와 같이 산출물에 대해 충분히 친숙한 평가자를 찾기도 어려워 CAT를 사용하기가 수월하지 않다.

셋째, 역사적 시간과 장소에 따른 제한점

평가자들이 어느 시대의 산출물을 평가하는가에 따라서 창의력에 대한 합의가 어렵다. 예컨대, 르네상스 시대의 화가들이 현대의 회화들을 평가한다면 이들로부터 창의력에 대한 합의를 이끌어 내기란 쉽지 않을 것이다. 물론 이러한 역사적인 시간과 장소에 따른 제약점이 CAT에만 해당되는 것은 아니다. 그 외에 다른 창의력 측정에서도 이러한 문제는 발생하게 된다. 창의력 성격 검사와 같은 것도 그 시대에 따라 다르기 때문에 역사와 시간 앞에서 한계가 있게 마련이다.

❹ CAT의 전망

CAT 방법의 발전으로 그 동안 과학이나 예술 등의 세계에서 창의력이 어떻게 측정되는가에 대한 신비로움의 베일이 벗겨지고, 창의력을 이해할 수 있는 그리고 접근 가능한 세계로 만들어 오는 데 공헌을 했다. CAT의 높은 신뢰도와 타당도 외에도 원래 Amabile이 계획했던 영역보다 훨씬 더 많고 새로운 영역의 과제들에 확대되어 적용되고 있다.

CAT 방법은 창의력 연구자들에게 매우 가치가 있는 방법으로 받아들여지고 있어, 현재 다양한 영역과 다양한 대상들에게 CAT 방법이 확대되어 가고 있고, 많은 연구 설계에 사용되고 있다. 이 방법은 다양한 영역에 적용되고 있고, 연구 대상도 초등학생부터 전문가에 이르기까지 매우 성공적으로 적용되고 있다. Hennessey와 Amabile(1999)에 의하면 CAT는 전문적인 예술가, 전문적 예술학도, 컴퓨터 프로그램 전문가, 학생, 시인, 하이테크 회사의 직원들의 산출물에도 적용되고 있다.

또한 여러 피험자들에 의해 만들어진 산출물과 상대적 창의력relative creativity인 기술적인 우수함technical goodness과 심미적인 호소력aesthetic appeal도 CAT 방법에서 얻을 수 있는 자료이므로, 이를 통해서 다양한 연구들을 할 수 있다는 이점도 있다. 또한 어떤 한 피험자의 여러 개의 산출물을 평가자들이 평가했을 때도 매우 신뢰롭고 유용한 연구 결과를 얻을 수 있어 창의력 연구자들에게 다양한 연구를 할 수 있는 물꼬를 터 주고 있다고 할 수 있다.

CAT를 적용함에 있어서 가장 흥미로운 것은 '개인차'를 알아볼 수 있는 것이다. 원래 CAT 방법에서는 창의력의 사회 심리적 연구에서 유용한 방법으로 여겨져 왔고, 개인 간의 차이에 대해서는 그다지 관심을 두지 않았다. 그런데 최근의 몇몇 연구들을 보면 CAT가 개인 간의 차이를 측정하는 데 유용한 것으로 입증되어 앞으로는 이러한 연구들이 점점 더 많이 수행될 것으로 사료된다.

한편으로는 Amabile는 높은 신뢰도와 타당도를 보고하고 있지만, 앞으로 신뢰도와 타당도에 대한 연구가 좀 더 이루어져야겠고, CAT 방법이 역사적으로 거슬러 올라가 과거의 그림과 같은 산출물에 대해서도 현재의 화가 집단이 제대로 평가할 수 있는가 하는 문제는 남아 있으므로 이에 대한 연구가 필요하다.

❺ CAT 보완

CAT와 같은 주관적인 측정을 하기 위해 점수화하는 방법을 잘 고려해야 한다. 산출물의 창의적인 수행 수준을 점수화하기 위해 2가지 방법을 사용한다. 첫째 방법은 Amabile의 CAT 합의적 측정기법에서 창의적인 차원과 기술적 적합성 또는 심미안적인 차원으로 구분하여 측정하는 것이고, 둘째 방법은 점수화 방법을 이런 차원들을 곱하여 단일 지표로 사용하는 것이다. Zhou와 Oldman(2001)은 이런 차원들을 구분하지 않고 하나의 단일 차원으로 사용했고, 한국의 김혜숙과 최인수(2002)도 창의적인 특성과 기술적 특성을 곱하여 단일 지표로 나타내는 방법을 이용했다.

(2) Besemer와 Treffinger(1981)의 Creative Product Analysis Matrix CPAM

Besemer와 Treffinger는 창의력 관련 문헌 연구를 통해, 산출물을 이용한 창의력 평가 모델인 CPAM Creative Product Analysis Matrix을 개발하였다. CPAM에 의하면, 하나의 산출물에 나타난 창의력의 정도는 ① 새로움novelty, ② 확고함

resolution, ③ 정교함/종합성elaboration/synthesis의 3가지 차원을 통해 평가될 수 있다. CPAM을 바탕으로, Besemer와 Treffinger는 학생 발명 평정척도를 만들었고, Besemer와 그의 동료들은 CPSS를 개발했다. Besemer가 제시한 창의적인 산출물의 3가지 요인과 그 하위 요인들은 다음과 같다(전경원, 2000a).

표 3-5 Besemer의 산출물의 3가지 준거 기준과 9가지 하위 요인

준거 기준	하위 요인
새로움novelty	1) 놀라움surprising 2) 독창성original
확고함resolution	1) 논리의 적정성logical 2) 산출물의 유용성useful 3) 산출물의 가치valuable 4) 산출물의 이해 가능 정도understandable
정교함과 종합성elaboration & synthesis(or style)	1) 유기성organic 2) 정교함well-crafted 3) 우아함elegant

1 새로움novelty

새로움novelty 요인은 하나의 산출물의 다양한 측면에서 나타난 새로움을 의미한다. 즉, 새로움이란 개념적으로 새로운 것뿐 아니라, 하나의 산출물을 만드는 과정의 새로움, 새로운 재료들을 사용하여 산출물을 만드는 것을 모두 포함하는 의미이다. 새로움 요인은 놀라움surpsise과 독창성original의 두 하위 요인을 포함하고 있다. 놀라움surprise은 하나의 산출물이 제공하고 있는 정보가 얼마나 예기치 않았던, 뜻밖의 것인가를 의미하며, 독창성original은 하나의 산출물이 비슷한 경험과 훈련을 거친 사람들이 만든 산출물이 전체 집단과 비교해서 얼마나 비범하며, 진기한가를 의미한다.

2 확고함resolution

확고함 요인은 하나의 산출물이 원래 용도대로 얼마나 잘 작동하는지를 의미한다. 의자를 하나의 산출물의 예로 들면, 의자는 편하게 앉을 수 있을 만큼 튼튼하여야 하며, 의자로서 기능하기 위한 여러 가지 특징들을 모두 지니고 있어야 한다. 확고함 요인은 다시 ① 논리의 적정성logical, ② 산출물의 유용성useful, ③ 산출물의 가치valuable, 그리고 ④ 산출물의 이해 가능 정도understandable의 네 개의 하위 요인을 포함하고 있다.

① 논리의 적정성logical은 하나의 산출물 또는 해결책이 해당 분야에서 통용되고, 이해되는 법칙 또는 방식들을 얼마나 잘 따르고 있는지를 의미한다. ② 산출물의 유용성useful은 하나의 산출물이 명확한, 실용적인 응용이 가능한 정도를 의미한다. ③ 산출물의 가치valuable는 하나의 산출물이 금전적, 물리적, 사회적, 그리고 심리적인 요구들을 얼마나 잘 충족시켜 주는가의 정도를 의미한다. 마지막으로, 산출물의 이해 가능 정도understandable는 하나의 산출물이 이용자들에게 쉽고, 자명한 방식으로 전달되고, 이해되는 정도를 의미한다.

3 정교함/종합성elaboration/synthesis

정교함/종합성 요인은 특정 산출물이 서로 다른 요소들을 정교하고, 발전된, 이해 가능한 전체, 표현 방식, 또는 도구로 결합하는 정도를 의미한다. 정교함/종합성 요인은 다시 ① 유기성organic, ② 정교함well-crafted, 그리고 ③ 우아함elegant의 세 개의 하위 요인들로 구성되어 있다. 유기성organic은 하나의 산출물을 구성하는 요소들, 또는 구성 요소들과 산출물이 얼마나 자연스럽고 조화로운 방식으로 연결되어 있는지를 의미한다. 정교함well-crafted은 산출물이 얼마나 그 가능한 최고의 형태로 발전되어 있는지를 의미한다. 우아함elegant은 하나의 산출물이 얼마나 정교하고, 간결한 형태로 표현되었는지를 의미한다.

만약에 물건을 사려고 할 때 어떤 물건을 사게 되는가? 대부분 사람들이 물건을 살 때 그 물건의 질 '스타일이나 기호의 요소' 들을 고려하게 되는데 이런 범주들을 정교함과 종합성이라고 볼 수 있다.

즉, 이 산출물을 만들어 내는 데 얼마나 많은 에너지를 투자했는가? 산출물이 얼마나 정교하고 세련됐는가? 단순이 매력적인 것을 넘어서 진정으로 보는 사람으로 하여금 매력을 끌 정도의 그 무엇인가를 갖고 있는가이다. 우리의 주의를 끌 수 있는 그 어떤 점들이 있는가 하는 것이다. 또 한 가지는 산출물의 스타일의 표현적인 요소인데, 물건을 만들어 낸 사람이 의도한 것을 정말로 잘 표현했는가 하는 것이다. 메시지 전달이 잘 되었는가 하는 문제이다.

자, 그럼 어린 아동들의 산출물에 대해 생각해 보자. 어린 아동들의 작품은 깔끔함, 세련됨well-crafted으로 평가할 수도 있지만, 시간 안에 잘 완성했는가 하는 것도 중요한 것이다. 거기에는 일종의 유기적인 통합성organic이 있다고 할 수 있다. 정교함과 종합성의 또 다른 기준은 복잡성과 우아함이다. 물건이 복잡하지만 정교해 보이는 것이 좋은 산출물이라고 할 수 있다. 초기 단계에는 복잡해 보일 수 있지만 다듬을수록 우아해지는 것이 있다.

❶ Bessemer와 Treffinger의 학생 발명 평정척도

학생들의 산출물 중에서 가장 중요한 것은 '발명품' 이다. 그래서 Besemer와 Treffinger(1981)는 '학생 발명 평정척도' 를 통해 발명품의 창의력 정도를 알아보는 것이다. 이 평정척도는 창의적인 발명품이 가지는 3가지 준거 기준(3가지 준거 기준에 따른 14가지 하위 준거 기준)을 각기 1점(낮다)에서 5점(높다) 척도로 평가하도록 되어 있다. 창의적 작품 준거로 사용한 14개의 기준의 예는 독창성, 유행 가능성, 변형 가능성, 적합성, 적절성, 논리성, 유용성, 가치성, 매력, 복합성, 우아함, 표현성, 유기적 조직성, 기능성 등이다. 발명품을 전체적으로 5단계에 따라 평정하고, 나아가 '가장 좋은 점' , '가장 취약한 점' , '가장 흥미로운 잠재적 가능성' 등을 간단하게 기술하도록 되어 있다. 발명 총점과 함께 이러한 좋은 점과 취약한 점 등의 내용이 유용한 피드백으로 사용될 수 있다. 학생 발명 평정척도의 예를 몇 가지 살펴보면 다음과 같다.

학생 발명 평정척도의 예

준 거					
1. 독창성: 이 발명품은 흔히 볼 수 있는 발명품이 아니고 새롭고 특이한 아이디어를 제시하고 있다.	1	2	3	4	5
2. 유행 가능성: 이 발명품은 앞으로 새로운 발명품들이 탄생할 수 있는 새로운 아이디어들을 제시하고 있다.	1	2	3	4	5
3. 변형 가능성: 이 발명품은 사람들로 하여금 이 분야를 전혀 새로운 방식으로 생각하게 만들고 있다.	1	2	3	4	5
4. 적합성: 이 발명품은 문제의 장면이나 의도하는 목적이 담고 있는 중요한 요구와 관심에 대하여 적합하게 반응하고 있다.	1	2	3	4	5
5. 적절성: 이 발명품은 그럴듯해 보이며 목적이나 요구에 적절하다.	1	2	3	4	5
6. 논리성: 이 발명품은 이 분야에서 인정하고 그리고 이해하고 있는 논리와 규칙에 맞게 만든 제품이다.	1	2	3	4	5
7. 유용성: 이 발명품은 실제에 적용하여 사용할 수 있음이 분명하다.	1	2	3	4	5
8. 가치성: 이 발명품은 장래의 사용자들이 가치 있고 중요한 것이라고 생각할 것이다.	1	2	3	4	5
9. 매력: 이 발명품은 사람들의 주목을 받을 것이며 의도하는 사용자에게 관심을 끌 것이다.	1	2	3	4	5
10. 복합성: 이 발명품은 몇 가지의 상이한 요소, 부분 또는 사용 수준들을 포함하고 있다.	1	2	3	4	5
11. 우아함: 이 발명품은 세련되고 그리고 은밀하게 목적이나 목표를 표현하고 있다.	1	2	3	4	5
12. 표현성: 이 발명품은 사람들이 쉽게 이해할 수 있으며 그것이 가지고 있는 목적과 강점을 효과적으로 전달하고 있다.	1	2	3	4	5
13. 유기적 조직성: 이 발명품은 전체성, 즉 완전하다는 느낌을 가지게 해 주고 있다.	1	2	3	4	5
14. 기능성: 이 발명품에는 정성, 열성적인 노력, 그리고 세련된 솜씨 같은 것들이 드러나 보인다.	1	2	3	4	5

가장 좋은 점 : 약 점 :

가장 흥미로운 잠재적 가능성 :

❷ Creative Product Semantic Scale(CPSS)

가) CPSS의 개요

CPSS는 Besemer와 O' Quin(1989)이 구체적인 산출물을 통해 창의력을 평가하기 위해서 개발한 일종의 의미 변별 척도로, Besemer와 Trefingger(1981)가 개발한 창의력 평가 모델인 CPAMCreative Product Analysis Matrix에 바탕을 두고 있다. CPSS는 CPAM에서 제시하고 있는 새로움, 확고함, 정교함과 종합성의 세 요인과 아홉 개의 하위 요인들을 측정하기 위해, 서로 대립되는 형용사들의 짝들로 이루어진 문항들로 구성되어 있으며, 1에서 7까지의 7점 척도로 구성되어 있다. CPSS의 개발 당시에는 모두 55개의 문항이 이용되었으나, 이후의 CPSS의 신뢰도와 구인 타당도에 관한 연구들을 통해, 가장 최근의 CPSS는 아홉 개의 하위 요인별로 각각 4개에서 5개의 문항들을 포함하는 총 43개의 문항들로 구성되어 있다. CPSS는 집단 검사의 형식으로 실시하며, CPSS를 이용하여 하나의 산출물의 창의력을 평가하는 데 15분 정도의 시간이 소요되는 것으로 보고되고 있다.

(3) Sternberg의 합의적인 평가

Sternberg와 Lubart(1996)는 창의력에 대한 투자 이론을 검증하는 몇 가지 연구에서 Sternberg(1995)의 창의적인 산물을 평가하는 방법을 사용하였다. 이는 Amabile의 합의 평가와 유사한 것으로, 검사자가 제시한 자료를 가지고 학생들에게 글쓰기, 그림 그리기, 광고 제작하기, 과학 연구 등과 같은 영역에서 나름대로의 작품을 만들어 보게 하여 전문가들이 이들의 작품의 창의력 정도를 평가하게 한다. 다음과 같이 제시된 제목의 목록에서 각각 2개씩 골라서 글을 쓰게 하거나, 그림을 그리게 하거나, 광고를 만들어 보거나 과학 문제를 해결해 보게 하였다. 문제의 예는 다음과 같다.

글쓰기

짧은 글 짓기를 할 수 있는 '모퉁이를 넘어서', '다섯 번째의 기회', '구원', '책상 밑', '선 사이' 와 같은 제목

그림 그리기

그림의 소재가 되기 어려운 '꿈', '희망', '분노', '긴장' 등과 같은 제목

광고 제작하기

재미없는 제품을 TV에 광고할 수 있는 '이중 창문', '걸레', '쇠', '손잡이' 등과 같은 제목

과학 문제

다루어 보지 않았을 것 같은 '우리 가운데 외계인이 살고 있다면 이들을 어떻게 찾을 수 있을까?', '누가 달에 다녀왔는지 어떻게 알아낼 수 있을까?' 등과 같은 문제

이러한 방법에 대한 연구자들은 평정자 신뢰도가 0.92로 높다고 보고하고 있다.

2) 산출물 평가의 시사점

Amabile의 CAT에서는 전문가들에게 객관적인 창의력의 정의를 전혀 제공하지 않고, 전문가 자신이 생각하는 주관적인 창의력의 정의에 따라 특정 수행 또는 산출물을 다른 산출물들과 비교하여 해당 산출물의 상대적 창의력의 정도를 평가하게 하는 것이다. 기존의 연구들은 CAT의 활용에 있어 비교적 높은 평가자 간 신뢰도를 보고하고 있어, 전문가들은 비록 명시적으로 표현하지는 않아도 해당 분야의 창의력에 대한 서로 공유된 정의를 가지고 있을 가능성이 높음을 시사한다. 하지만, 경우에 따라서 전문가들도 해당 분야에의 경험, 전문적 지식, 그리고 해당 분야에 대한 친숙도에 대한 차이가 있을 수 있으며, 이러한 차이는 CAT 방법을 활용한 창의력 사정의 신뢰도를 낮추는 문제점이 될 수도 있다. 예를 들자면, 저자는 CAT 방법의 유용성을 알아보기 위해 한 유치원에서 20명의 유아들에게 우유곽으로 재미있는 물건을 만들어 보라고 하였다. 그리고 이 작품들을 유아교육을 전공하고 교직 경험이 5년 이상 된 교사 5명에게 창의적인 작품과 그렇지 않은 작품으로 구분해 보라고 하였다. 그 결과 교사들 간의 평가는

일치하였지만, 교사들은 어떤 기준으로 평가를 해야 하는지 다소 어려움을 겪는다고 했다. 이 예는 CAT 방법을 활용함에 있어 전문가들의 해당 분야에서의 경험의 정도가 CAT 방법의 결과에 영향을 미칠 수도 있다는 것을 암시한다. Amabile은 해당 분야에 있어서 일정 수준의 경험만 있으면 CAT 방법을 신뢰롭게 활용하는 데 문제가 없다고 했지만, 어느 정도의 경험이 전문가에게 요구되는가에 대한 기준이 애매하다고 할 수 있다. 앞으로 일반화 가능도 이론을 활용한 연구들을 통해 전문가들의 서로 다른 수준의 경험, 지식, 해당 분야에의 친숙도가 CAT 방법의 결과에 어떠한 차이를 가져올 수 있는지를 탐색해 보는 연구가 더 필요할 것으로 생각한다.

CAT의 교육적 활용과 관련하여 생각해 볼 문제 중의 하나는, CAT가 창의력 개발을 위한 피드백을 거의 제공하지 못한다는 점이다. 앞서 설명한 바와 같이 CAT에서는 전문가의 주관적인 창의력의 정의를 이용하므로, CAT를 통해 하나의 산출물이 상대적으로 낮은 수준의 창의력을 보인다고 할 때, 우리는 왜 이 특정 산출물이 낮은 수준의 창의력을 가진 것으로 평가되었는지 그 구체적인 이유를 전혀 알 수 없다. 따라서 우리는 낮은 수준의 산출물을 만들어 낸 사람에게 창의력을 계발하기 위해 어떤 점을 보완해야 할지에 관한 피드백을 전혀 줄 수 없다. CAT와 비교할때, Besemer와 O' Quin(1989)의 CPSS는 산출물의 창의력을 결정짓는 특정 요인들에 관한 개별 점수를 제공하므로, 특정 산출물의 창의력을 높이기 위해 필요한 점이 무엇인지에 관한 피드백을 제공할 수 있다. 예를 들어, 어떤 특정 산출물이 확고함 요인에서 상대적으로 낮은 점수를 받았다면, 이 산출물을 만든 사람의 확고함 요인의 부족한 부분을 보완하기 위해 산출물을 개선할 수 있다.

CAT의 폭넓은 사용을 위해 고려할 점 중의 하나는, CAT에 사용될 수 있는 과제는 특정 조건들을 만족시켜야 한다는 것이다. Amabile는 CAT를 위해 활용될 수 있는 과제들은 충분히 다양한 해결책을 만들어 낼 수 있는 만큼 충분히 개방적인 형태open-ended여야 하며, 또 미리 정해진 최적의 문제 해결 방식algorithm에 의존하기보다는 발견법heuristic적인 접근에 의해 해결될 수 있는 문제여야 한다고 주장했다. 많은 연구들을 통해 다양한 과제에 CAT 방법이 적용될 수 있음을 보고하고 있지만, CAT가 다양한 특성을 지닌 모든 과제에 타당하게 적용될 수 있는 방법인지에 대해서는 보다 더 많은 연구가 필요하다.

Besemer와 Treffinger(1981)가 제시한 발명 평정지는 14가지의 준거 기준으로 발명품을 1점에서 5점으로 측정하여 그 총점을 가지고 발명품의 강점과 약점을 알아보는 방법이다. 실제적으로 구체적인 준거 기준이 제시되어 있지만, 이러한 기준에 따라 발명품의 창의력 정도를 측정하는 것은 그리 쉬운 일은 아니다. 필자는 광주대학교에 개설된 '창의성 영화, 그리고 여행' 수업 시간에 학생들에게 기존의 발명품 중에 한 가지를 골라서 14가지 기준에 의해서 창의적인 정도를 측정해 보도록 했다. 그 결과 학생들은 14가지 기준이 애매모호하여 평가하는 데 어려움을 겪는 것으로 나타났다. 검사가 좀 더 유용하게 사용되려면 14가지 기준들 가운데 유사한 기준들은 통폐합하여 좀 더 객관적인 평가가 이루어지도록 하는 것이 바람직하다고 사료된다.

4. 환경Press

Isaksen과 동료들(1994)은 압력press이란 의미를 사람과 환경과의 상호 작용이라고 했다. press는 일반적으로 환경이라는 단어로 사용되어 왔다. Rhodes(1961)가 창의력의 한 측면으로 press를 소개했는데, Lewin과 Murray의 연구로 거슬러 올라가면 이 용어에 대한 사용을 좀 더 정확하게 알 수 있다. Lewin은 "행동을 이해하고 예측하기 위해서는 사람과 환경 간의 상호 작용하는 요인들의 배열 중의 한 가지로 고려되어야 한다."고 했다(pp. 239-240).

1) 환경 검사의 유형

(1) Ekvall의 연구(Ekvall, 1983, 1991; Ekvall & Arvonen, 1991, Ekvall, Arvonen, & Waldenstron-Lindblad, 1983; Ekvall & Tangeberg-Anderson, 1986)

스웨덴의 Ekvall과 그의 동료들은 작업 환경에 대한 분위기에 대한 개인의 지각을 측정하는 질문지를 제작했다. 작업 환경 검사지는 10개의 차원으로 구성되어 있다: 도전, 자유, 아이디어 지원, 신뢰, 역동성, 쾌활함, 토론, 갈등, 모험심, 아이디어 시간. 이 검사는 작업 환경의 본질을 측정하기 위해서 양적, 질적인 방법 2가지를 모두 사용하고 있다는 특징이 있다. 이 검사는 미국의 Isaksen에 의해서 영어로 번역이 되었고, 몇몇 연구에서 사용되어 왔다(Isaksen, & Kaufmann, 1990; Talbot, Cooper & Barrow, 1992). 현재 Isaksen과 그의 동료들은 미국에서 이 검사를 타당화 작업을 하기 위해서 몇몇 기관에서 자료들을 수집하고 있는 중이다.

(2) Amabile와 Gryskiewicz(1988)

Amabile와 Gryskiewicz(1988)는 '작업 환경 검사 도구' Work Environment Inventory, WEI를 개발하였다. 이 검사 도구지는 작업 환경이 창의력 발휘에 어떤 방식으로 도움을 주는지를 측정하기 위해 개발되었다. WEI는 격려하는 환경과 장애가 되는 환경 2가지 모두를 측정하고 있다. 격려하는 환경 차원으로는 자유와 통제, 훌륭한 프로젝트 메니저, 인식과 피드백, 충분한 시간, 도전, 압력, 기타 범주(연구의 특별한 분야와 같은 경우에는 실험실 외부 환경 등)로 구성되어 있다. 장애가 되는 환경 차원으로는 형편없는 조직 분위기, 작업 속박, 조직에 대한 무관심, 형편없는 프로젝트 관리, 평가 압력, 불충분한 자원, 시간 압력, 현상 유지에 대한 강조, 경쟁, 기타 범주(혼자 일을 해야 하는 등의 기타 범주)로 구성되어 있다.

WEI 검사에서는 질적인 접근도 병행하여 연구되고 있다. WEI 검사에서는 면접을 하여, 조직의 분위기를 측정하고 있다. 면접을 하는 동안 피고용인들은 그들이 속해 있는 조직의 창의력과 관련된 2가지 질문에 답을 했다. 한 가지는 높은 창의력이고, 또 다른 한 가지는 낮은 창의력에 대한 것이다. 이 면접에서는 피고용인들이 창의력을 잘 발휘할 수 있는 사람들과 환경에 대해서 알아볼 수 있고, 또한 피고용인들이 창의력을 발휘하기 어려운 사람들과 환경에 대한 내용을 회상하여 창의력과 관련된 질적인 내용들을 자세하게 설명할 수 있도록 구성되어 있다.

(3) 기타 환경 검사

Rickards와 Bessant는 작업 환경을 측정하는 검사 도구를 개발하였다. 이 검사는 창의력 심사the Creativity Audit인데, 관리 유형, 대화, 보상 체계 등에 대한 차원을 측정하고 있다.

Siegel과 Kaemmer(1978)은 구체적으로 학교의 창의적인 환경을 측정하는 검사 도구를 제작했다. 이 검사에서는 창의력, 차이성에 대한 인내, 개인적인 책임과 같은 3가지 요인을 측정하고 있다.

ECERSEarly Childhood Environmental Rating Scale 검사는 유아의 창의력을 직접 측정하기보다는 유아의 보육 환경이 얼마나 창의력의 발현에 친화적인가를 평가하는 도구라고 할 수 있다(Harms와 Clifford, 1980). 이 검사에서 측정하는 환경 요인들은 크게 7가지로 보육 방법, 시설, 언어 추리 활동 정도, 대소운동 활동 교육 정도, 창의적 활동 정도, 사회성 교육 정도, 성인을 위한 배려 정도이며 개인이나 집단 검사가 가능하다.

환경과 관련된 연구들은 주로 사람과 상황과의 상호 작용에 초점을 두고 있다. 이러한 측면의 역동적인 본질은 Lewin과 Murray와 같이 인간의 행동은 그들을 둘러싸고 있는 환경에 따라 달라진다는 점을 강조하는 연구에 기초하고 있다. 환경과 관련된 측정 영역의 연구에서는 작업 환경의 생태학적인 접근이나 상호작용주의적인 접근에 좀 더 관심을 갖고 있다고 할 수 있다(Isaksen, et al, 1994).

5. 기타 검사

기타 검사에는 4가지 범주(사람person, 과정process, 산출물product, 환경press)로 구분되기는 어렵지만 창의력 검사로 사용되는 9가지 검사를 소개하고자 한다. ① TAT 검사, ② 로르샤흐Rorschach 잉크반점 검사, ③ Hand Test, ④ TEMASTell Me A Story, ⑤ WCSTWisconsin Card Sorting Test, ⑥ Circus 나무 제작 검사, ⑦ 최인수 · 이종구의 통합 창의성 검사, ⑧ 우종옥 · 이신동 · 이경화 · 전경원의 초등용 통합 검사, ⑨ Kirton의 적응-혁신 검사가 그것이다. 이런 검사들은 전적으로 창의적인 면을 측정하는 것은 아니고, 주로 투사적인 검사로 그 일부분이 창의력과 관련되어 사용되어 왔다.

1) TAT

주제 통각 검사 또는 회화 통각 검사라고 번역되며, 오늘날에는 일반적으로 널리 TAT라는 말로 보급되고 있다. 로르샤흐 테스트와 더불어 가장 많이 이용되고 있는 이 검사는 Murray에 의해 1935년에 발표되었다.

[진단 방법]

30매의 회화 도판과 1매의 백지 카드로 이루어졌다. 회화 도판은 거의 인물을 포함하고 드라마틱한 구도로 되어 있다. 피험자의 연령과 성에 따라 도판을 선택할 수 있다. 처음 10매, 다음에 10매의 카드를 사용하여 카드마다 공상적인 이야기를 자유스럽게 꾸미게 한다. 피험자에 대한 공상력 검사이므로 그림을 보며 무엇이든지 자유스럽게 이야기를 꾸며 보라고 한다.

가장 보편적인 진단 방법은 Murray의 '욕구-압력' 분석을 사용한다. 분석은 다섯 가지 조건으로 행해진다. ① 이야기의 주인공은 누구이며 어떤 특징을 가지고 있는가. ② 주인공의 욕구 · 의도, 행동의 종류, 욕구의 대상, 그리고 그 현실성을 분석한다. ③ 주인공에게 어떤 외부로부터의 힘이 작용하였으며 그 욕구를 어떻게 방해하고 있는가를 분석한다. 이것을 압력 분석이라고 한다. 또한 욕구와 같은 방법으로 압력의 원천과 현실성을 본다. ④ 내적 상태, 이야기 그 자체의 정통성 등을 살핀다. ⑤ 이야기의 결과로서 주인공은 성공했는가, 실패했는가, 만족했는가, 불만이었나 등을 분석한다. 이렇게 함으로써 어떤 욕구가 강하게 나타났으며 또 그것이 어떤 방해나 촉진을 받고 있는지에 대한 마음의 구조를 이해할 수 있다.

[적 용]

정신병 또는 신경증의 임상 진단에 주로 사용되어 왔으나 널리 인간관계나 사회적 태도, 가치관 등을 아는 데에도 도움이 된다. 문화인류학이나 사회심리학·임상심리학 등의 연구법으로써, 또한 교육 분야에서는 달성 동기의 연구법에 활용되어 왔다. 미국에서는 동물을 사용한 유아용 도판(10매)이 제작되어 널리 보급되어 있다.

2) 로르샤흐Rorschach 잉크반점 검사

Rorschach(Hermann, 1884~1922)는 거의 화가가 될 뻔했던 스위스의 정신의학자로, 환자의 추상적 이미지 해석에 기초하여 심리 테스트를 개발하였다. Rorschach는 어떤 한 모양에 대한 반응이 성격에 대해 많은 것을 나타낼 수 있다고 보고, 이 검사를 개발했다. 이 검사는 투사 검사projective test 가운데 가장 많은 인기를 누리고 있어서, 매년 이 검사를 받는 사람들만 해도 적게는 수십만 명에서 많게는 수백만 명에 이른다고 한다. 이 검사의 일부는 창의력 검사이며, 지금도 널리 사용되고 있어 한국에도 번역이 되어 보급되어 있다. 잉크반점inkblot과 관련된 예술가의 업적은 러시아 출신의 영국인 화가인 Cozens(1717~1786)의 잉크반점 그림 체계라고 한다. 그는 Rorschach보다 거의 100여 년 정도 앞서서 예술가의 상상력을 자극하기 위해서 반점 그림 체계를 출판했다(김승윤 역, 2002).

1950년대와 1960년대에 초기 Rorschach 검사는 상당한 공격을 받았다. 이는 표준화된 절차와 표준치(일반적인 사람들에게서 얻은 평균적인 결과)가 결여되어 있었다는 사실이 한몫을 했기 때문이다. 표준화가 중요한 이유는 하나의 방법이 시행되는 과정에서 표면상 사소해 보이는 차이가 피험자의 반응에 영향을 줄 수 있기 때문이다. 또한 표준치는 피험자의 대답이 허용 범위에서 벗어나는지를 알아보는 참고 기준이므로 그 나름대로의 중요성을 지닌다.

사실 Torrance의 도형 검사도 Rorschach 검사에서 시사받은 것이라고 Torrance(1980)는 그의 책 "*The Search for Satori and creativity*" 에서 말하고 있다. 이 검사는 가장 오래된 창의력 검사 도구의 하나로 검사 대상은 유치원 아동부터 성인까지인데, 이 검사는 형태와 인간의 동작이 진기한 반응인지로 창의력을 측정한다. 이 검사는 연상기법의 하나로 잉크 자국이 그려진 10장의 잉크반점 카드로 구성되어 있고, 색깔이 있거나 흑백으로 구별되는데, 일곱 장은 검은색 자국을 내고 다른 세 장은 여러 가지 색깔을 배합하여 자국을 내었다. 이 카드를 보여준 뒤 이 카드에서 본 잉크반점이 어떤 모양과 어떤 의미가 있는지 설명하도록 하는 것이다. 이 검사에서 정답과 오답은 없으나 결과는 각 개인의 성격적 특성이나 임시적 마음의 상태에 대한 단서를 제공해 준다.

이 검사에서 '운동지각' 은 상상력 지표 및 환상 능력, 충동 통제 능력, 상상의 사용에 대한 자유로움, 타인과의 감정이입, 고도의 자아기능과 같은 창조적 기능의 본질적인 성격적 특성으로 오래전부터 인식되어 왔다고 Torrance는 말하고 있다. 실제 움직임이 나타난 그림을 창출하기 위해서는 잉크반점에서처럼 움직임에 대한 단순한 지각보다는 이와 같은 속성의 역동적인 특성을 알 수 있어야 한다.

이 지표의 평가에서, 움직임과 행위에 관한 기준은 제목, 그림에 나타난 등장인물의 말, 그림에 나타난 다른 요소들의 상태에서 발견할 수 있다. 달리는 모습, 날아다니는 모습, 춤추는 모습, 다이빙하는 모습, 스키를 타는 모습, 싸우는 모습, 던지는 모습, 구부리는 모습, 팔을 위로 향한 모습, 팔을 앞으로 뻗은 모습, 발로 차는 모습, 때리는 모습, 수영하는 모습 등은 이 지표에 대한 일반적인 단서들이다.

3) Hand Test

이 검사는 Wagner(1959)에 의해 개발된 이래, 40년 이상 만 5세부터 사용할 수 있는 일종의 투사 검사이다. 피검사자에게 열 개의 카드를 한 번에 한 가지씩 제시한 다음 그 카드에 그려져 있는 간단한 손 모양의 그림에 대해 설명하도록 구성되어 있다. 각각의 카드에는 10가지의 다양한 형태의 손 모양 그림이 하나씩 그려져 있다. 예컨대, 손바닥을 펴고 있는 모습, 무엇인가를 지시하는 모습, 주먹을 살짝 쥔 모습들이 제시되어 있다. 피검사자는 이 손 모양이 무엇을 하는 모양인지 설명을 하면 이를 토대로 하여 검사자는 24가지의 양적 분석과 17가지의 질적 분석을 한다. 양적 분석에서는 호전, 대화, 의존, 획득, 긴장 등과 같은 요인을 측정하고, 질적 분석에서는 일반적으로 사람의 감정과 동기 유발에 관련된 것을 측정하는데, 이러한 하위 요인 중의 하나가 독창성을 측정하는 것이다(Western Psychological Services, 2003; Wagner, 1959).

총 소요 시간은 10분 정도이며, 언어로 반응을 할 수 있으면 사용이 가능하다. 검사 요강에서는 이 검사가 주로 사람들의 반응을 효과적으로 측정할 수 있고, 다양한 임상 집단에서 호전성과 같은 다양한 문제 행동들을 예측하는 데 도움을 줄 수 있다고 한다(Wagner, 1959). 또한 최근의 연구 결과에 의하면, 발달 장애, 행동 장애, 정신지체 아동 등을 대상으로 특수한 임상 집단 연구에 사용되고 있다고 한다(Western Psychological Services, 2003).

이 검사는 질적인 분석에서 독창성을 측정한다는 것 외에 전반적으로 창의력을 측정하는 검사는 아니다. 비록 Puccio와 Murdock(1999)은 그들의 저서 『창의력 측정』에서 이 검사를 창의력 검사의 한 가지로 넣고 있지만 실제로 창의력 측정과 관련된 연구에서 그다지 널리 사용되고 있지는 않다.

4) TEMAS Tell Me A Story

만 5세부터 13세까지 실시할 수 있는 검사인 TEMAS는 TAT 검사와 같은 일종의 투사 검사로 자극을 줄 수 있는 23장의 카드로 구성되어 있다(Constantino, Malgady, & Rogler, 1986). 이 검사에서는 자극을 주는 다양한 색을 사용하여 그린 그림 카드를 사용하며, 주로 인물 중심으로 긍정적이고 부정적인 상황을 제시하고 있다(Western Psychological Services, 2003). 검사는 간편형과 일반형이 있는데, 소요시간은 간편형이 45분에서 60분 정도, 일반형이 129분 정도 걸린다.

이 그림 카드에 대한 반응은 성격 영역(10개), 정의 영역(7개), 인지 영역(18개) 등 35개의 하위 영역으로 나누어져 있다. 성격 영역에서는 주로 대인관계, 호전성, 갈등과 우울증, 자아개념 등 총 10개 하위 요인을 다루고 있고, 정의 영역에서는 행복, 슬픔, 화남, 두려움 등 7개 요인을 다루고 있다. 그리고 인지 영역에서는 총 18개 요인을 다루고 있는데, 이 중에서 유창성, 상상력과 같은 창의력 관련 요인 2가지를 측정하고, 나머지에서는 주로 관계, 변형, 반응 시간, 총 시간 등과 같은 인지적인 요인을 측정한다(Western Psychological Services, 2003).

TEMAS 검사는 독특한 검사로 다문화적인 통각을 측정하는 검사로 미국의 소수민족과 다수민족 모두를 대상으로 그들의 감정적이고 행동적인 문제들을 진단하고 치료하는 목적에 효과적이라고 한다(Constantino, Malgady, & Rogler, 1986; Western Psychological Services, 2003). 채점은 양적 척도와 질적인 척도로 동시에 이루어진다. 양적인 채점에서는 주로 성격 영역 측면이 채점되고, 부분적으로 인지 영역과 정의 영역이 채점된다. 질적인 채점에서는 주로 인지 영역 측면이 채점되고, 부분적으로 정의 영역이 채점된다. 인지검사 중에서 창의력 측정의 일부인 유창성은 양적 척도로 채점되고, 상상력은 질적인 방법으로 채점된다(Puccio & Murdock, 1999; Western Psychological Services, 2003).

5) WCST Wisconsin Card Sorting Test

만 5, 6세부터 성인에 이르기까지 실시할 수 있는 이 WCST는 주위의 환경 자극의 변화에 얼마나 잘 대처해 나가는가를 측정하는 검사라고 할 수 있다(Grant 외, 1980). 이 검사에서는 2종류의 카드를 사용하는데 하나는 자극 카드이며 다른 하나는 그 자극을 보고서 반응하는 카드이다. 색, 도형, 숫자 등이 각각 다른 자극 카드를 보면서 피검사자는 이 카드에 대응되는 반응 카드를 나름대로의 추리를 통해서 분류해 나가는 것이다. 이 검사의 저자는 높은 점수를 얻기 위해서는 추상적 추리력과 아울러서 인지 전략의 탄력적 적용과 같은 능력이 필요하다고 주장하고 있다. 이 검사의 가장 큰 장점으로는 컴퓨터를 사용하는 동형 검사를 개발했다는 점이다.

6) Circus 나무 제작 검사

Circus 검사 중 그림 제작Make a Tree에 관한 검사는 창의력과 밀접한 관계가 있기 때문에 여기에서 다루고자 한다. 피검사자인 아동들이 백지 위에 여러 가지 모양과 크기의 밝은 색깔의 색종이(풀을 발라 끈끈하게 만든 것)로 10분간 나무를 만들어 보는 것이다.

아동에게 "네가 좋아하는 나무는 어떤 것이나 좋으니 만들어 보라"고 한다. 아동들이 나무 제작을 끝내면 교사나 교사 보조원은 3가지 질문을 하도록 한다. 첫째, 이 나무는 무슨 나무인가? 둘째, 이 그림의 나무에 특별한 것을 붙였는가? 셋째, 이 그림에 대하여 더 하고 싶은 말은 없는가?

이 질문들의 대답은 녹음되며 그림과 함께 보관된다. 그 다음 날이나 검사 후 일주일 이내에 아동들에게 자신이 만든 그림을 보여주고 칭찬을 하면서 원래 그림과 다른 나무 그림을 보여주고 칭찬을 하면서 원래 그림과 다른 나무 그림을 제작하도록 한다. 10분이 지나면 지난번과 같은 3가지 질문을 한다.

이 검사에서는 3가지 점수를 산출하게 되는데 이는 첫째, 적합성appropriateness, 둘째, 독특성unusualness, 셋째, 차이difference이다. 3가지 점수는 1점에서 5점까지로 구분하며 적합성은 아동이 만든 두 개의 그림이 나무와 얼마나 비슷한가로 평가되며 독특성은 다른 어린이들의 나무와 비교하여 얼마나 새롭고 신기하며 상상적인가를 평가하고, 차이는 두 개의 나무 그림 간의 차이로써 평가된다. 이

3가지 점수는 아동들이 질문에 대한 응답 내용과 합하여 평정된다. 가장 창조성이 높게 평가되는 것은 두 개의 그림이 차이가 많으며 높은 적합성과 독특성을 나타내는 경우이다.

이 검사에 관한 타당도나 신뢰도에 관한 정보가 거의 없으며 내적 합치도에 관한 측정치도 없다. Circus 요강과 기술적 보고서(1974~1975)에서 보면 적합성, 독특성 차이에 대한 판단에 있어 신뢰도는 높은 편으로 0.80 정도라고 한다.

나무 제작 검사에 있어 표준화 작업과 규준 제작은 다른 Circus 검사에서처럼 바람직하다고 볼 수 있다. 이 검사의 3가지 점수는 연령과 함께 증가하는 경향을 보이며, 사회경제적으로 높은 집단이나 학년 전 교육의 경험을 갖고 있는 아동들에게 높은 점수가 나타난다. 남녀의 성 차는 거의 없다.

나무 제작 검사는 흥미로운 측정 방법이기는 하지만 잘 알려지지 않은 검사이다. 또한 이 검사에 대한 정보가 적기 때문에 사용자 지침서에 주의 사항이 많으며 또한 점수해석에 한계가 있기 때문에 이 검사가 널리 사용되기 위하여 예언타당도와 공인 타당도가 연구되어야 할 것이다.

7) 최인수 · 이종구의 통합 창의력 검사

최인수와 이종구(2004)는 창의력의 정의가 광범위하고 복잡하여 단 하나의 검사로 측정하기 어렵기 때문에 다양한 속성들을 측정하는 '통합 검사'를 개발했다. 이들은 단일 차원을 검사하는 것에서 창의력을 종합적으로 측정할 수 있는 문항들을 포함시켰다. 검사는 초등학교 4, 5, 6학년을 대상으로 한 아동용 창의력 검사로, 성별 6개 집단에 대한 규준표가 마련되어 있다.

이 창의력 검사는 3개의 창의력 범주(창의적 성향, 창의적 사고, 창의력 관련 동기)로 구성되어, 12개의 하위 검사로 구성되어 있다. 12개 하위 검사 요인의 내용은 다음과 같다.

① 내재적 동기: 어떤 일을 할 때 자기 스스로 정말 그 일을 하고 싶다는 생각을 가지고 열심히 하는 것

② 상상력과 환상: 상상을 많이 하고, 유머 감각이 있는 것
③ 호기심, 다양한 관심: 궁금하고 알고 싶은 것이 많은 것
④ 철저함, 최선을 다함: 자신이 맡은 일에 대해 철저하고, 최선을 다하는 것
⑤ 사회적 책임감: 정의감이 있고, 사회적 규칙이나 질서를 지키려고 하는 것
⑥ 근면: 어떤 일을 할 때 부지런하고 성실하게 하는 것
⑦ 용기: 도전정신이 강하고, 모험심이 강한 것
⑧ 개방성: 다른 사람이 나에 대해 비판하는 것에 수용적이고, 융통성이 있으며, 정서적으로 민감한 것
⑨ 독립성: 유행을 따르지 않고, 자신의 판단에 의해서 의견을 결정하는 것
⑩ 독단적, 충동적, 이기적 성향: 창의적인 사람에게 보이는 독특한 성향으로, 자기중심적인 것
⑪ 발산적 · 수렴적 사고: 창의적인 사고 중 대표적인 것으로, 하나의 물건을 보고도 그것에 대해 좀 더 확대해서 생각해 보고, 또 여러 가지 생각들을 하나의 생각으로 모으는 것
⑫ 창의적 사고 능력: 창의력을 발휘하기 위한 인지적인 능력

이 검사는 총 124문항으로 이루어져 각 문항은 '아주 그렇다' 에서 '전혀 그렇지 않다' 까지 5단계로 응답하게 되어 있다. 검사 시간은 40분 정도 소요되며, 개별과 집단으로 검사를 할 수 있으며, OMR 카드에 응답하도록 되어 있다.

검사의 신뢰도는 각 요인별 신뢰도를 검증하기 위해 Cronbach의 내적 일관성 계수 알파를 사용했다. 예비 분석 결과, 요인 8의 개방성은 0.554, 요인 9 독립성은 0.564로 다소 낮게 나타났으나, 나머지 요인의 신뢰도는 0.600 이상으로 비교적 양호하게 나타났다(최인수, 이종구, 2004). 이 검사에서는 12개 요인의 신뢰도가 0.735에서 0.815 사이로, 모든 요인의 신뢰도가 비교적 양호하게 나타났다.

타당도는 구성 타당도, 수렴과 변별 타당화 및 다른 검사와의 관계성을 토대로 동시 타당화 예비 작업을 했다. 이 검사의 타당화 작업 결과 창의력 검사의 총점과 12개 하위 검사 점수들 간의 상관 분석이 최저 0.692에서 최고 0.872 사

이로 나타나 모든 하위 구성 개념들이 일관되게 측정하고 있다고 볼 수 있다(최인수, 이종구, 2004).

아직까지 이 검사에 대한 데이터베이스가 충분하지 않아서 창의적 아동의 범주화가 이루어지지 못한 아쉬움이 있지만, 충분한 자료가 구축되면 창의적인 아동의 유형별 분류가 가능해질 것이고, 영재 아동의 판별의 보완 자료로 활용될 수 있다.

8) 우종옥 · 이신동 · 이경화 · 전경원의 초등용 통합 검사

우종옥 · 이신동 · 이경화 · 전경원(2003)은 우리나라 초등학생용 표준화 검사를 개발했다. 전국 단위로 표집된 3,500명을 대상으로 창의적 능력과 창의적 성격을 통합적으로 측정했다. 이 검사에서 언어, 도형, 소리 영역에서 유창성, 융통성, 독창성을 측정했고, 호기심, 민감성, 과제 집착력과 같은 창의적인 성격을 측정했다.

검사 도구 개발 연구를 분석한 결과 창의적 성격은 학년이 올라감에 따라 점차 증가되는 경향을 보였고, 창의적 능력은 불연속적인 발달 경향이 나타났다. 전반적으로 각 하위 요인에서 4학년까지 꾸준히 증가하다가 오히려 5학년에서 더 낮은 점수가 나타나다가 6학년에 와서 다시 상승하는 경향을 보였다.

9) Kirton의 적응-혁신 검사

Kirton(1989)의 적응-혁신 검사Adaptation-Innovation Inventory: KAI는 창의력을 측정한다고 직접적으로 나타나 있지는 않지만, 창의력 관련 논문이나 워크숍에서 자주 언급된다. 이 검사는 사람들이 어떤 문제 상황에 부딪쳤을 때, 자신이 할 수 있고, 이미 알고 있는 방식을 이용해서 문제를 해결하려는 사람(적응자)과 문제를 재조직하고 재구성하려는 사람(혁신자)으로 구분한다. 이 검사를 통해서 창의적인 문제 해결력은 물론 문제를 해결할 때 혁신적 스타일로 해결하는지도 알 수 있다. 적응자와 혁신자는 모두 좋은 점수를 받을 수 있고, 적응과 혁신은 창의적 문제 해결에 포함된다. 그래서 수준뿐만 아니라 문제 해결의 스타일에 의해서도 차이가 발생한다고 볼 수 있다. 혁신적 스타일이라도 보다 창의적으로 동기 유발이 잘 되고, 높은 수준의 위험을 감수하고, 보다 높은 자기 확신이 수반되는 경우에 고도의 생산성에 이르게 된다.

CHAPTER 04

창의력 측정 도구 평가

1. 신뢰도
2. 타당도
3. 창의력 검사 선택
4. 창의력 검사의 실시, 채점 및 해석
5. 창의력 검사 유의 사항
6. 창의력 검사의 기술적인 문제들

CHAPTER 04

창의력 측정 도구 평가

창의력 측정에 대해서 논쟁이 있지만, 창의적인 아동을 판별하거나 창의력 프로그램의 효과를 검증하기 위해서는 창의력 측정 도구를 선택해야 한다. 연구자가 창의력 검사를 선정하고자 할 때는 검사의 목적을 분명히 하여, 이러한 목적에 맞는 적합한 검사에는 어떤 것들이 있는지 조사해 보고, 이 중에서 최적의 검사를 선정해야 한다. 검사 선정을 위해 검사 출판사의 검사 목록이나 홍보 자료뿐 아니라 검사의 안내 책자들을 조사 평가해 보고, 이 검사를 활용한 연구 논문을 찾아볼 필요가 있다.

〈표 4-1〉과 같이 학령기 아동의 측정 도구의 유형은 다양하다. 국내·외 창의력 검사의 종류가 다양하므로 창의력 연구 및 창의적인 아동 판별에 필요한 자료들을 수집하기 위하여 어떤 측정 도구를 사용할 것인가를 결정하는 일은 매우 중요하다. 측정 도구를 잘못 선택하면 연구의 결과를 신뢰하기 어렵기 때문에, 신중하게 선택해야 한다. 자료 수집을 위해 기존의 측정 도구 중에서 적절한 것이 있으면 적절한 것을 선정하여 사용하면 된다. 그러나 기존의 창의력 검사 중에서 사용 목적에 적합한 측정 도구가 없다면, 연구자가 직접 제작하여 사용해야 한다. 이때 신뢰롭고 타당한 측정 도구를 만들기 위해 노력해야 한다.

이와 같이 창의력 측정 도구의 선택은 매우 중요하므로, 좋은 측정 도구가 갖추어야 할 조건인 신뢰도와 타당도를 알아보고, 좋은 창의력 검사란 어떤 검사인지, 창의력 검사의 실시 및 해석은 어떻게 해야 하는 것인지에 대해 알아보고자 한다.

앞서 2장에서는 4P를 중심으로 창의력을 측정할 수 있는 다양한 방법들에 대해 살펴보았다. Fishkin과 Johnson(1988)은 학령기 아동의 창의력 측정 도구를 11가지 유형으로 구분하고, 각각의 용도, 강점, 약점을 〈표 4-1〉과 같이 제시했다. 아울러 11가지 유형별로 학령기 아동들에게 주로 사용되는 60개 검사 도구를 소개했다.

표 4-1 창의력 측정 도구의 유형별 특징

유형	용도	강점	약점
과정 발산적 사고	• 창의적 가능성을 추정 • 인정된 구성 요소(유창성, 독창성, 융통성, 정교성)를 사용 • 창의력 훈련의 효과 측정에 사용	• 수량화 가능한 자료 산출 • 광범위한 점수 유형을 사용하고, 현재의 표준 점수가 있음 • 상당한 타당성의 증거	• 다른 변수에 의해 영향을 받음 • 계획된 상황 하에서 측정 • 개인적 수행은 반영되지 않을 수 있음 • 점수가 서로 의존적일 수 있음
성격 〈자기 보고〉 자아 인식/ 태도	• 창의력에 관해 영향을 미치는 것을 조사 • 다른 출처의 보충 자료 • 여러 가지 도구를 이용해 성향이나 감정적 상태를 평가	• 자아 인식과 자신의 창의력에 대한 느낌에 대한 증거	• 주관적 • 창의력 훈련을 통한 효과에 대해 제한적임 • 타당성의 증거가 제한적임
성격 〈자기 보고〉 전기적/흥미	• 성취와 수행을 평가 • 성향 측정	• 성인에게서 더욱 높은 예언 타당도를 지님 • 관찰 가능한 행동을 나타내는 자료에 근거	• 청소년과 성인에게 더욱 유용함
성격 〈타인에 의한 보고〉 성격, 태도, 전기적	• 창의력에 영향을 미치는 것을 조사 • 창의력 훈련의 효과를 측정하는 데 이용 • 다른 출처의 보충 자료	• 표준화되거나 집단 실시 • 선택형이나 리커트(Likert) 형태의 척도를 주로 사용	• 구성 요소에 친숙하지 못한 사람들의 의견이 반영될 수 있음 • 타당성의 증거가 제한적임

유형	용도	강점	약점
산출물	• 스스로 창안했거나, 복잡한 산출물이거나, 테스트가 불가능한 것에 대한 질을 평가	• 여러 영역에서의 산출물을 평가	• 합의된 준거, 그리고 평가자 간의 훈련/신뢰도가 대개 부족함
환경/상황	• 창의적 환경에 대해 평가	• 교실에서의 창의력을 연구하기 위한 조사 도구	• 잘 연구된 도구와 절차가 부족
조합 측정	• 발산적 사고, 자기 보고; 그리고 다른 사람에 의한 평가를 통합시킨 하나의 도구	• 아이들이 창의적이라 고볼 수 있음직한 것들로 간주되는 다양한 출처에서 모음	• 유용한 조합 측정은 아주 적은 관찰에 기초함 • 불충분한 신뢰도
대안 측정	• 관찰에 근거한 수행, 산출물 측정/척도, 복잡하고 개방적인 행동	• 실생활 과제에 반응하는 비공식적 관찰, 포트폴리오, 교사의 일화 등을 통한 모음	• 창의적 행동을 위한 교실에서의 기회 부여가 필요 조건 • 창의력 수행 측정에 대한 타당성 연구가 거의 없음
창의력과 간접적으로 관련된 성격이나 태도	• 자아 개념, 통제의 소재, 리더십과 같은 구성 요소들에서의 변화를 연구	• 창의력 훈련을 통해 나타난 발산적 사고에서의 변화를 반영	• 개인의 태도와 창의력 사이의 관련 정도에 대한 증거가 제한적임 • 평균적인 기준이 없음
재능-시각 · 예술과 행위예술	• 특수 영역에서의 영재성을 판별	• 영역-특수적 • 추천, 관찰, 포트폴리오 등과 같은 다양한 절차와 방법	• 판단자들의 전문성과 판단의 일관성이 변하기 쉬움
의사 결정을 위한 체계	• 위의 몇 가지 평가 도구로부터 정보를 조사하기 위한 절차	• 복합적인 출처의 정보로부터의 자료를 사용해 적합한 결정을 함 • 창의력의 광범위한 정의가 이용됨	• 사용자들은 아주 단순한 해결법(예를 들어 창의력에 대한 좁은 정의와 단 하나의 측정 도구 등과 같은)을 좋아함 • 사용자들의 훈련이 필요함

출처: Fishkin & Johnson(1988). p. 41.

1. 신뢰도

신뢰도란 한 검사가 측정하고자 하는 내용을 얼마나 정확하게 측정하고 있느냐 하는 정도를 말한다. 즉, 검사를 통해 얻어지는 점수가 측정하는 사람에 따라, 검사 실시 시기에 따라, 또는 검사 문항의 표집에 따라서 점수의 변화 정도가 커다란 변화 없이 안정적으로 일관성 있게 측정하였는지에 관한 문제이다.

어떠한 측정에나 항상 '오차'가 따르게 마련이다. 물건의 무게나 길이를 측정하는 것에 비해 인간의 지능, 창의력, 성격 등을 측정할 때는 측정 오차의 범위도 커지게 된다. 물리학이나 화학 등의 측정에서는 오차를 알아보기 위해 동일한 대상을 수십번 측정할 수 있지만, 측정 대상이 인간인 경우에는 반복 측정이 불가능하므로, 대신에 여러 사람을 동시에 측정하여 여기서 오차의 정도를 추정할 수밖에 없다. 이때 측정 오차가 적으면 적을수록 신뢰도는 높아진다고 할 수 있다.

신뢰도 계수를 추정하는 방법은 측정 도구의 안정성을 측정하는 재검사법, 유사성을 측정하는 동형 검사법, 내적 일관성을 측정하는 반분법과 내적 일치도법이 있다.

1) 검사-재검사 신뢰도 test-retest reliability

검사-재검사 신뢰도는 동일한 검사를 동일한 사람에게 일정 간격을 두고 두 번 실시하여 얻은 두 개의 점수들 사이의 상관 정도를 계산하여 산출함으로써 신뢰도를 추정하는 방법이다. 이것은 일정 기간을 사이에 두고 동일한 검사에서 얻은 점수가 얼마나 변동 없이 안정성을 유지하는가를 알 수 있으므로 안정성의 지표가 된다. 신뢰도 계수는 Pearson 적률 상관 계수로 대치되는데, 상관계수가 높다는 것은 신뢰도가 높다는 것을 의미한다.

창의력 검사와 관련된 검사-재검사 신뢰도에서 유의해야 할 사항이 몇 가지 있다.

(1) 창의력의 안정성

무엇보다도 창의력이라는 심리적 구인이 안정적인 인간행동의 특성인가에 대해 생각해 봐야 한다. 물론 Gordon(1961)이나 Kubie(1958)가 언급한 것처럼 창의력이 감정적인 요인이고, 전의식과 관련이 있다고 본다면, 여기서 우리가 창의력 측정의 안정성에 대해서 언급할 필요도 없는 것이다. 그러나 Guilford의 적성 Aptitude 접근과 같이 창의적인 능력의 안정성을 고려한다면, 창의력의 안정성은 연구되어야 할 부분이다. 또한 창의력이 한 가지 차원이 아니라 다차원인 심리적 구인이라면, 어떤 요인이 더 안정적이고, 덜 안정적인지에 대해서도 연구를 해야 할 것이다.

(2) 검사 실시 간격

재검사 신뢰도는 신뢰도 추정 방법이 간단하다는 장점이 있지만, 검사 실시 간격 설정과 검사를 두 번 해야 한다는 번거로움이 있다. 검사 실시 간격을 짧게 잡으면 길게 잡을 때에 비해 재검사 신뢰도가 높아진다. 그런데 검사 실시 간격을 너무 짧게 잡으면 연습의 효과나 기억 등으로 인하여 영향을 받을 수 있다는 문제가 있고, 또한 너무 길게 잡으면 측정하려는 행동 특성 자체에 변화가 올 수도 있으므로 검사 도구의 특성에 유의해서 검사 실시 간격을 잡아야 한다. 재검사 신뢰도를 위한 검사 실시 간격은 일반적으로 연구 대상의 기억이 소멸되는 2주에서 4주 정도로 설정한다.

그러나 창의력 검사의 경우 적절한 검사 실시 간격을 구체적으로 언급하기 어렵다(Treffinger & Poggio, 1972). 따라서 이와 관련된 연구가 좀 더 심도 있게 진행되어 창의력 검사의 안정성을 밝혀야 할 것이다. 창의력 검사의 안정성을 연구하는 사람들은 검사와 재검사의 간격을 명확하게 설명해야 한다. 나아가서 어느 정도의 검사 실시 간격이 좋은지에 대해서도 좀 더 체계적인 연구가 필요하다.

(3) 동기 유발

창의력 검사와 재검사를 함에 있어서 Torrance(1966)가 지적한 바와 같이 동기 유발적인 요소가 매우 중요하다. 피검자들은 검사를 하고 일정 시간 후에 재검사를 하기 때문에 이때 동기 유발이 되는가 하는 점이 검사의 안정성에 영향을 미칠 수 있다. Torrance(1966)는 연구자들이 실험 연구를 할 경우에 무엇보다도 검사-재검사를 할 때 동기 유발적인 요소를 중요시해야 한다고 역설하고 있다. 즉, 창의력 측정 연구에서 동기 유발적인 요소가 고려되어야 하고, 이런 요소가 잘 통제되어야 한다는 것이다. 따라서 이와 관련된 부분을 명확하게 설명해야 한다.

2) 동형 검사 신뢰도alternate form reliability

동형 검사 신뢰도란 동일한 집단에게 비교적 동일한 시기에 두 개의 서로 유사한 검사 점수들 사이의 상관계수를 스피어만-브라운Spearman-Brown 공식에 적용하여 신뢰도를 추정하는 방법이다. 동형 검사 신뢰도는 두 개의 동형 검사를 동시에 동일한 집단에게 실시하므로, 시험 간격이 문제가 되지 않고 신뢰도 계수 추정이 쉽다는 장점이 있다. 그러나 재검사 신뢰도처럼 검사를 두 번 시행해야 하는 번거로움이 있고, 또한 동형 검사 제작이 어렵다는 단점이 있다.

동형 검사 신뢰도는 계산할 때 가장 중요한 것은 두 개의 검사 도구지가 진정으로 동등한 유형이라는 것이 보장되어야 하는 것이다. 그러므로 동형 검사를 만들 때는 두 검사의 내용과 체제가 동형이 되도록 유의해야 한다. 즉, 동형 검사 간에는 서로의 문항 수, 문항의 내용, 곤란도 등이 유사해야 한다. 그렇다고 해서 두 검사의 문항이 너무 비슷하면 똑같은 검사가 되기 쉽고, 너무 다르면 별개의 두 개의 검사가 되므로 동형 검사를 제작할 때는 이런 점들을 고려하여 제작해야 한다. 창의력 검사의 경우 동형 검사의 형태로 개발된 것은 극히 드물다.

아마도 창의력 검사의 경우 동형 검사를 제작하는 것은 다른 어떤 검사보다도 매우 어려운 일이기 때문인 것 같다. 앞으로 이에 관한 연구가 좀 더 심도 있게 진행되어야 한다.

3) 반분 신뢰도split-half reliability

반분 신뢰도란 검사 내용의 동질성의 정도를 알아보기 위해, 검사를 어느 한 집단에 실시한 다음에 검사 문항을 두 부분으로 나눠서 신뢰도를 알아보는 것이다. 예컨대, 그 검사의 문항을 인위적으로 짝수, 홀수로 나누거나 앞부분, 뒷부분을 나누기도 하고, 무선으로 절반의 문항을 표집하여 나머지 부분을 하나의 검사로 구분하기도 한다. 이때 각각 양분된 두 부분의 문항들을 독립된 검사 도구지로 간주하여 얻은 상관계수를 계산한 값이 반분 신뢰도다. 이때 검사의 문항이 앞부분과 뒷부분이 내용의 특이성과 곤란도의 차이 또는 검사자의 피로 등으로 인하여 두 부분의 점수가 크게 차이가 날 수 있다. 이런 문제를 없애기 위해 짝수 문항과 홀수 문항으로 나누는 방법을 많이 사용한다.

반분 신뢰도를 산출하기 위해서는 두 부분의 검사가 같은 개념을 측정해야 한다. 또한 양분된 두 부분의 검사 문항의 수가 각기 완전한 척도를 이룰 수 있을 만큼 충분해야 한다는 전제 조건이 충족되어야 한다. 이때 독립된 한 부분의 검사 문항의 수는 최소한 8~10개 정도는 되어야 한다. 물론 원래 하나의 검사를 둘로 나누어 마치 두 개의 검사를 실시하는 것처럼 생각하고 이들 간에 상관관계를 내는 것이기 때문에 신뢰도가 과소평가되는 경향이 있어, 스피어만-브라운 공식Spearman-Brown formula에 의해 교정한 공식을 사용한다.

반분 신뢰도는 재검사 신뢰도처럼 시험 간격을 두거나, 동형 검사 신뢰도처럼 두 번 검사를 하는 번거로움이 없다는 장점이 있지만, 검사를 어떻게 양분하는가에 따라 반분 신뢰도 계수가 달리 추정된다는 단점이 있다.

4) 문항 내적 합치도inter-item consistency

반분 신뢰도에서는 한 검사 도구지의 문항을 둘로 나누어 두 부분을 독립된 검사로 간주하여 두 부분 간의 상관관계를 산출했다. 문항 내적 합치도에서는 검사 도구지의 각 문항들을 독립된 한 개의 검사 도구지라고 여기도, 각 문항들의 동질성 · 합치성을 보는 것이다. 즉, 한 검사의 각 문항에 대해 피검사자가 얼마나 일관성 있게 반응하는가는 검사의 문항들이 어느 정도 동질적인가에 따라 결정된다. 그러므로 문항 내적 합치도를 검사의 '동질성 계수' 라고 부르기도 한다.

이러한 방법을 처음 개발한 연구자들이 Kuder와 Richardson이라서 연구자들의 이름을 붙여서 문항 내적 합치도를 '쿠더-리차드슨 신뢰도' 라고도 한다. 문항 내적 합치도는 쿠더와 리차드슨이 제안한 KR-20, KR-21이 있는데, KR-20은 피검사자가 모든 문항을 하나도 빠뜨리지 않고 반응한 경우에만 사용할 수 있어서, 검사자가 일일이 각 문항에 대해 오답률과 정답률을 체크해야 하므로 번거롭다. 그래서 간단하게 전체 검사의 평균과 표준편차만 알면 계산할 수 있는 KR-21이 더 많이 사용된다.

또한 Cronbach 알파를 사용하기도 하는데, 이는 동일한 개념을 측정하기 위해 여러 개의 문항을 이용하는 경우 신뢰도를 떨어뜨리는 문항을 제외시켜 측정 도구의 신뢰도를 높이는 방법이다. 그러므로 연속적으로 점수가 부여되는 문항들의 신뢰도 추정이 가능하며, 공식 유도 과정이 간단하여 신뢰도 추정을 위해 가장 많이 사용한다. 이 방법은 보통 예비 검사나 사전 검사를 통하여 신뢰도가 낮은 문항을 삭제한 후에 본 검사나 본 조사를 위한 측정 도구를 개발할 때 이용하기도 한다. 또한 연구가 종료된 후에 신뢰도가 낮은 문항을 분석하여 제외시킬 때도 사용한다. 일반적으로 알파 계수가 0.6 이상이면 비교적 신뢰도가 높은 것으로 보고 있다.

문항 내적 합치도를 사용할 때 유의해야 할 2가지 사항은 다음과 같다.

첫째, 각 문항의 곤란도가 서로 비슷하지 않은 검사에서 문항 내적 합치도로 신뢰도를 추정하게 되면 그 검사의 신뢰도를 과소 추정할 수도 있다는 점에 유의해야 한다.

둘째, 검사를 하는 데 있어서 속도 요인이 크게 작용하는 검사에서는 문항 내적 합치도를 과대 추정하게 된다는 점에 유의해야 한다.

창의력 검사의 경우 내적 일관성을 알아보는 것이 다른 검사들에 비해 그다지 적절한 것은 아니다. 창의력 검사 중 발산적 사고 검사는 주로 개방식 문항으로 구성되어 있고, 검사 문항이 적어서 이들 문항들에 대해 어떤 사람이 일관성 있게 반응하는지 알아보는 것이 그다지 적절한 것은 아니다. 아직까지 창의력을 측정할 때 내적 일관성을 갖고 있는 창의력 검사를 찾기는 어려운 실정이다. 이런 어려운 점이 있을지라도 창의력 검사의 내적 일관성에 대한 부분은 매우 중요한 것이므로, 많은 연구가 진행되어야 한다.

≫ 측정자 간의 신뢰도 문제

어떤 사람의 창의력을 측정하기 위해서 평가자(전문가, 교사, 관리자 및 동료)는 산출물이나 특성 등에 대해 판단해야 한다. 이때 누가 평가자가 되야 하며, 어떤 점에 대해 평가해야 하는지 신중하게 결정해야 한다. 연구를 하기 위해서일 때나 창의적인 영재를 선발하기 위한 목적일 때, 산출물의 창의적인 정도를 판단하는 사람들 간에 높은 평가자 간의 신뢰도inter judge reliability를 유지하는 것이 매우 중요하다.

어떻게 하면 평가자들이 창의력에 대한 유사한 판단을 할 수 있도록 잘 유지할 것인가에 대한 심층적인 연구가 필요하다. 지금까지의 연구를 보면, 채점자들이 판단을 할 때 창의력 정의와 하위 요인에 대해 자세하게 알려주고 채점을 하도록 하는 경우도 있지만, 창의력 정의의 어떤 내용도 알려주지 않고 알아서 채점하도록 하는 경우(예: Amabile에 의한 '합의적인 평가 방법')도 있다. 어떤 연구에서는 유창성, 융통성, 정교성 및 다양한 창의적인 특성들을 평가하도록 하는 경우도 있지만, 또 다른 연구에서는 창의력과 관련된 그 어떤 기준도 제공하지 않는 경우도 있다. 또한 연구자가 평가자들에게 창의력을 소개하고 이에 대해 평가를 하라고 해도, 복잡한 창의력을 이해하기가 그다지 쉽지는 않다.

그러나 이런 우려에도 불구하고, 지금까지 연구된 결과를 보면 평가자 간의 신뢰도는 비교적 높은 것으로 나타났다(Barlett & Davis, 1974; Karlins, Schuerhoff, & Kaplan, 1969; Ward & Cox, 1974). 평가자 간의 신뢰도와 관련된 연구에서, 창의력을 정의하고 평가하게 한 경우와 그렇지 않은 경우일 때의 평가자 간 신뢰도는 별 차이가 없는 것으로 밝혀졌다(Dredahl, 1956; Karlins, Schuerhoff, & Kaplan, 1969). Drevdahl(1956)의 연구를 보면, 교사 지명에서 어떤 조건을 확실하게 제시하고 지명을 하라고 한 경우와 그렇지 않은 경우에, 가장 창의적인 학생들을 평가함에 있어서 유의한 차이가 없는 것으로 밝혀졌다. Karlins와 그의 동료들(1969)의 연구에서도 창의력의 평정에 대한 정의를 한 경우와 그렇지 않은 경우에 상관관계가 0.97인 것으로 나타났다.

2. 타당도

BOX 3 객관적 창의력/주관적 창의력: 어느 것이 더 우세한가?

창의력을 측정하기 위해 연구자들은 객관적인 방법과 주관적인 방법을 시도했다. 지능을 측정하는 것처럼 객관적으로 창의력을 측정할 수 있다면 많은 사람들의 창의력을 측정할 수 있을 것이다. 그러나 주관적인 방법으로 창의력을 측정한다면 과학적 측면이 떨어질 수 있지만, 창의적인 사람들의 창조 과정을 좀 더 세밀하게 조사할 수 있기 때문에 창의력에 좀 더 가까이 갈 수 있다.

창의력을 측정하는 방법을 들여다보면, 기본적으로는 지능 검사와 유사하다. 창의력이란 모든 사람들이 다 가지고 있는 측정 가능한 능력이라고 가정하고, 이와 같은 검사에서 높은 점수를 얻게 되면 창의력이 높은 것으로 간주하게 된다. 창의력을 측정하는 목적은 다양하지만 그중 한 가지는 학교에서, 기업에서, 군대에서 또는 우주인 후보를 선발하는 목적과 같이 검사 점수가 높은 사람들을 찾아내는 것이다.

그런데 여기서 가장 중요한 것은 창의력 검사가 정말로 창의적인 사람을 찾아낼 수 있는 것이냐에 관한 문제이다. 즉, 검사의 '타당도'에 관한 문제이다. 구인 타당도, 안면 타당도, 예언 타당도 등과 같이 타당도와 관련된 논란은 계속되어 왔다. 특히 예언 타당도에 대한 문제는 가장 큰 비판을 받아 왔다.

타당도란 한 검사가 주어진 목적을 얼마나 충실하게 측정해 주느냐 하는 정도를 의미한다. 즉, 주어진 검사를 어떤 목적으로 사용하느냐에 따라 타당한 검사일 수도 있고, 그렇지 않을 수도 있다. 예컨대 창의력 검사는 창의력 측정에는 타당하지만, 학업 성취도 측정에는 타당하지가 않다. 그러므로 타당도는 좋은 측정 도구가 갖춰야 할 중요한 조건 중의 하나이다.

어떤 길이를 잴 때 자를 사용하는 것에 대해 의문을 가지는 사람은 없겠지만, 인간의 심리적 특성을 측정하기 위해 제작된 다양한 심리검사의 타당성에 대해서는 의문을 가질 수 있다. 그래서 측정 도구의 타당성을 알아보기 위해 어떤 준거가 있어야 한다. 그 준거에 비추어 타당한 것인지 판단을 내릴 수 있기 때문이다.

타당도에 대해서 잘 이해하기 위해 몇 가지 유의 사항을 알아보자. 첫째, 타당도란 특정 목적에 한정되기 때문에, 연구자는 자신이 사용하고 있는 측정 도구가 무엇을 측정하는 데 타당한지 밝혀야 한다(Gronlund & Linn, 1990). 둘째, 타당도는 정도의 문제이므로 타당도가 '있다', '없다' 라는 표현보다는 타당도가 '높다', '낮다', '적절하다' 라는 표현이 바람직하다.

측정 도구의 타당도는 주어진 검사의 어느 측면이 강조되느냐, 또는 타당도의 자료를 수집하는 방법에 따라 타당도를 내용 타당도, 준거 타당도, 구인 타당도 세 가지로 분류하고 있다.

1) 내용 타당도

내용 타당도란 측정 도구가 측정하고자 하는 내용을 얼마나 충실하게 측정하고 있는지 전문가의 논리적 분석을 통하여 평가하는 것이다. 특히 내용 타당도는 학력검사를 제작할 때 많이 사용하는 타당도이다. 즉, 학생들이 학교에서 배운 내용을 얼마나 잘 학습했는지 평가하기 위해 학력검사의 문항들이 교과 내용을 잘 대표하고 있는지 내용 분석을 통해 검토하게 되는 것이다.

그러나 연구 도구가 측정하고자 하는 내용을 잘 담고 있는지, 그 대표성을 확인하는 것은 연구자의 주관적 판단에 의한 것이므로 내용 타당도를 높이기 위해서는 측정 도구가 완성되기 전에 연구 계획 과정에서 내용 타당도를 확보하는 것이 필요하다. 그런데 내용 타당도는 이와 같이 내용을 분석하거나 논리적인 사고에 의하여 판단되기 때문에 수량적으로 표시되지 않는다.

창의력 측정과 관련된 내용 타당도는 이론적으로 어느 정도 문제가 있다. 왜냐하면 창의력의 정의가 매우 다양하고, 보편적으로 받아들여지는 정의가 없기 때문이다. 또한 창의력 검사는 발산적 사고 중심으로 이루어져 있기 때문에 이것만이 창의력 내용의 전부라고 보기도 어렵기 때문이다. 그러므로 이와 같은 내용 타당도의 문제를 해결하기 위해서는 창의력과 관련된 정의들을 잘 통합하여 다수의 사람들이 합의할 수 있는 적절한 개념적이고 조작적인 정의를 찾아야 한다.

또한 창의력 검사의 문항들이 창의력 내용들을 잘 대표해야 하는데, 창의력이라는 심리적 구인을 대표할 수 있는 모집단이 정확하게 무엇인지 밝혀지지 않았기 때문에, 어떤 모집단에서 어떤 것을 표집해야 하는지 불분명하다. 일찍이 이 문제에 대해 Torrance(1966)는 창의적인 사고 능력의 모집단에서 표집할 수 있는 포괄적인 창의력 검사 한 세트를 개발하는 것은 불가능한 것이라고 주장했다.

2) 준거 타당도

준거 타당도란 한 검사의 타당성을 주어진 어떤 경험적 기준을 얼마나 잘 예언하느냐 또는 그 기준과 관계가 있느냐와 같이 주어진 준거에 비추어 검사의 타당도를 확인하는 과정이 된다. 이때 준거가 미래인가 현재인가에 따라서 예언 타당도와 공인 타당도로 구분된다.

(1) 예언 타당도(준거 타당도)

예언 타당도란 해당 검사에서 얻은 점수를 가지고 미래의 준거가 될 만한 행동 특성을 어느 정도로 정확하게 예언할 수 있느냐에 의해 결정되는 방법이다. 즉, 해당 검사에서 얻은 점수가 훗날 이와 관련된 수행 정도나 특성을 예언할 수 있는지를 알아보는 방법이다.

예컨대, 예언 타당도는 유치원 졸업 시기에 학습준비도 검사를 실시하여 초등학교 입학 후의 성적과의 관계를 알아보는 경우이다. 이때 초등학교 성적이 준거가 되며, 이 준거는 검사 실시 후 일정 시간이 지난 후에 수집되는 것이 예언 타당도의 특징이다. 학습준비도 점수가 높은 유아가 초등학교에 입학하여 높은 성적을 얻는다면, 학습준비도 검사가 초등학교의 성적을 예측하는 데 성공했다고 볼 수 있다. 즉, 측정 도구인 학습준비도 검사와 초등학교 입학 성적과의 상관관계가 높다는 것은 측정 도구의 준거에 의한 타당도가 높다는 것을 의미한다.

또 다른 예로 대학원에 입학하려는 학생들에게 GREGraduate Record Examination 검사를 실시하여 대학원에 입학한 후의 성적 및 논문을 작성할 수 있는 능력과의 관계를 알아보는 것도 예언 타당도의 목적을 갖고 있다고 할 수 있다.

만약 창의력 검사가 미래의 창의적인 능력을 예측할 수 없다면, 창의력 검사를 할 필요가 있는가? 발산적 사고 검사를 오랫동안 개발해 온 Torrance는 장기간에 걸쳐서 수없이 많은 아동들을 대상으로 Torrance의 창의력 검사Torrance Tests of Creative Thinking, TTCT를 실시해 왔고, 이들을 대상으로 추후 검사도 실시하여 예언 타당도를 알아보려고 노력했다. 이러한 노력에도 불구하고 Torrance의 TTCT 검사의 예언 타당도 연구 결과는 혼합된 형태로 나타났다(Hocevar, 1980; Torrance & Safter, 1989). 즉, 예언 타당도가 있는 것으로 나타나기도 하고, 예언 타당도가 없거나 낮은 것으로 나타나기도 했다.

전 세계적으로 가장 널리 사용되고 있는 Torrance가 개발한 발산적 사고 위주의 창의력 검사의 예언 타당도에 대해 좀 더 살펴보기로 하자.

지금까지 Torrance의 검사를 사용하여 연구된 것은 2,000건 이상이 되며 이 중에서 타당도와 관련된 연구만 해도 수백 개가 넘는다(Torrance 와 Goof, 1989). 그 중에서 2개의 종단적 연구가 예언 타당도에 관한 연구물이며, 2개의 연구 결과 Torrance 창의력 검사와 창의적인 성취 간에 예언 타당도가 있는 것으로 여겨졌다(Torrance & Goof, 1989).

첫 번째 예언 타당도 연구는 1959년에 고등학생들을 대상으로 시작한 것인데, 12년 후에 220명을 대상으로 창의력 검사 결과와 다양한 창의적 성취와의 관계에 대한 추후 연구를 한 결과 전체적인 타당도는 0.51로 밝혀졌다. 남자의 경우 타당도는 0.59였고, 여자는 0.63으로 나타났다(Torrance, 1972).

두 번째 예언 타당도 연구는 1958년에 초등학생들을 대상으로 시작하여, 20년 후에 220명(118명의 여학생, 102명의 남학생)을 대상으로 예언 타당도를 연구했다. 연구 결과 전체적인 타당도는 0.63으로 나타났고, 남자는 0.62, 여자는 0.57

로 밝혀졌다(Torrance, 1981).

Torrance 검사 외에도 다양한 창의력 검사들이 많이 사용되고 있지만 예언적인 타당도를 갖고 있지 못한 것으로 알려져 왔다(Feldhusen & Goh, 1995). 따라서 앞으로 이에 대한 연구가 좀 더 이루어져야 할 것으로 보인다.

(2) 공인 타당도

공인 타당도는 해당 점수를 타당성이 이미 인정된 기존의 다른 검사에서 얻은 점수 또는 현재의 어떤 준거 변인의 점수와 관련시켜서 둘 사이에 어느 정도 공통성이 있는가를 검토하여 타당도를 결정하는 방법이다.

공인 타당도의 특징은 검사 결과와 준거 자료를 동시에 수집하여 분석하기 때문에 검사와 준거의 시간적 간격이 없다는 점이다. 예컨대, 한 연구자가 집단용 창의력 검사를 제작한 다음에, 기존의 권위 있는 개인용 창의력 검사와의 관계를 분석할 때 사용할 수 있다. 두 검사 점수 간에 상관계수를 산출하여 공통된 요인이 있는가를 알아보는 것이다.

Kathena와 Torrance 및 그들의 동료는 그들이 개발한 창의력 검사의 공인 타당도를 알아보기 위해 연구하였다(Mores 와 Kathena, 1989). 이 연구에서는 특정한 아동기의 행동이 훗날 성인이 되었을 때의 성인의 창의력 간에 어느 정도 공통성이 있는지를 알아보았다.

준거 타당도 사용 시 대개의 경우 예언 타당도보다는 공인 타당도를 사용하고 있다. 왜냐하면 예언 타당도는 오랜 시간이 걸리기 때문에, 기존의 집단에게 실시하는 공인 타당도를 더 많이 사용하고 있다. 창의력 검사의 경우 예언 타당도나 공인 타당도 모두 어떤 준거에 의해 타당도를 측정할 것인가가 매우 중요하다. 일찍이 Taylor(1964)는 이 문제를 제기했고, 준거 타당도에서 어떤 준거로 창의력과의 타당도를 볼 것인가에 대해 많은 연구가 필요하다고 강조했다.

Runco(1986)는 5학년에서 8학년 사이의 영재와 평재들 212명(영재 96명, 평재 116명)을 대상으로 7개의 특별활동 영역(글쓰기, 미술, 공작, 음악, 과학, 공연예술, 대중 발표)에서 영재와 평재들의 창의적인 성취를 알아보았다. 즉, 발산적 사고 검사와 창의적인 성취라는 준거 기준과의 관계를 알아보았는데, 이때 Hocevar(1978)가 개발한 '자기 보고' 식의 창의적 활동과 성취에 관한 설문지와 Wallach가 개발한 발산적 검사를 사용했다. 연구 결과 발산적 사고 검사와 창의적인 성취 간의 관계는 영재들 집단에서는 중간 정도로 관계가 있는 것으로 나타났지만, 평재들의 경우에는 관계가 없는 것으로 나타났다. 즉, 이런 결과에서 발산적 사고 검사는 영재들에게만 준거 기준 타당도가 있는 것으로 볼 수 있다. 영재들의 경우에 있어서도 발산적인 사고는 창의적인 성취의 질적인 면보다 양적인 면에서 훨씬 더 예언이 가능한 것으로 나타났다. 그것도 음악이나 과학과 같은 영역보다 글쓰기, 미술, 공작, 대중 발표와 같은 특별한 영역에서는 창의적인 성취와 발산적 사고의 관계가 매우 높은 것으로 나타났다.

이와 같은 Runco의 연구 결과를 살펴보면, 발산적인 사고 검사는 창의력의 한 부분으로 주로 양적인 면을 측정할 수 있는 검사이기 때문에 당연히 양적인 면에서 예언이 더 가능한 것으로 나타난 것으로 보인다. 창의력은 양적인 면 외에도 질적으로 뛰어난 창의적인 성취도를 포함하기 때문에, 창의력의 준거 기준으로 양적인 면만 측정할 것이 아니라, 문제 발견 능력이나 지구력과 같은 다양한 요인들이 준거로 사용되어야 한다.

3) 구인 타당도

'구인 타당도' 는 측정 도구가 실제로 무엇을 측정하였는가, 또는 연구자가 측정하고자 하는 구인이 실제로 측정 도구에 의해서 적절히 측정되었는가를 판단하는 방법이다. '구인' 이란 심리적 특성이나 행동 양상을 설명하기 위하여 한 이론을 구성하고 있는 체계 속에서 상호 관계를 가지고 있는 심리학적 개념을 의미한다.

창의력을 측정하는 어느 검사의 구인 타당화 과정을 살펴보자. 첫째, 창의력이 무엇을 의미하는지, 그 개념의 의미를 조작적으로 명확히 정의한다. 둘째, 창의력이 높은 사람과 낮은 사람이 각각 구체적으로 어떠한 행동 특성을 나타낼 것이라는 이론적 가설을 세운다. 셋째, 창의력을 측정하기 위해 제작한 검사에서 높은 점수와 낮은 점수를 받은 사람들이 가설에서 예측한 것과 같은 행동 특성을 나타내고 있는지 관찰하고, 그 결과를 토대로 가설을 검증한다.

이와 같이 복잡한 성격을 띠고 있는 창의력 검사 점수의 의미를 심리학적 개념에 따라 분석하는 것이 구인 타당화 과정이다. 즉, 검사가 측정하고자 하는 어떤 속성, 즉 구인에 대한 이론적 가설의 검증을 통하여 그 타당성을 결정하는 것이 구인 타당도이며, 이를 알아보는 과정은 연구의 일반적 과정과 비슷한 관찰이나 실험과 같은 다양한 연구 방법을 사용한다.

구인 타당도를 검증하기 위해서 요인 분석과 같은 통계적 분석을 많이 사용한다. '요인 분석'이란 복잡하고 정의되지 않은 많은 변인들 간의 상호관계를 분석하여, 상관이 높은 변인들을 모아 몇 개의 요인으로 규명하고, 그 요인에 의미를 부여하는 통계적 방법이다. 구인 타당도는 계량적 방법을 통해 객관성을 유지할 수 있고, 구인에 대한 조작적 정의가 어느 정도 타당한지에 대한 정보를 제시할 수 있다는 장점이 있다. Guilford가 창의력의 요인에 대한 연구를 위해서 요인 분석을 한 결과 유창성, 융통성, 독창성, 정교성과 같은 하위 요인을 규명하였다.

구인 타당도는 내용 타당도와 준거 타당도와도 관련이 있다. 즉, 앞에서 언급한 창의력의 정의와 준거 기준과 관련된 문제는 구인 타당도와도 관련이 있다. 창의력이라는 심리적 구인은 창의력이 무엇인지에 관한 이론이 좀 더 탄탄하게 연구가 되고, 이에 따라 창의력을 구성하는 하위 요인이 무엇인지에 관한 객관적인 연구 결과가 확보되어야 그 타당성이 좀 더 입증될 것이다.

구인 타당도와 직접적으로 관련이 있는 것으로 창의력과 지능 간의 관계에 대한 문제를 예로 들 수 있다. 아직도 이 두 가지 심리적 구인 간의 관계가 정확하게 밝혀지지 않은 것이 그렇다고 할 수 있다. 물론 이때 창의력과 지능을 각각 어떻게 정의하느냐에 따라서 두 가지 구인 간의 관계가 달라지겠지만, 아직도 이 두 개념 간의 논쟁은 계속되고 있다.

구인 타당도의 이와 같은 문제를 해결하기 위해서는 좀 더 많은 연구가 이루어져야 한다. 특히 창의력 측정과 관련된 연구들은 주로 간단한 상관 연구들이었으므로, 이 문제를 해결하기 위해서는 다음과 같이 좀 더 심도 있는 연구 방법을 고려해야 한다(Treffinger & Poggio, 1972).

첫째, 창의적 행동과 관련된 복잡한 능력들을 탐구하기 위한 다변량 분석을 시도해야 한다.

둘째, 대규모의 표집, 잘 통제된 연구 상황 및 반복 연구들을 포함하여 실험 연구와 준실험 연구를 시도해야 한다.

셋째, 창의적인 재능에 대한 종단적 연구를 개발하고 적용해야 한다.

4) 타당도 문제

(1) 차별 타당도

창의력을 측정할 때 평가의 '차별 타당도' discriminant validity가 문제 되어 왔다. 즉, 창의력이 지능, 성취도, 적성과 같은 심리적 구인과 차별화가 되는가 하는 문제이다. 지금까지의 연구를 종합해 보면 그렇지 않다. 즉, 창의력 검사는 지능이나 다른 검사와 상관관계가 비교적 높은 것으로 나타났다. 예컨대, Csikszentmihalyi와 Getzel(1970)은 몇 개의 미술 작품의 독창성과 기교 면의 상관관계를 알아본 결과 0.76으로 나타났고, 미술 작품의 독창성과 전반적인 가치의 상관관계를 알아본 결과 0.90으로 매우 높은 것으로 밝혀졌다. Getzel과 Csikszentmihalyi(1964)의 연구에서는 독창성의 평균 평정과 예술적인 잠재 능력과의 평균 평정을 알아봤다. 그 결과 남성의 경우 상관관계가 0.72로 밝혀졌고, 여성의 경우 0.77로 밝혀졌다. Foster(1971)의 연구에서는 유창성, 융통성, 독창성의 평정을 체육, 미술, 모형 제작, 글쓰기와 드라마의 영역과 상관관계를 알아본 결과 대략 0.80 정도로 나타났다.

아이디어 유창성, 독창성, 융통성과 같은 것을 측정하는 발산적 사고 검사는 차별 타당도가 문제가 되는 것으로 밝혀졌다. 그런데 이와 같은 연구들은 주로 평재들을 대상으로 이루어져 왔으므로, Runco(1986)는 영재 97명을 대상으로 발산적 사고 검사의 차별 타당도를 연구했다. 연구 결과 발산적 사고 검사는 영재들에게 있어서도 차별 타당도가 문제가 되는 것으로 나타났다.

이런 연구 결과를 종합해 보면, 앞으로 창의력이 다른 심리적 구인과 차별될 수 있는 타당도 연구가 진행되어야 한다.

(2) 수렴 타당도

차별 타당도 외에 '수렴 타당도' convergent validity에 관한 연구도 필요하다. 앞에서 살펴본 바와 같이 창의력을 측정하는 방법은 매우 다양하다. 이런 다양한 창의력 측정 방법들 간에 서로 상관이 있을 것(즉, 수렴 타당도의 최소 조건을 만족시킬 것)이라 생각되지만, 지금까지의 연구 결과를 종합해 보면 그렇지 않은 것으로 나타났다. 창의력을 측정하기 위해서 다양한 방법을 사용하면 이들 간에 상관이 낮은 것으로 나타났다. Davis와 Belcher(1971)는 22명의 남학생과 29명의 여학생을 대상으로 4가지 방법(널리 알려진 2개의 발산적 사고 검사인 RAT 검사와 Torrance의 창의력 검사, 자서전적 도구인 Alpha Biographical Inventory ABI, 창의적인 행동에 관한 자기 평정척도)을 비교하였다. 연구 결과 남학생과 여학생 모두에게 자서전적 도구와 창의적인 행동에 관한 자기 평정척도를 제외하고, 다른 방법들 간의 상호관계는 매우 낮거나 거의 유의하지 않은 것으로 나타났다. 남학생의 경우 Torrance 창의력 검사와 ABI 검사 간에는 거의 0에 가까운 상관으로 나타났다.

또한 수렴 타당도와 관련하여 발산적 사고 검사와 다른 종류의 창의력 검사 간에 상관관계가 일관성이 없다는 것이 논쟁이 되어 왔다. Torrance(1974)와 Milgram과 Milgram(1976)을 비롯한 여러 연구에서 발산적 사고 검사의 다른 종류의 창의력 검사 간에는 긍정적 상관이 있는 것으로 밝혀졌으나, Gough(1976)의 연구와 Karlins 등(1969)의 연구에서는 관계가 없는 것으로 밝혀졌다. 따라서, 발산적 사고 검사와 다른 종류 간에 긍정적 상관이 있는 것인가에 대해서는 좀 더 심층적인 연구가 진행되어야 한다.

(3) 역치 이론의 타당성

Getzel과 Jackson(1962)의 연구와 Wallach와 Kogan(1965)의 연구에 따라 지능과 창의력 간의 관계에 대한 관심이 증대되었다. Getzel과 Jackson(1962)은 보통 이상의 지능을 얻었을지라도 발산적 사고에서 높은 점수를 얻어야 창의적인 사람이라고 정의했다. 당시에 창의력은 지능과 다른 심리적 구인으로 밝혀지면서, 창의적인 사람들은 보통 이상의 지능은 갖고 있지만, 아주 높은 지능을 지닌 것은 아니라는 것이 밝혀졌다. 그 당시 창의력과 지능 간의 관계에 대한 '역치 이론' threshold theory이 등장했다. 역치 이론이란 지능지수 약 120 정도까지만 창의력과 지능이 서로 관계가 있고(예: Albert와 Elliot, 1973; Anderson, 1960; Barron, 1969; MacKinnon, 1962; Torrance, 1962), 지능지수 120 이상부터는 창의력과 지능이 독립적이라는 것이다. 지능지수 120이라는 설정은 Barron과 Torrance가 설정한 수치였다.

그런데 Runco와 Albert(1986)는 역치 이론은 온당치 못한 것이라고 했다. 그 이유는 지능과 창의력 간의 관계를 알아보기 위한 연구들 중에서 어떤 연구에서는 Stanford-Binet와 같은 지능 검사를 사용했고, 어떤 연구에서는 California Achievement 검사(CAT)를 사용하였기 때문이라고 주장한다. 그 결과 지능이나 성취도 검사는 창의력 검사와 같은 내용을 측정하지 않는 것으로 밝혀졌다. 그러나 초기의 연구자들은 지능이나 성취도가 창의력과 같은 것이라고 가정했고, 이와 같은 잘못된 가정 하에 연구가 수행되었기 때문에 이런 연구들의 결과는 옳지 않다는 것으로 나타났다.

Runco와 Albert(1986)는 그들의 연구에서 5, 6, 7학년 학생 228명(43%는 지능검사 결과 지능지수 130 이상인 영재, 57%는 평재)을 대상으로 California Achievement 검사와 Stanford-Binet 지능 검사 및 Wallach와 Kogan의 검사를 실시했다. 연구 결과 지능이 낮은 집단의 성취도 점수와 창의력 점수 간에는 상관관계가 유의하지 않은 것으로 나타났고, 지능이 높은 집단의 성취도는 창의력과 매우 상관이 높은 것으로 밝혀졌다. 즉, 역치 이론과 정반대의 결과를 얻었고, 이런 연구 결과를 토대로 역치 이론은 잘못된 것이라고 강하게 주장했다.

3. 창의력 검사 선택

교육학을 비롯한 유아교육이나 심리학에서 사용하는 '검사' test란 한 개인의 행동 표집을 통하여 주어진 어떤 심리적 특성을 측정하는 심리 검사를 의미한다. 창의력 검사도 이러한 심리 검사 중의 한 종류다. 창의력 검사를 연구에 사용하기 위해서는 연구의 목적, 대상 연령, 연구 비용, 연구 인력 등을 고려하여 어떤 검사를 사용할지 결정해야 한다. 어떤 창의력 검사의 경우에는 검사 요강을 자세히 숙지해야 하고, 때에 따라서는 검사를 하기 위해 자격증이 필요하기도 하다.

기술 연구에서는 어떤 사건이나 현상을 조사하고 관찰하기 위해서, 실험 연구에서는 실험 처치의 효과를 알아보기 위해서 종속 변인의 변화된 정도를 '검사'를 통해서 측정하게 된다. 이때 사용하는 도구나 방법을 총칭하여 측정 도구라고 한다. 넓은 의미로 볼 때 검사 속에는 질문지, 교사 제작 학습준비도 검사, 평정척도 등이 포함될 수 있으나 좁은 의미로 볼 때 표준화된 측정 절차만을 '검사' 라고 한다. 연구자가 검사를 직접 만들어 사용하는 경우에는 표준화가 되지 않은 검사이기 때문에 측정 도구의 구비 조건을 잘 갖추도록 노력해야 한다. 일반적으로 '표준화된 검사' 에서는 검사 요강에서 신뢰도, 타당도, 표집 방법 등 좋은 검사가 구비해야 될 사항들을 자세하게 제시하고 있어 자료를 수집할 때 표준화 검사를 사용하면 측정 도구의 구비 조건에 크게 신경쓰지 않아도 된다. 여기서는 표준화 심리 검사에 대해서만 다루기로 하겠다.

좋은 창의력 검사란 검사의 제작, 실시, 채점, 해석 방법 등이 표준화되어 있는 것으로 검사 요강이 있는 것에 대해 논의하기로 하자. 즉, 표준화된 창의력 검사에서의 좋은 검사의 기준으로 검사 제작적 요소, 검사 실시 요소, 검사의 측정 측면, 검사의 해석 과정 4가지를 알아보기로 하자.

첫째, 좋은 검사는 '검사의 제작' 측면에서 봤을 때, 검사 제작자가 주어진 검사가 무엇을 측정하고 있는지 명료하게 제시하고 있어야 한다. 또한 검사 제작

과정 및 문항 선정이 어떻게 되었는지 자세하게 설명되어 있어야 한다.

둘째, 좋은 검사는 검사를 실시하기 위한 조건들이 명확하게 제시되어 있어야 한다. 즉, 검사의 지시 사항, 검사 소요 시간, 필요한 경우에 연습문제나 보기 등 응답을 하는 구체적 요령이 타당하게 제시되어 있어야 한다. 또한 검사를 실시하고 난 후에 어떻게 채점을 하는가에 대한 지침이 제시되어 있어야 하고, 이런 지침 사항이 검사를 처음 하는 사람에게도 혼란 없이 잘 할 수 있도록 명료하게 검사 요강에 제시되어 있어야 한다. 특히, 창의력 검사의 경우 검사의 지시 사항에 따라 검사 결과에 차이가 날 수도 있으므로 주의해야 한다. 이에 대해서는 뒤에서 다시 다루기로 하겠다.

셋째, '검사의 측정' 면에 있어서 검사의 신뢰도와 타당도가 있어야 한다. 즉, 주어진 검사가 재고자 하는 것을 일관성 있게 재고 있는지에 대한 신뢰도 측면과, 재고자 하는 것을 충실하게 쟀는지에 관한 타당도 측면에 대한 정보를 제공하고 있어야 한다. 즉, 좋은 검사란 신뢰도와 타당도가 측정론적인 측면에서 충분한 정보를 제공해야 하는 것이 기본적인 요소라고 할 수 있다.

넷째, 검사의 해석적인 면에서 봤을 때 검사 결과를 어떤 의미 있는 형태로 해석할 수 있어야 한다. 즉, 주어진 검사에서의 원점수를 표준 점수로 변환하여 해석할 수 있어야 하고, 이 척도상의 점수 수준이 무엇을 나타내는지 자세하게 명시되어 있어야 한다. 왜냐하면 원점수 그 자체로는 의미를 갖지 못하기 때문에, 개인 간의 상대적 위치를 알기 위해 적절한 규준norm 집단이 있어야 하며, 이런 규준 집단의 점수 분포상에서 어떤 개인의 위치를 나타내기 위한 백분위 또는 표준 점수 등이 제시되어 있어야 한다.

4. 창의력 검사의 실시, 채점 및 해석

표준화된 창의력 검사를 사용하는 것은 시간과 노력을 절약할 수 있고, 신뢰롭과 타당한 연구 결과를 얻을 수 있다는 데 장점이 있다. 검사를 실시한 후에 채점은 채점판에 의해 연구자가 할 수도 있으나 최근에는 수동식 채점은 거의 없고, 컴퓨터에 의한 채점이 가능하게 되어 채점에 드는 노력이 절감되었다.

표준화 검사에서 알아야 할 내용들은 다음과 같다. 검사의 결과를 해석할 때는 원점수로는 의미 있게 해석이 되지 않으므로 다음과 같은 규준, 규준 집단, 백분위 점수, 표준 점수 등을 이해하고 해석해야 한다.

1) 규준 집단

표준화 검사를 제작할 때에 그 검사의 규준을 설정하기 위해 사용되는 집단으로 검사의 적용 대상이 되는 전집 중에서 전집을 잘 대표할 수 있는 표집된 집단이다. 이 표집에게 검사를 실시해서 얻은 점수를 통계적으로 처리하여 표준 점수로 환산하여 해석한다.

2) 규준

검사에서 얻은 점수를 의미 있게 해석하기 위해서는 어떤 주어진 집단의 점수 분포상의 상대적 위치를 알아보아야 하는데, 이러한 상대적 위치를 알려주는 주어진 집단의 점수 분포를 규준norm이라고 한다.

3) 백분위 점수

주어진 원점수에 대한 백분위란, 주어진 집단의 점수 분포상에서 전체 사례의 몇 %가 그 점수 미만에 놓여 있는가를 나타낸다. 예컨대, 어떤 유아의 백분위 점수가 90%라고 하면, 규준 집단에 비추어 보았을 때 이 점수 아래에 전체 유아의 90%가 놓여 있고, 위에 10%가 있다는 것을 의미한다.

4) 표준 점수

원점수를 의미 있게 비교할 수 있도록 해당 점수 분포의 평균과 표준편차를 기준으로 하여 환산한 점수를 말한다. 대표적인 표준 점수로는 Z점수와 T점수가 있다. Z점수는 평균이 0이고, 표준편차가 1인 점수 분포를 이룬다. Z값은 원점수에서 평균 점수를 빼서 표준편차로 나눈 값이다. 공식은 다음과 같다.

$$Z = \frac{\text{원점수} - \text{평균 점수}}{\text{표준편차}}$$

T점수는 Z점수가 －값을 취하거나 소수점을 취하는 불편함을 해소하기 위해 생각해 낸 점수이다. T점수는 Z값에 10을 곱하고 50을 더하여 －값과 소수점을 없앴고, 그 공식은 T=10Z+50이다. 즉, 평균은 50이고 표준편차는 10인 점수 분포를 갖게 된다.

5. 창의력 검사 유의 사항

앞에서 살펴본 바와 같이 창의력을 측정하는 검사는 매우 다양하고, 이런 검사들을 범주화하는 작업도 몇몇 연구자들이 시도했다. 아울러 다양한 검사의 장점과 단점에 대한 연구도 진행되어 왔다. 지금까지 연구되어 온 창의력 측정에 대한 결과를 중심으로 문제점을 살펴보기로 하자. 특히 최근에 Hocevar에 의해 권장되고 있는 '자기 보고식의 창의력 활동과 성취 검사' 와 Amabile에 의해 지지를 받고 있는 '산출물 중심의 검사' 의 제한점을 살펴보면 다음과 같다.

첫째, 자기 보고식의 창의력 활동과 성취 검사

창의력 검사를 8가지로 범주화한 Hocevar(1980)는 자기 보고식의 창의력 활동과 성취 검사가 가장 적절하다고 결론지었다. 그러나 Hocevar의 주장은 비판을 받아 왔다. 특히 자기 보고식의 창의력 활동과 성취 검사는 신뢰도와 타당도가 떨어진다는 비난을 받아 왔고, 이런 방법을 어린 아동들에게 사용할 때는 더욱 신뢰도와 타당도 면에서 문제가 있는 것으로 지적되었다(Brown, 1989). 또한 자기 보고식의 방법은 영역-일반적인 면에서 창의적 활동과 성취를 측정하는 데 사용될 수 있지만, 영역-구체적인 면을 측정하기에는 많은 제한점이 따른다.

둘째, 산출물 중심의 합의적인 평가 방법

전문가들이 주축이 되어 산출물 중심의 검사를 실시하면 아동의 창의력을 비교적 정확하게 측정할 수 있기 때문에 전문가들에 의해 적극적으로 추천되어 온 방법이다. Amabile에 의해 다양한 연구가 되어 온 '합의적인 평가 방법'은 이론적으로는 장점이 있는 것으로 밝혀졌다. 그러나 전문가를 선정하는 문제, 전문가들이 측정을 해야 하는 창의력의 요인들의 다양성, 채점자 간의 신뢰도 문제 및 채점 시간 및 소요되는 경비 등의 문제가 있다.

연구나 상담 및 프로그램 개발 및 적용의 목적으로 창의력 검사를 선택할 때는 다양한 검사 도구를 분석하여 어떤 검사를 선택할 것이지, 어떤 방법으로 창의력을 측정할 것인지 신중하게 생각해야 한다. 구체적으로 창의력 검사와 검사 자료를 선택하기 위해서 다음과 같은 기준을 고려하여 최종적으로 선택해야 한다(Taylor와 Getzel, 1975; Torrance,1974; Torrance와 Goff, 1989).

① 창의력 검사와 검사 자료는 창의력 이론에 부합되어야 한다.

② 창의력 검사와 검사 자료는 실제 세계에서의 성인의 창의적인 행동과 부합되어야 한다.

③ 각각의 창의력 검사는 창의적 행동의 다양한 측면을 표본으로 사용해야 한다.

④ 창의력 검사와 검사 자료는 어른, 청소년, 성인들을 막론하여 흥미를 돋울 수 있어야 한다.

⑤ 창의력 검사와 검사 자료는 사람들이 그들이 했던 다양한 경험들에 비추어 개방적인 반응을 할 수 있어야 한다.

⑥ 교육 자료와 반응들은 유아부터 대학원생은 물론 전문적인 학교에 이르기

까지 교육적으로 적용될 수 있어야 한다.

⑦ 창의력 검사와 검사 자료는 창의적인 사고를 신뢰롭고 의미 있게 해석할 수 있도록 점수가 매겨져야 한다.

⑧ 검사 자료와 실시 방법, 시간 제한과 채점 절차 등은 표준화된 방법으로 학교에서 수월하게 사용할 수 있도록 검사 도구 한 벌로 준비되어야 한다.

창의력 검사 도구와 검사 자료가 결정된 후에 검사자 훈련, 검사의 조건, 창의력 채점자에 대해서도 고려해야 한다.

1) 창의력 검사자 훈련

다른 종류의 검사에 비해서 창의력 검사는 실시하기가 까다롭기 때문에 검사자 훈련이 필요한 경우가 많다. 그런데, 창의력 검사를 실시하는 교사나 창의력 교육을 시키는 사람들 대부분이 창의력 검사나 체크리스트를 실시할 수 있도록 잘 훈련을 받지 못해서, 창의력 검사 실시가 그렇게 쉬운 것은 아니다. 또한 창의력과 관련된 연구 결과가 혼란스럽거나 신뢰도나 타당성이 매우 복잡하기 때문에 검사를 실시하기가 어렵다. 또한 검사를 하는 교사나 교육자 및 연구자가 어떤 검사를 선택하는가에 따라서 매우 달라질 수 있다.

발산적 사고 검사에 비해서 창의력 성격을 측정하는 체크리스트와 같은 검사는 교사가 아동을 관찰한 내용을 체크하기 때문에 다소 수월하지만, 그 외의 과정이나 산출물 등을 측정하는 검사는 검사자가 실시하는 방법에 대해 잘 숙지하고 있어야 한다.

2) 검사의 조건

창의력 검사를 실시할 때 검사의 조건이 매우 중요하다. 이는 검사의 신뢰도에 큰 영향을 미치게 되므로, 창의력 검사를 사용할 때는 검사 유의 사항을 반드시 지켜야만이 신뢰로운 결과를 얻을 수 있다. Lissitz와 Willhoft(1985)는

Torrance의 TTCT 검사가 '검사 지시 사항'에 따라 매우 민감하다고 지적했다. 즉, 검사자의 조정manipulation에 따라 창의력 검사 결과가 다를 수 있다는 것이다. 그러므로 창의력 검사의 지시 사항에 따라 검사 점수가 달라진다는 점에 유의하여, Torrance 검사를 실시할 때 매우 신중하게 사용해야 한다고 경고했다.

만약에 창의력 검사를 실시할 때 어떤 검사자는 가능한 한 독창적인 아이디어를 내라고 격려하고, 어떤 검사자는 독창적인 아이디어에 대한 격려를 하지 않는다면 창의력 검사의 결과는 달라진다. Runco(1986, 1987)의 연구에 의하면 특히 독창적인 반응을 내라고 격려한 경우에는 '유창성'이 높아지는 것으로 밝혀졌다. 창의력 총 점수에서 유창성이 중요한 부분을 차지하기 때문에, 유창성이 증가하면 창의력 총점이 높아지기 마련이다. 이와 같이 검사자의 지시 사항은 창의력 검사의 신뢰도와 관계가 있기 때문에, 동일한 검사 조건을 제시해야 한다.

3) 창의력 채점자

발산적 사고 검사의 경우에는 창의력의 하위 요인(유창성, 융통성, 독창성, 정교성 등)을 채점하기가 까다롭다. 또한 창의력 채점은 객관식 문제처럼 답이 정해져 있는 것이 아니므로, 채점자 간에 서로 다른 점수가 나올 수도 있다. 그러므로 채점자 간inter rater 신뢰도를 알아보는데, 이런 종류의 신뢰도는 몇 명의 채점자가 똑같은 검사를 독립적으로 채점하여 채점자 간 유사한 점수가 나오는지의 정도를 알아보는 것이다.

또 다른 방법으로는 채점하기 어려운 검사를 채점하기 위해서 전체적인 채점 방법wholistic scoring을 사용한다. 예컨대, 몇 명이 같은 검사를 채점하여 평균을 내는 것이며, 이때 가장 높은 점수와 가장 낮은 점수를 제외시킨다. 미국의 AP 과정(Advanced Placement, AP: 고등학교에 진학하면 대학과정을 배우는 기회가 주어져서 영재들은 이 과목을 수강한다)과 같은 경우가 이 방법을 취한다고 할 수 있다.

이와 같은 제한점을 고려하여 창의력 검사를 실시할 때는 다음과 같은 사항에 유의한다.

① 한 가지의 창의력 검사만을 사용할 것이 아니라 몇 가지의 창의력 검사를 하도록 한다.
② 일반적인 창의력만 측정하지 말고, 다양한 영역의 창의력을 알아보기 위해서, 영역-구체적인 창의력을 측정하도록 한다.
③ 창의력을 측정할 때 포트폴리오와 같은 수행평가가 포함되도록 한다.
④ 발산적 사고 검사만을 사용하여 창의력을 측정하지 않도록 한다.
⑤ 실제적인 문제를 사용하여 창의력을 측정하도록 한다.
⑥ 창의력 측정 결과에 따라 적절한 창의력 교육이 이루어지도록 한다.

6. 창의력 검사의 기술적인 문제들

창의력 측정을 함에 있어서 신뢰도, 타당도 및 규준 등과 같은 문제가 있는 것으로 끊임없이 지적되어 왔다(Fishkin & Johnson, 1998; Treffinger, 1987).

창의력에 대한 복잡하고 다면적인 정의, 창의적인 행동에 대한 다양한 측면 등을 고려해 볼 때 많은 연구자들이 창의력 검사와 관련해서 기술적인 문제들을 거론해 왔다. 예컨대, 검사 도구가 제작된 지 너무 오래되었거나, 규준이 아예 없거나, 타당도가 낮은 경우 등이 문제라고 할 수 있다.

Fishkin과 Johnson(1998)은 학령기 아동들에게 적절한 60가지 검사를 소개했는데, 이 검사들은 상업적으로 출판된 것들이다. 이들에 대한 내용들은 정신 측정 연감이나 검사 비평과 같은 자료에 소개되고 있으나 이 검사들 중에는 너무 오래전에 제작되었거나 규준이 아예 없는 것도 있다. 학년과 수준 등에 대한 대표성이 자세하게 설명되어 있지 않아 과연 규준들이 제대로 된 규준인지 알 수 없는 경우도 종종 있다.

따라서 창의력 검사를 사용할 사람들이 어떤 검사를 선택해야 하는지 신중해야 한다. 창의력 검사를 사용하는 사람은 창의력 정의, 창의력의 복합적인 특성, 창의력 검사 사용의 목적 등을 잘 이해할 수 있어야 창의력 검사를 제대로 선택할 수 있다.

입학사정관들 중에는 간혹 "고등학교 학생들을 위해 어떤 창의력 검사를 사용해야 할까요? 한 가지만 알려주세요."와 같은 질문을 하는 경우가 있다. 하지만 이에 답하기 위해서는 많은 설명을 들어야 어떤 검사를 추천할 수 있다. 어떤 목적으로 창의력 검사를 하려고 하는지에 대한 자세한 설명이 필요한 것이다.

창의력은 정의가 다양하고, 창의력의 개념이 다원화되는 추세이기 때문에, 창의력 정의도 중요하고, 창의력 검사의 목적도 중요하다. 실제 검사를 실시할 때, 피검사자의 동기 유발, 인내심, 자신감에 따라 영향을 받기도 하고, 혹은 워밍업의 여부에 따라 검사 결과가 달라지기도 한다. 이런 점을 고려한다면, 창의력 검사를 실시할 때는 다양한 요소를 고려해야 한다.

특히 교사나 부모가 체크를 하는 형식의 검사들은 주관적이기 때문에 검사 점수의 타당도에 대해 신중하게 접근해야 한다. 부모나 교사가 창의력을 어느 정도 이해하고 있는지에 따라 점수가 달라질 것이고, 체크리스트에 얼마나 진지하게 잘 체크했는가에 따라서도 달라질 것이다. 물론 Frasier(1994)가 말한 것처럼 교사 평정척도는 훈련을 통해서 어느 정도 그 타당성을 높일 수도 있다. 그렇지만 창의력 검사의 목적이 학생들을 제외시키기 위한 것보다는 창의적인 학생들을 포함시킬 수 있는 방향을 고려하는 것이라면, 체크리스트와 같은 검사도 충분히 가치가 있다고 할 수 있다.

단일 검사보다는 몇 가지의 검사를 사용하는 것이 좋다. 단일 검사를 사용해서 복잡하고 다면적인 창의력을 측정한다는 것은 창의력 검사를 지나치게 단순하게 생각하는 것이다(Feldhusne & Goh, 1995; Hunsaker & Callahan, 1995). 그렇다면 몇 가지의 창의력 검사를 하는 것이 좋은가? 2가지 이상이면 될까? 아니면 많으면 많을수록 좋은 것일까?

Davis(1989)는 아동의 창의적인 잠재 능력을 측정하기 위해서는 최소한 두 가지 이상은 사용해야 한다고 주장했다. 예컨대 발산적 사고 검사와 창의적인 태도 검사를 하거나 발산적 사고 검사와 대안적인 검사 방법을 사용하는 것이 좋다고 했다. 두 가지 이상 검사를 사용해서 창의적인 생산성creative productivity을 보는 것도 좋다(Fishkin & Johnson, 1998, Oho Department of Education, 1992). 그렇지만 가장 좋은 방법은 복합적인 측정 자료들을 근거로 체계적인 측정을 하는 것이 가장 안전한 방법일 수도 있다(Fishkin & Johnson, 1998).

미국 국립영재교육센터(The National Research Center on the Gifted and Talented, 2002)에서는 창의력 평가 관련 데이터베이스에 100개의 평가 도구를 포함시켰다. 100개에 달하는 평가 도구는 검사tests, 평정척도rating scale, 자기 보고 조사self-report inventories, 체크리스트checklists와 같은 창의력 관련 도구들이다. 이와 같은 데이터베이스를 통해 창의력을 평가할 때, 다음 〈표 4-2〉와 같이 네 개의 자료 출처와 내용으로 창의력 평가의 복합적인 자원을 수집할 수 있음을 제시했다.

표 4-2 창의력 평가의 복합적인 자원

자료 출처	내 용
검사(tests)	• 통제되고 표준화된 조건하에서 실행되는 일련의 구조화된 과제 혹은 질문들로 자신이 창의적으로 생각하거나 반응하는 능력을 평가 • 흔히 검사 자료는 객관적이고 쉽게 수량화되고 비교 가능하기 때문에 신뢰되는 경향이 있지만, 창의력에서는 특히 '객관적으로 점수화' 될 수 있다는 '표준화된' 검사라는 개념이 오히려 논리적 모순일 수도 있음
평가척도 (rating scales)	• 창의력의 특성을 나타내는 자질이나 행동에 대한 구체적이 기술을 제공하는 도구로 다른 사람의 창의력을 평가하도록 함 • 교사, 부모, 멘토, 혹은 다른 성인들에 의해 평가 • 때로는 동료에 의한 평가도 요구됨
자기 보고(self-report) 자료	• 스스로에 대한 질문의 답이나 자신의 기능, 능력, 활동, 행동 등에 대해 주어진 질문의 답을 통해 창의력의 정보를 얻음 • 태도 조사, 개인 점검표, 전기적 조사 등
행동(behavior) 혹은 수행(performance) 자료	• 창의적 산출물, 수행, 업적 등 실제적인 행동을 통해 평가 • 자료를 얻는 방법 –실생활에서의 보고서나 직접적인 관찰 –실생활과 유사하거나 가상적으로 만든 상황에서 과제를 수행할 때 나타나는 개인의 수행

출처: The National Research Center on the Gifted and Talented: NRC/GT, 2002

이와 같이 창의력 검사에 대한 기술적인 문제 및 검사의 선택에 대한 논의는 아직도 계속 이루어지고 있다. 따라서 창의력 검사 도구를 사용하기 위해서는 창의력 정의, 창의력 검사의 대상, 창의력 검사의 목적 등에 따라 적절한 방법을 모색해야 할 것이다.

CHAPTER 05

창의력 측정의 최근 경향

1. 산출물 중심의 창의력 측정
2. 실제적인 문제 중심의 창의력 측정
3. 정형화되지 않은 창의력 검사
4. 수행평가
5. 통합적인 창의력 측정
6. 한국적 창의력

CHAPTER 05

창의력 측정의 최근 경향

1. 산출물 중심의 창의력 측정

최근의 경향을 보면, 영역-구체적인 창의력 검사를 하기 위해서 주로 사용되는 창의력 측정 방법은 합의적인 창의력 측정 방법과 수행평가와 같은 산출물 중심의 창의력 측정 방법이다. 즉, 창의력 측정 방법이 사람person과 관련된 발산적 사고 검사나 성격 검사 등에서 산출물product 중심의 창의력 측정으로 옮아가고 있다는 것을 알 수 있다.

앞서 소개한 바와 같이 산출물 측정의 대표적인 CAT 방법이 영역-구체적인 창의력 측정을 하기 위해서 널리 사용되고 있다. 이와 관련된 구체적인 내용은 본서의 2장을 참고하도록 한다. 영역-구체적인 창의력 측정에서는 이야기 만들기story-telling, 콜라주collage-making 등뿐만 아니라 수학 문제 풀기를 통해서 언어, 예술, 수학 영역의 구체적인 산출물의 창의력을 측정한다. 이때 아동은 주어진 안내에 따라 직접 이야기를 만들고, 콜라주를 만들고, 수학 문제를 풀며, 이에 따른 산출물을 중심으로 창의력을 측정한다. 이때 측정 방법은 전문가 몇 명이 아동이 만든 산출물을 중심으로 합의한 정도에 따라서 창의력의 정도를 측정하게 된다.

앞서 Amabile의 CAT 방법에서 주로 사용한 이야기 완성하기와 콜라주 만들기 방법 및 교육 환경에서 사용해 볼 수 있는 영역별 산출물 평가 방법인 수학, 과학 영역에서 산출물을 검사할 수 있는 방법을 소개하면 다음과 같다.

1) 언어 영역: 새로운 이야기 완성하기

국어 등과 같은 언어 영역에서 창의적인 산출물을 측정하기 위해 기존의 동화를 사용할 수 있다. '콩쥐와 팥쥐' 와 같은 동화의 도입 부문을 지문으로 제공하고 기존의 이야기와 전혀 다른 새로운 이야기로 완성해 보라고 한다. 또는 동화의 마지막 부분을 다 읽게 한 다음 뒷부분을 전혀 다른 이야기로 완성해 보라고 할 수도 있다. 나이가 어린 유아의 경우에는 글자가 없는 그림책을 주고 이야기를 만들어 보게 할 수도 있다.

동화책뿐만 아니라 '시' 나 삼행시를 지어 보게 할 수도 있다. 이와 같이 언어 영역의 창의적인 산출물을 측정하기 위해서 융통성을 발휘할 수 있다.

이야기 완성하기와 같은 영역별 창의력 산출물 검사는 Amabile를 비롯한 여러 연구에서 많은 경험적 연구 결과를 통해 신뢰성과 타당성이 어느 정도 인정되어 비교적 널리 사용되고 있는 방법이다.

2) 미술 영역: 콜라주 만들기

미술 영역의 창의적인 산출물을 측정하기 위해 콜라주를 만들어 보게 한다. 콜라주 만들기에 제공할 색종이의 도형, 크기, 색깔, 개수 등은 연구자의 의도에 따라 정하면 된다. 모든 학생에게 똑같은 모양과 크기의 색종이를 나눠 줄 수도 있고, 50여 개를 봉투에 담아 주고 선택해서 콜라주를 만들게 할 수도 있다. 색종이와 함께 콜라주 작품을 붙일 수 있는 흰 도화지, 풀 등도 준비하여 나눠 주고 재미있고 독창적인 모양의 콜라주 작품을 만들어 보라고 하면 된다.

Amabile의 연구를 비롯한 많은 연구들이 콜라주 만들기 방법을 사용했으며, 창의력 측정에 있어서 어느 정도의 신뢰성과 타당성을 확보하고 있는 방법이다.

3) 수학 영역: 창의적인 수학 문제 만들기

수학 영역의 창의적인 산출물을 측정하기 위해서 재미있는 수학 문제를 가능한 한 많이 만들어 보게 한다. 필요하다면, 중·고등학생의 경우에는 문제 해결을 위한 단서들을 제공하라고 하면 된다.

이 연구는 전경남(2008)을 비롯해 Baer(1991), 한기순(2002, 2003) 등이 연구에서 사용해 왔던 방법으로, 측정자 간의 신뢰도(0.92)가 높게 보고되고 있어 수학 영역의 산출물 검사 방법으로 사용해 볼 수 있다.

4) 과학 영역: 과학적 발명 산출물 검사

과학 영역에서 발생할 만한 문제를 제시하고 발명품을 만들어 보게 한다. 발명품을 만든 후에 제목을 적고 발명품에 사용된 재료와 용도에 대해 작성해 보라고 한다. 김종안(1997), 김명숙(1998) 등이 연구에서 사용한 검사로 일종의 과학적 산출물 검사Creativity Invention Task, CIT로 측정자 간의 높은 신뢰도(0.72~0.87)를 보였다.

2. 실제적인 문제 중심의 창의력 측정

창의력 프로그램을 적용한 후에 창의력이 증진되어, 사전과 사후 검사 점수 간에 통계적으로 유의한 것으로 밝혀졌다고 하자. 그렇다면 프로그램 적용 후에 창의력이 증진되었다고 말할 수 있는가? 통계적으로 유창성, 융통성, 독창성, 정교성과 같은 요인들이 증가되었다고 해서 실제 생활 속에서도 창의력이 전이될 수 있는 것일까? 지금까지의 창의력 검사는 실제 생활 속에서 발생하는 문제들을 중심으로 창의력을 측정하지 않았다.

따라서 아동의 창의력을 측정하기 위해서 영역-구체적이면서, 산출물 중심의 합의적인 측정 방법을 사용할 때, 아동의 가정과 학교 주변에서 일어날 수 있는 문제들을 중심으로 문제를 발견하고 창의적으로 해결할 수 있는 능력을 측정해야 한다는 주장이 제기되어 왔다. 예컨대, 학교나 가정에서 발생할 수 있는 간단한 문제가 포함된 상황을 제시하고 이 상황에서 발생할 수 있는 다양한 문제를 발견하게 하거나, 그 문제를 창의적으로 해결할 수 있는 아이디어를 많이 내도록 하는 것이다. 즉, 실제 생활 속에서 가능한 문제 발견과 문제 해결 중심의 창의력 측정을 시도하고 있다.

Okuda, Runco, Berger(1991) 등이 개발한 실제 생활 관련 발산적 사고 검사 Real-World Divergent Thinking Test에서는 학교와 가정에서 발생할 수 있는 문제 상황을 제시하고 문제 발견과 문제 해결을 하도록 한다. 이에 대해서는 4P 중 과정 process과 관련된 부분에 자세하게 소개되어 있으므로 참고하도록 한다.

3. 정형화되지 않은 창의력 검사

미래의 창의력 연구는 정형화되지 않은 형태의 창의력 정의, 개념, 사람, 과정, 산출물, 환경, 측정에 대한 다양한 연구가 진행될 것이다. 점점 더 산출물들의 가짓수가 많아지고, 그에 따라 어느 한 가지 잣대로 산출물을 평가하기란 너무 어려워질 것이다. 그렇게 되면 개인적인 창의력은 측정하기는 어려울 것이고, Amabile가 주창한 것처럼 산출물의 평가는 그 분야의 전문가가 하면 되기도 하지만, 좀 더 정확한 평가는 산출물을 옆에서 사용하고 즐기는 애청자, 애독자, 물건의 사용자, 소비자들의 측면에서 독창성, 새로움, 대중성, 흥미성(오락성), 문화적인 파급성 등 다양한 기준에 의해 평가될 것이다.

미래의 사람들은 다양화된 문화 속에서 좀 더 다양하고 창의적인 유·무형의 산출물들을 요구하게 되고, 이러한 산출물들에 대한 관심과 사랑의 주기가 짧아지고, 또한 같은 영역 안에서도 다른 영역으로 넘나드는 경우가 많아지기 때문에 음악 안에서 다른 음악으로 이행하기도 하고, 음악에서 미술-비디오의 타 영역 타 장르로 이행하기도 할 것이다(전경원, 2000a).

그러므로 실제로 과학이나 예술 방면에서 창의적인 산출물을 남기는 사람들에게는 그 자신의 창의력이 어느 정도인지를 알아보기 위해 기존의 창의력 측정이나 평가를 한다는 것 자체가 아무런 의미가 없을 수도 있다. 그들에게 창의력 개념이나 측정이 아무런 구속력을 가질 필요도 없는 것이고, 그런 구속을 받지도 않는다. 다만 창의적인 사람으로 길러 내기 위한 교직에 종사하는 사람들과 어떻게 하면 학교와 가정에서 좀 더 창의적인 인간을 길러 낼 것인가를 연구하는 전문가와 아마추어 창의력 연구자들이 만들어 낸 허구의 산출물일 수도 있다. 그래서 창의력은 측정할 수 없다고 주장하는 사람도 나오게 되는 것이고, 1950년대 이후 Guilford가 주장한 창의력 개념이나 측정 방법을 초월해야 한다고 주장하는 사람도 있다.

영역에 따라 각기 다른 창의적인 특성과 능력을 보이고, 산출물을 만들어 내기 위해 각기 다른 환경을 필요로 하지만 신세기에는 이러한 금 긋기조차 불필요한 것이 될 것이다. 기존의 창의력 연구자들이 그들의 관습에 따라 분류하고 범주화시키는 작업들은 연구자들의 몫이었고, 실제 창의력을 발휘하는 사람들에게는 이러한 분류-명명 작업들이 무의미한 것이다. 미래에는 각기 다른 독특하고 다양한 형태의 산출물들이 범람할 것이기 때문에 이러한 창의력 검사 도구지에 대해 왈가왈부하거나, 측정한다는 것 자체를 논의한다는 것이 창의력 연구의 역사 속으로 묻혀 버릴 수도 있다.

창의력이란 특정한 영역에서(예: 음악, 미술, 언어, 동작 등) 독특함을 보이는 것인데, 아마도 미래엔 창의력을 측정하기란 정말 어려울 것 같다. 최근 예술이나 과학 분야에선 기존의 틀을 과감하게 깨고 어떤 영역이라고 말하기 어려운 창의적인 작품과 이론이 나오기 때문에 어떤 잣대로 창의력을 잴 것인가에 대한 문제는 더욱 더 어려워진다. 어려워진다기보다는 어떤 객관적인 준거로 측정할 수가 없어지기 때문에 측정 자체를 할 수 없어질 수도 있다는 것이다.

예컨대 전위 예술가들을 보자. 1960년대 피아노를 쇠톱으로 자르고, 그 위에 올라서서 물통의 물을 뒤집어쓰거나 바이올린을 부숴서 끌고다니던 전위음악가 백남준의 변신 과정을 보자. 그는 자신이 선택한 음악의 길에서 예술의 다양한 실험과 모험을 한 후에 전위미술가로 변신했다가 새 매체인 비디오를 만나 비디오 아티스트로 또 다른 변신을 했다. 백남준과 같이 파격적인 비디오 아트를 보면 그의 작품이 어떤 영역에서의 창의력인지 구분하기 어렵다. 백남준의 예와 비슷한 경우로 재즈 뮤지션으로 출발했지만 지금은 세계가 알아주는 '프리 뮤직'의 대가인 색소폰 연주자 강태환이 있다. 그는 단순한 즉흥 연주를 하는 것이 아니라 애초에 아무런 제약이 없는 것처럼 연주를 한다. 오직 소리를 낸다는 기본적인 조건 하나만으로 연주를 한다는 것이다. 그의 존재는 장르의 구분이나 관습적인 예술 표현 양식이 유효성을 상실한 이 시대에 가히 상징적이다(NEW+ 98/12/31). 백남준과 강태환의 공통점은 모두 기존의 장르나 틀을 깨고 새로운 분야를 개척하는 전위예술가들이다. 이들의 창작품들은 어떻게, 어떤 준거 기준으로 측정하고 평가할 것인가!

최근 미국 브로드웨이에도 진출한 비언어 퍼포먼스 '난타'를 보자. 각종 부엌에서 사용하는 도구들이 등장하여 각종 소리들을 낸다. 이런 소리를 음악적, 예술적 가치가 있는 소리라고 할 수 있는가! 기존의 음악세계에서는 이런 소리를 어떤 창조적인 소리라고 보기는 어려울 수도 있지만, 그 나름대로의 독자성을 가지고 충분히 사람들에게 많은 공감대를 형성하고 즐거움을 가져다 주고 끊임없이 국내외 사람들이 즐긴다면 그것은 분명히 어떤 새로운 영역의 창작물이라고 볼 수 있는 것이다. 이런 식의 퍼포먼스를 어떤 장르라고 딱 꼬집어 말하기는 어려운 것이다. 이와 유사한 예로 최근 등장한 그룹 '푸리'도 특정 악보 없이 그저 듣는 사람이 좋으면 된다는 식의 그런 음악을 만들어 내고 있고, 이런 음악들이 사람들에게 반향을 불러일으킨다는 것이다. '난타'와 같이 아무거나 두드릴 수 있는 것이 있으면 두드리는 것에 대해, 그것도 음악이냐고 묻는 사람도 있겠지만 그들은 음악은 그냥 즐기면 된다는 식으로 이야기한다. 리듬도 전통 리듬에 인도나 아프리카 리듬, 재즈, 스윙, 삼바 등 온갖 리듬이 뒤섞여 있고, 악기는 이 세상의 모든 사물들이다. 때론 그들 자신의 신체를 이용하여 소리를 내기도 한다. 그들은 예술적 잣대로 그들이 평가받는 것을 거부한다.

이를 보면 미래의 창의적인 작품은 개별 예술 간의 경계, 장르와 장르 간의 경계가 허물어지고, 어쩌면 예술작품인 것과 예술작품이 아닌 것을 구분하기조차 어려워질 수도 있다. 예컨대 조각-건축-기계의 경계를 뛰어넘는 그런 조각품도 있다. 이런 조각품은 어떤 영역에 속하는지를 구분하기 어렵다. 그렇게 보면 진정 창의적인 것이란 인간을 행복하게 해 주는 바로 그런 작품, 물건, 소리, 그림, 느낌일 수 있다. 이러한 것을 측정하기란 너무도 어려운 일이다. 다수의 대중들이 좋아하는 것들, 바로 그런 것이 창의적인 작품이 될 수도 있는 것이다.

'제3회 아시아프'의 대상 작품인 김이유 작가의 미디어아트 작품 '무제 part 1'(2010)을 보면 과연 최근 유행하고 있는 미디어아트 작품(미디어아트와 퍼포먼스의 결합 작품)들의 창의력 정도는 어떻게 측정하는 것일까 하는 호기심을 불러일으키게 한다.

김이유(2010)의 '무제 part 1'

4. 수행평가

창의적인 교수-학습 과정에서도 보통 수업과 마찬가지로 아동들을 평가하게 된다. 이러한 평가 과정에서는 교수-학습이 창의력과 고등 사고 능력을 함양하기 위한 것을 잘 평가할 수 있는 방법을 사용해야 한다. 최근에는 전통적인 평가 방법을 지양하고 수행평가performance assessment를 많이 활용하고 있다. 수행평가는 교수-학습 과정 평가에서뿐만 아니라 판별 과정에서도 사용된다. 특히 최근에 Renzulli와 Gardner가 수행평가와 산출물을 바탕으로 한 평가를 하면서 전통적인 평가 방법의 타당성에 대한 의문이 제기되었고, 그 중요성이 부각되고 있다.

1) 수행평가의 정의

수행평가란 진정한 평가authentic assessment, 진실 평가true assessment, 대안적 평가alternative assessment, 지적인 평가intelligent assessment, 실제 평가hands-on assessment, 적절한 평가appropriate assessment 등의 다양한 용어로 사용된다. 미국 기술 평가국(Office of Technology Assessment, 1992)에서는 수형평가를 다음과 같이 정의하고 있다. 수행평가는 학생들이 직접 만들어 낸 산출물이나 직접 작성한 응답이나 행동을 통해서 그들의 지식이나 기능을 평가하는 방식이라고 정의하였다. 수행평가에서는 기존의 객관식 검사를 통해 능력을 평가하는 것이 아니라 학생들이 직접 작성한 반응이나 행동을 통해 그들의 지식이나 기능을 '직접적으로' 측정 · 평가하는 것이다. 즉, 수행평가란 학생 스스로가 지식이나 기능을 나타낼 수 있도록 산출물을 만들거나, 행동으로 나타내거나, 직접 답을 작성하도록 요구하는 평가로서 적절하게 활용하면, 영재 아동들의 학습-과정에서 질 절 평가의 방법이 될 수 있을 것이다.

지금까지 사용되어 왔던 교육 평가 방법에서는 선택형(객관식) 검사였기 때문에 창의적인 아동들의 창의력이나 문제 해결력 및 고등 사고 기능이 발휘될 기회가 부족했다. 전통적으로 창의력을 측정하기 위해서 양적으로 측정해 온 '양적 평가' 를 해왔다. 그렇지만 이제는 창의력 측정 과정과 교수-학습 과정에서 각종 정보를 수집하고 교육적으로 판단하는 '질적 평가' 에 관심을 두도록 하고 있다. 최근 그 중요성이 부각되고 있는 수행평가 기법들은 창의적인 아동들의 질적 평가를 위해 좋은 방법이 될 것이다(Treffinger, 1985).

수행평가는 전통적인 창의력 평가 방식에 비해 교사의 입장에서 몇 가지 어려운 점이 있다. 예컨대 ① 수행평가를 위한 검사의 제작, 실시 및 채점 과정에서 많은 전문성을 요구하고, ② 이를 실시하고 채점하기 위해 인적 · 물적 자원이 많이 필요하고, ③ 채점자의 주관이 개입되어 신뢰도가 떨어지기 쉽다.

2) 수행평가 방법

수행평가 방법은 다양하지만 면접법, 관찰법, 찬 · 반 토론법, 실험 · 실습법, 포트폴리오 등을 주로 사용하고 있다. 창의적인 아동의 경우 보고서 작성물이나 자연스러운 상황에서 실기 평가한 내용들을 토대로 평가하는 것도 좋은 방법이다. 예컨대, 보고서 작성은 창의적인 아동의 학습 활동을 돕기 위한 대표적인 예가 될 수 있다. 흔히 프로젝트법에서 널리 활용되는 '연구 보고서' 작성은, 아동들의 흥미에 따라 주제를 선정하여, 자기 나름대로 다양한 자료를 수집하고 분석 · 종합하고 연구 보고서를 작성하여 제출하는 것이다. 또한 '자연스러운 상황에서의 창의력 평가' 를 할 수 있다. 창의력 검사라는 인위적인 상황에서 창의력을 측정하는 것이 아니라 자연스럽게 학습을 해 나가는 과정 속에서 창의력을 측정할 수 있다. 보고서 작성이나 자연스러운 상황에서 창의력을 평가한 내용들을 포트폴리오에 수집하여 평가할 수 있다. 수행평가 접근 및 방법은 〈표 5-1〉과 같이 다양하다.

표 5-1 수행평가 접근 및 방법

구성적 반응 요구	특정 산출물 요구	특정 활동 요구	과정을 밝힘
• 완성형 문항(빈칸 채우기) • 단답형 문항 • 도표나 그림에 제목 붙이기 • 과제물 제시 • 시각적 자료 제작(개념도나 흐름도, 그래프나 표, 도안 등)	• 수필 • 연구 보고서 • 과제일지 • 실험 보고서 • 이야기/극본 • 시 • 포트폴리오 • 미술 작품 전시 • 과학 프로젝트 • 모형 구성 • 비디오 구성/오디오 구성	• 구두 발표 • 무용/동작 발표 • 과학 실험 시연 • 체육 경기 • 연극 • 토론 • 음악 발표	• 구두 질문 • 관찰 • 면담 • 회의 • 과정 기술 • 생각하는 과정을 말로 표현 • 학습일지

출처: McTighe & Ferrara(1994)

≫≫ 포트폴리오

포트폴리오는 아동에 관한 자료를 수집하는 것과 아동의 학습 및 수행 능력을 향상시키거나 모니터하기 위해 고안되어 평가하는 것으로 구분될 수 있다. 포트폴리오 대한 여러 학자들의 정의를 종합해 보면 포트폴리오란 아동의 학습에 대한 과정과 결과물의 증거물을 보관하는 서류철, 상자, 컴퓨터 디스켓, 사진, 비디오·오디오 녹화물 등 아동과 관련된 개인적인 작품 수집철을 비롯하여, 몇 달에서 1년 또는 그 이상의 기간 동안에 걸쳐 지속적으로 수집되는 자료의 일체를 수집하는 방법을 의미한다(Bird, 1990; Cole, Ryan, & Fick, 1995; Paulson etc, 1991; Wade & Yarbrough, 1996). 이러한 포트폴리오는 아동의 특수한 재능은 물론 흥미, 경험의 폭과 넓이, 과제 집착력, 발달 상황 및 성취도에 대해서 다양한 자료를 담게 된다.

근대에 들어 검사운동의 선구자들은 다양한 검사들이 신뢰도와 타당도를 높이기 위한 연구들을 진행해 왔으나 이러한 표준화 검사에 대한 비판이 제기되고 있어 이에 대한 대안책으로 포트폴리오 방법이 제시되었다. 포트폴리오는 아동의 그림, 원고의 초안, 스케치, 작품과 부모 및 교사의 관찰 내용 등 다양한 자료들이 수집되는 방법으로 미래의 창의력 측정에서 좋은 방법이므로 연구해 볼 만한 가치가 있다.

포트폴리오를 통해서 수집한 자료를 활용하면 다음과 같이 창의적인 아동 판별 시 문제가 되어 왔던 점들이 어느 정도 해결될 수 있을 것이다.

① 다양한 정보원으로부터 다양한 창의력 관련 판별 자료들을 수집할 수 있다.
② 다양한 형태의 창의력 관련 판별 자료들을 수집할 수 있다.
③ 지속적으로 창의적 아동과 관련된 판별 자료를 수집할 수 있다.
④ 흥미와 적성 등을 정확하게 파악하여 적절한 창의력 교육 프로그램에 배치할 수 있다.
⑤ 표준화 검사를 통한 양적 중심의 창의력 측정에서 질적 중심의 자료를 수집할 수 있어 정확한 측정을 할 수 있다.
⑥ 다양한 영역에서 창의적인 결과물뿐만 아니라 과정도 자세하게 알 수 있다.
⑦ 창의력 발달 과정을 일목요연하게 알 수 있다.

3) 의미 있는 과제

Treffinger(1985)는 창의력 측정이 좀 더 과학적이고 체계적으로 진행되기 위해서 양적 연구와 함께 질적 연구가 병행되어야 한다고 강조했다. 그는 질적 연구를 하기 위해서 수행평가를 강조하면서, 그의 창의력 이론인 '생태학적 접근' 에서 창의적인 문제 해결을 수행하기 위하여 이해, 예측, 촉진하는 데 도움을 주는 다차원적인 틀의 발전을 의미하기 위해 profiling이라는 용어를 사용하고 있다. 원래 profile이란 용어는 개인의 특성이나 능력을 개략적으로 묘사하는 협의의 의미를 지니고 있지만 생태학적 접근에서는 다음과 같이 좀 더 광의의 의미로 보고 있다. 예컨대 인지적인 특성, 초인지적 특성 및 인성 특징들의 집합체와 분위기, 문화 같은 '상황 차원', '과정 행동', 산출물이나 결과의 질적인 면을 포함하고 있다. profiling 접근은 일반적인 수행평가의 내용과 유사하지만, 창의적인 아동들의 수행평가를 위해서 '과제' task를 주요한 차원으로 간주하고 있다는 점, 각 차원의 변인들이 창의적인 문제 해결 과정에 독립적으로 존재함과 동시에 서로 상호 연관되어 있는 것으로 본다는 점이 특징이다. 즉, 진정으로 수행평가가 실시되기 위해서는 진정한 교육이 제공되어야 하고 이때 진정한 의미의 과제authentic task가 주어져서 생산적인 사고를 할 수 있어야 한다고 역설하고 있다.

5. 통합적인 창의력 측정

지금까지의 연구를 보면 창의력 측정 검사는 주로 발산적 사고 검사 위주로 연구 및 상담과 창의적인 아동 판별에 주로 사용되어 왔다. 발산적 사고 검사가 많이 사용되어 왔지만, 신뢰도와 타당도 및 실제적인 창의력으로의 전이 문제 등이 제기되어 왔다. 그래서 산출물 중심의 합의적인 평가 방법, 실제 생활 속에서의 창의적인 문제 해결 방법 등과 같은 새로운 측정 방법들이 제시되었다. 또한 지금까지는 주로 사람person과 관련된 인지, 창의적인 성격, 흥미나 태도 내용 중심으로 창의력 검사가 시도되어 왔으나 점차 과정process, 환경press 및 산출물product에도 관심을 갖게 되었다.

그러나 아직도 발산적 사고 검사 위주의 창의력 측정이 가장 많이 사용되고 있고, Runco(1993)가 주장한 것처럼 지금까지 연구되어 축적되어 온 발산적 사고 검사를 소홀히해서도 안 된다. 또한 Runco(1993)는 발산적 사고 검사는 창의적인 사고의 잠재성을 가늠해 보는 데 매우 중요한 역할을 한다고 강조했다. 이런 점을 고려해 볼 때, 창의력 측정을 하기 위해서는 발산적 사고 검사와 같은 사람person의 차원을 측정하고 아울러 실제적인 산출물을 측정하기 위해서 실제 생활 속에서 측정할 수 있는 창의력 검사를 병행하는 것이 좋다고 생각된다.

물론 Davis(1992)가 제시한 것처럼 발산적 사고 검사와 아울러 교사가 측정할 수 있는 창의력 특성 검사 두 가지만 잘 사용해도 창의적인 아동을 판별함에 있어서 매우 효과적일 수 있다. 그러나 지금까지의 창의력 측정 연구 결과를 종합해 보면, 발산적 사고 검사와 더불어 실제 생활 속에서의 산출물 검사를 하거나 포트폴리오를 참고하여 산출물 검사를 하는 것이 적절한 것으로 생각된다. 또한 가능하다면, 구체적인 영역(언어, 과학, 수학, 예술 등)에서 창의적인 행동을 관찰하는 것이 좋다.

영역-일반성과 영역-특수성 관점과 더불어 근래에는 이분법적 사고보다는 통합적 관점이 제기되고 있다. 지금까지의 연구를 종합해 보면, 창의력을 영역-일반성이나 특수성이라고 구분 지어 말하기 어렵고, 오히려 두 가지 특성을 모두 갖고 있다고 보는 관점이 설득력이 있다. 예컨대 Plucker와 Beghetto(2004)는 두 가지 요소들이 분리되어 있다기보다는 혼합적으로 존재한다고 보고 있으며, 이런 요소들은 피상성, 일반성, 특수성, 고착의 과정을 거친다고 했다. 또한 Baer와 Kauffman(2005)은 창의력의 본질을 규정하기 위해, 창의력에 대해 '놀이동산' 이론을 제시했다. 혼합적 입장이나 놀이동산 이론 모두 통합적 관점에 기초하고 있지만, 혼합적 입장은 영역-일반성을, 놀이동산 이론은 영역-특수성에 좀 더 비중을 두고 있다.

이처럼 창의력의 본질을 영역-일반성이나 영역-특수성으로 설명하는 것도 중요하지만, 일생의 어느 시기에 영역-일반성 또는 영역-특수성을 보이는가에 대한 논의도 중요하다(Lubart & Guignard, 2004). 유아기에는 일반적 수준에서 계속 새로운 행동과 개념을 창조하고, 아동기, 성인기가 되면 분화된 창의력이 나타나게 된다. 이런 발달적 관점에서 본다면, 창의력을 증진시키기 위해 유아기에는 영역-일반적인 접근 중심의 교육을 하고, 아동기에는 교과 내용과 창의적인 능력을 혼합한 교육을 하고, 청년기에는 좀 더 전문화된 영역의 지식과 기능 및 창의적인 사고력 교육 등을 통해 구체적이고 과제 중심의 접근을 하는 것이 좋다고 할 수 있다. 그 이후 성인이 되면, 실제 생활 속에서 다양하고 복잡한 문제들을 접하게 되므로, 영역-일반적, 영역-특수적, 과제-특수적인 모든 방법이 총

동원되어야 할 것이다.

1) 발산적 사고

앞서 소개한 바와 같이 발산적 사고의 축적된 연구 결과를 고려하여 유창성, 융통성, 독창성, 정교성 등을 측정할 수 있는 발산적 사고 검사를 사용한다. 이에 대해서는 앞서 자세하게 소개했으므로 4p 중 사람person에 해당하는 부분을 참고하도록 한다.

2) 실제 생활 속에서의 산출물 검사

(1) 포트폴리오

구체적인 영역에서의 포트폴리오를 참고하여 창의력을 측정하도록 한다. 포트폴리오라고 해서 단순히 아동의 과제물이나 작품을 모아 놓은 것을 의미하는 것은 아니다. 포트폴리오란 적어도 어떤 특정 영역(글쓰기, 음악, 미술, 과학 프로젝트 등)에서 목적을 갖고 노력을 기울여 만든 작품을 의미한다. 어떤 경우에는 교사에 의해서 성적이 매겨지기도 하는 매우 중요한 작품집을 의미한다. 포트폴리오를 사용하여 창의력을 측정할 때는 Amabile가 개발한 합의적인 평가 방법이나 Besemer 등이 개발한 산출물 평가 방법을 이용하여 창의력을 측정하는 것이 좋다.

(2) 실제 생활 속의 창의력 검사

기존의 발산적 사고 검사의 단점을 보완하기 위해서 실제 생활 속에서 창의력을 알아볼 수 있는 검사를 실시한다. 예컨대 앞서 소개한 것처럼, 학교나 가정에서 발생할 수 있는 문제가 포함된 상황을 제시하고, 이 상황에서 나타날 수 있는 다양한 문제를 발견하게 하거나, 그 문제를 창의적으로 해결할 수 있는 아이디어를 많이 내도록 하는 창의력 검사를 실시한다.

(3) 관찰

특정한 영역에서 창의적인 행동을 관찰하는 것이 좋다. 창의적인 아동 중에는 학교 환경에서 호전성을 보이거나 권위주의적인 교사로 인해서 창의적인 행동을 나타내지 않는 경우도 있다. 그러므로 아동을 학교 환경에서 관찰하는 것보다, 가정이나 방과 후에 이루어지는 특별활동 시간에 관찰하는 것이 좋다(Pirrto, 1999). 예컨대, 현장 견학이나 창의력 경시대회 및 올림피아드 대회에서 관찰하는 것도 좋은 방법이다. 교사나 부모 또는 과외 활동 지도자 등이 창의적인 행동을 관찰하는 것이 좋다. 이때 행동 관찰 체크리스트 같은 목록을 사용하여 창의적인 행동을 체크하는 것이 좋다.

6. 한국적 창의력

선진국들이 지적 재산권을 중시하는 이유는 창의력만이 사회 발전의 원동력이라고 생각하기 때문이다. 한국이 '짝퉁 천국' 이라는 오명을 벗어야 진정한 창의력이 꽃피울 것이다. 그러면 한국적 창의력은 다른 문화의 창의력과 어떤 차이가 있는가?

인간의 창의력은 그가 속해 있는 사회와 문화에 따라 다르고, 이에 따라 측정 방법도 달라져야 한다. 한국 사람들은 '속도' 에 관심이 많다. 한국인은 창의력 정의를 내릴 때도 빨리 무엇인가를 해내는 일종의 효율성과 같은 개념을 꼭 넣곤 한다. 어려서부터 젓가락을 써 온 한국인들은 섬세한 손놀림을 할 수 있어 IT 관련 일에서 두각을 나타내거나, 컴퓨터 사용 등과 같은 일을 잘할 수 있어, 다른 민족보다 일을 빨리 할 수 있는 남다른 능력이 있다. 얼마 전 뉴욕에서 세계 13개국 대표들이 참가하여 겨룬 'LG 모바일 월드컵' 대회에서 한국 사람들이 미국과 아르헨티나 사람들을 누르고 휴대전화 문자메시지 빨리 보내기 세계 최고의 자리에 올랐다고 한다.

우리는 다른 문화와 차이가 있는 한국적 창의력에 대해 관심을 가져야 한다. 그 동안의 창의력 측정은 서양 방식의 창의력 측정이었지만 우리는 한국인에게 적절한 창의력 측정에 관심을 가져야 한다. 2010년 1월, 잡지 '맘 앤 앙팡'은 "한국적 창의력이 세계를 이끈다"라는 특집 기사를 다뤘다. 저자는 한국적 창의력에 대해 많은 고민을 해 왔는데 마침 특집 기사를 준비하고 있다고 해서 관련 자료들을 제공했다. 한국 사람의 창의력 개념은 다른 민족과 조금 다르다. 중국인이나 미국인이 생각하는 창의력과 한국인이 생각하는 창의력은 개념이 다르다. 창의력 개념은 민족과 문화에 따라 다른데, 한국인이 생각하는 창의력의 개념 중 다른 민족과 구별되는 점은 '빠른 시간 안에 많은 일을 하는 것'이다. 즉, 우리나라 사람들은 어떤 일을 할 때 빠른 것을 좋아하며, 그것을 창의적이라고 생각한다. 그리고 손동작이 정교해 빠른 시간 내에 다른 민족보다 많은 일을 할 수 있는 능력을 갖추고 있다는 특징이 있다.

창의력을 측정한다는 것 자체가 신에 대한 도전일 수도 있겠지만, 사회는 점점 더 창의력을 필요로 하고, 이를 측정할 수 있는 효과적인 방법을 강구하고 있기 때문에 창의력 측정 목적에 따라 이를 잘 활용해야 할 것이다.

한국의 교육과학기술부에서는 2009년 말 개정된 교육과정에 '창의적 체험 활동'이라는 영역이 신설되어 2010년 3월부터 새로운 기록 시스템을 도입한다. 새 학기부터 적용되는 시스템은 초·중·고교생 기록 시스템에 따라 교과 영역은 종전대로 교사가 직접 입력하지만, 신설된 비교과 영역인 '창의적 체험 활동'은 학생 본인이 인터넷망을 통해 직접 입력해야 한다. '창의적 체험 활동' 영역에는 독서·봉사활동·현장 체험과 같은 비교과 영역들이 포함된다. 비교과는 학교 성적 외에 수상 경력, 자격증, 봉사, 현장 체험, 동아리 활동, 임원 경력, 독서 등을 말한다. 이런 기록 자료들이 누적되어 학생들의 진학, 대학 입학사정관 전형, 취업 자료로까지 널리 활용할 예정이라고 한다. 중·고교생은 물론 초등학생들도 자신이 활동한 내용들을 꼼꼼하게 기록하여 대학 입학사정관에게 제출해야 한다.

그렇다면 여기서 의미하는 '창의적 체험 활동'이란 과연 무엇일까? 체험 활동을 할 때 창의적으로 체험한 것만을 의미하는 것일까? 이를 직접 기록해야 하는 학생들에게도 어떤 것을 어떤 방식으로 기록해야 하는지 잘 설명해야 하지 않을까? 단순히 독서를 한 것과 창의적인 독서를 한 것과의 차이를 어떻게 구분할 것인가? 창의적 체험 활동 영역을 별도로 관리하는 시스템이 제대로 작동될 수 있을까 염려된다.

대학 입학사정관은 누적된 자료를 보고 어떻게 평가할 것인가? 학생의 창의력이나 창의력을 어떤 기준으로 측정할 것인가? 취업이나 진학 상담실에서는 창의적 체험 활동 기록 자료를 어떤 시각에서 분석하고 종합하여 평가할 것인가? 즉, 학생 본인이 직접 인터넷망을 통하여 '창의적 체험 활동 종합지원시스템' 에 접속해 자기 소개서와 자율 활동(교내 · 외), 동아리, 봉사, 독서 활동 등을 기록하게 되어 있다. 입시나 취업에 직결되는 '자기소개서' 는 성장 과정과 가정환경, 역경 극복 사례, 지원 동기, 학업 계획, 향후 진로 계획 등에 대해 서술하게 되어 있다. '자율 활동' 영역에서는 자치, 적응, 행사 체험 활동과 학교 창의적 특색 활동을 보고, '동아리 활동' 에서는 학술, 문화예술, 스포츠, 실습 노작, 청소년 단체활동 등을 기록하게 된다. '봉사활동' 에서는 교내 봉사, 지역사회 봉사, 자연환경 보호 캠페인 활동을 반영하고, '진로 활동' 에서는 진로 상담과 진로 탐색 활동 등을 입력해야 하는데 각 활동의 문항별로 200~500자 내로 기록해야 한다.

말하자면, 학생들은 초등학교 1학년 때부터 중 · 고교 시절까지 12년간 자신의 활동을 보여줄 수 있는 자료 수집철, 포토폴리오portfolio를 작성하는 일에 많은 신경을 써야 한다. 창의적 체험 활동과 관련된 문서, 그림, 사진 등을 파일로 첨부할 수 있게 되어 있고, 이때 교사는 승인과 보완 지시, 의견 첨삭을 하게 된다. 이 비교과 기록은 학생부와 함께 계속 남아 평생 학생을 따라다니게 되고, 이 자료는 계속 종합지원시스템에 남아 진학, 입학사정관 전형 및 취업 자료로까지 쓰이게 된다. 즉, 대학 입학사정관이나 기업 면접관은 한 학생이 초등학교 때 무슨 책을 읽었고 어떤 동아리 활동, 봉사활동을 했는지 포트폴리오를 통해 모든 것을 상세하게 들여다볼 수 있게 되는 셈이다.

_참_고_문_헌

김명숙(1998). 창의성 교육 프로그램의 유형 및 관련 변인이 창의성 향상에 미치는 효과. 박사학위논문. 성균관대학교.

김상윤(1998). 유아의 창의성 측정 도구로서의 칠교판 검사 연구. 고신대학, 아동연구, 7, 1-11.

김영채, 전헌선, 박권생(2002). 창의적 문제해결력 향상을 위한 수업 프로그램의 개발과 실험 분석. 교육학 연구, 40(1), 129-158.

김종안(1998). 통합적 접근에 기초한 아동의 창의성 측정 도구 개발. 성균관대학교 박사학위논문.

김혜숙, 최인수(2002). 창의성 구조모형의 검증. 교육심리연구, 16(4), 229-245.

백순근(1999). 수행평가 이론과 실제. 서울: 원미사.

성태제(1995). 타당도와 신뢰도. 서울: 양서원.

양일호, 이효정, 이효녕, 조현준(2009). 과학적 논증 과정 평가를 위한 루브릭 개발. 한국과학교육학회지, 29, 203-220.

우종옥, 이신동, 이경화, 전경원(2003). 초등창의력검사. 서울:대교.

우종옥, 전경원(2004,공역). Creative teachers, creative students. 창의적인 학생. 서울: 창지사.

이정규(2003). 창의성 연구에 있어서 영역성과 측정에 대한 문제점 분석연구, 교육심리연구, 17(4), 315-335.

전경남(1999). 창의성 훈련의 효과에 대한 메타분석. 고려대학교 석사학위 논문.

전경원(1995). 대학생의 창조성 계발을 위한 창조공학 강의계획안 모형. 대학발전 세미나 자료집: 광주대학교 대학발전 연구소, 133-154.

______(1999). 유아용 종합 창의성 검사, K-CCTYC. 서울:학지사.

______(2000a). 동 · 서양의 하모니를 위한 창의학. 서울: 학문사.

______(2000b). 도형 창의성 검사, K-FCTYC. 서울: 학지사.

______(2003). 유아 창의적 특성 검사, K-CTC. 서울: 학지사.

______(2006). 유아의 심리 측정. 서울:창지사.

전경원, 전경남(2008). 초등 도형 창의성 검사, K-FCTES. 서울: 학지사.

전경원, 조칠례(2008). 유아 종합 창의성 검사, K-CCTYC: 문헌분석적 연구와 논문 요약집. 서울: 학지사.

정원식, 이영덕(1969). 간편 창의성 검사 요강. 서울: 코리안 테스팅 센터.

최인수(2000). 유아의 창의성 측정 도구에 관한 고찰. 유아교육연구, 20(2), 139-166.

최인수, 이종구(2004). 창의성 계발을 위한 창의성 검사의 이해와 활용. 서울: 한국 가이던스.

한기순(2000). 창의성의 영역 한정성과 영역 보편성에 관한 분석과 탐구. 영재교육연구, 10(20), 47-69.

Albert, R. S., & Elliot, R. C.(1973). Creative ability and the handling of personal and social conflict among bright sixth graders. *Social Behavior and Personality, 1*, 169-181.

Aleinikov. A., Kackmeister, S., & Koening, R.(Eds.)(2000). *Creating creativity:101 definitions*. Midland, MI: Alden B. Dow Creativity Center, Northwoods University.

Alston, D. J.(1971). A comparison of motor creativity with verbal creativity of black culturally deprived children. *Dissertation Abstracts International, 32*, 2458.

Amabile, T. M.(1982a). Children' s artistic creativity: Detrimental effects of competition in a field setting. *Personality and Social Psychology Bulletin, 8*, 573-578.

______(1982b). Social psychology of creativity: An consensual assessment technique. *Journal of personality and Social Psychology, 43*(5), 997-1013.

____________(1983). *The social psychology of creativity*. New York: Springer-Verlag.

____________(1987). The motivation to be creative. In S.G.Isaksen(Ed.), Frontiers of creativity research: Beyond the basics (pp. 223-254). Buffalo, NY: Bearly Limited.

____________(1995). The personality of creativity. In Joyce, M, Isaksen, S., Puccio, G, Davidson, F., & Coppage, C.(Eds.), An introduction to creativity, (pp. 71-75). Acton, Massachusetts: Copley Publishing Co.

Amabile, T. M., & Gryskiewicz, S. S.(1988). Creative human resource in the R & D laboratory: How environment and personality affect innovation. In R.L. Kuhn (Ed.), Handbook of creative and innovative managers (pp. 501-524). New York: McGraw-Hill.

Anderson, J. E.(1960). The nature of abilities. In E. P. Torrance(Ed.), Talent and education(pp. 91-31). Minneapolis, MN: University Of Minnesota Press.

Andrews, E. G.(1920). The development of imagination in the preschool child. *University of Iowa Studies in Character, 3*(4), 21-25.

Argulewicz, E. N.(1985). Reviews of scales for rating the behavioral characteristics of superior students. In Buros Institute of Mental Measurements. *The Ninth Mental Measurement Yearbook*(Vol. II, pp. 1311-1312). Lincoln, NE: University of Nebraska Press.

Arter, J.(1990). Using portfolios in instruction and assessment: State of the art summary. Northwest Educational Research laboratory 503-275-9562.

_______(2001). Rubric, scoring guides, and performance criteria: Classroom tools for assessing and improving student learning. Paper presented at the annual meeting of the American Educational Research Association (New Orleans, LA, April 24-28, 2000).

Baer, J.(1991). Generality of creativity across performance domains. *Creativity Research Journal, 4*(1), 23-39.

______(1993). *Creativity and divergent thinking*. Hillsdale, NJ: Lawrence Erlbaum.

______(1994). Performance assessments of creativity: Do they have long term stability?

Roeper Review, 17(1), 7-11.

______(1993/1994). Why you shouldn' t trust creativity test. *Educational Leadership, 51*(4), 80-83.

______(1996). The effect of task-specific divergent-thinking training. *The Journal of Creative Behavior, 30*, 183-187.

Baer, J. & Kaufman, J. C.(2005). Whence creativity? Overlapping and dual aspect skills and traits. In J.C. Kaufman and J. Baer(eds.), Creativity across domains (pp. 313-320). Mahwah, NJ: Erlbaum Associates.

Baird, L. L.(1972a). [Review of Torrance Tests of Creative Thinking]. In O.K. Buros(Ed.), The seventh mental measurement yearbook (vol. I, pp. 836-838). Highland Park, NJ: Gryphone Press.

________(1972b). [Review of Remote Associates Test]. In O.K. Buros(Ed.), The seventh mental measurement yearbook (vol. I, pp. 827-829). Highland Park, NJ: Gryphone Press.

Barron, F.(1969). *Creative person, creative process*. New York: Holt, Rinehart, & Winston.

Barlett, M., & Davis, G. A.(1974). Do the Wallach and Kogan tests predict real creative behavior? Perceptual and Motor Skills, 39, 730.

Basadur, M. S., & Finkbeiner, C. T.(1985). Measuring preferences for ideation in creative problem solving. *Journal of Applied Science, 21*, 37-49.

Besemer, S. P., & O' Quin, K.(1987). Creative product analysis: Testing a model by developing a judgment. In S.G.Isaksen (Ed.), Frontiers of creativity research: Beyond the basics (pp. 341-357). Buffalo, NY: Bearly Limited.

Besemer, S. P., & Treffinger, D. J.(1981). Analysis of creative products: Review and synthesis. *Journal of Creative Behavior, 15*, 158-178.

Bolen, L. M.(1976). Effects of race, sex, and kindergarten attendance on the creative thinking of second graders. Unpublished paper, Eastern Carolina University, Greenville, N. C.

Bolton, D. L.(1998). [Review of the Khatena-Torrance Creative Perception Inventory]. In B. S. Plake & J. C. Impara (Eds.), The thirteenth mental measurements yearbook (pp. 575-577). Lincoln, NE: Buros Institute of Mental Measurements. NE: Buros Institute of Mental Measurements.

Buros, O. K.(1989) (Ed.) *The ninth mental measurements yearbook*. Highland Park, NJ: Gryphone Press.

Cicirelli, V. G.(1964). The relationship between measures of creativity, IQ, and academic achievement: Interaction and threshold effects. *Dissertation Abstracts, 25*, 3388.

Cooper, E.(1991). A critique of six measures for assessing creativity. *Journal of Creative*

Behavior, 25(3), 194-204.

Cole, S.(1979). Age and scientific performance. *American Journal of Sociology, 84*, 958-977.

Conti, R., Coon, H., & Amabile, T. M.(1996). Evidence to support the componential model of creativity: Secondary analyses of three studies. *Creativity Research Journal, 9*, 385-389.

Cramond, B.(1994). We can trust creativity tests. *Educational Leadership, 52*(2), 70-71.

__________(1995). The coincidence of attention definit hyperactivity disorder and creativity (RBDM 9508). Storrs, CT: The National Research Center on the Gifted and Talented, University of Connecticut.

Cropley, A. J.(2001). *Creativity in education and learning*. London: Kogan Page.

Csikszentmihalyi, M., & Getzels, J. W.(1970). Concern for discovery: An attitudinal component of creative production. *Journal of Personality, 38*, 91-105.

________________________________(1971). Discovery-oriented behavior and originality of creative products: A study with artists. *Journal of Personality and Social Psychology, 19*, 47-52.

Csikszentmihalyi, M.(1990). *Flow*. New York: Cambridge.

________________(1996). *Creativity: Flow and the psychology of discovery and invention*. New York: Harper Collins.

Damarin, F.(1985). Review of creativity assessment packet. *The Ninth Mental Measurement Yearbook*, 410-411. Lincoln, NB: University of Nebraska.

Davis, G. A.(1975). In famous pursuit of the creative person. *Journal of Creative Behavior, 9*, 75-87.

Davis, G. A.(1986). *Creativity is forever*. Dubuque, Iowa: Kendall/Hunt Publishing Company.

___________(1989). Testing for creative potential. *Contemporary Educational Psychology, 14*, 257-274.

___________(1992). *Creativity is forever*. Dubuque, Iowa: Kendall/Hunt Publishing Company.

Davis, G. A., & Belcher, T.(1971). How shall creativity be measured? Torrance Tests, RAT, Alpha Biographical, and IQ. *Journal of Creative Behavior, 5*(3), 153-161.

Davis, G. A., & Rimm, S.(1982). (GIFFI) I and II: Instruments for identifying creative potential in the junior and senior high school. *Journal of Creative Behavior, 16*(1), 50-57.

Davis, G. A., & Rimm, S. B.(1983). Group Inventory for finding interests(GIFFI) I and II: Instruments for identifying creative potential in the junior and senior high school. *Journal of Creative Behavior, 16*, 50-57.

Dennis, W.(1966). Creative productivity between the ages of 20 and 80 years. *Journal of Gerontology, 21*, 1-8.

Domino, G.(1980). Chinese tangram as a technique to assess creativity. *Journal of Creative Behavior, 14*, 204-213.

Dredahl, J. E.(1956). Factors of importance for creativity. *Journal of Clinical Psychology, 12*, 21-26.

Dudek, S. Z. & Hall, W.(1991). Personality consistency: Eminent architects 25 years later. *Creativity Research Journal, 4*, 213-232.

Ekvall, G.(1983). Climate, structure, and innovativeness of organizations: A theoretical framework and experiment. Stockholm, Sweden: The Swedish Council for management and Work Life Issues.

_________(1991). The organizational culture of idea-management: A creative climate for the management of ideas. In J. Henry & D. Walker(Eds.), Managing innovation (pp. 73-79). London: Sage.

Ekvall, G., & Arvonen, J.(1991). Change-centered leadership: An extension of the dimensional model. *Scandinavian Journal of Management, 7*, 17-26.

Ekvall, G., Arvonen, J., & Waldenstron-Lindblad, I.(1983). Creative organizational climate construction and validation of a measuring instrument. Stockholm, Sweden: The Swedish Council for management and Work Life Issues.

Ekvall, G., & Tangeberg-Anderson, Y.(1986). Working climate and creativity: A study of an innovative newspaper office. *The Journal of Creative Behavior, 20*, 215-225.

Feldhusen, J. F., & Clinkenbeard, P.(1986). Creativity instructional materials: A review of research. *Journal of Creative Behavior, 20*(3), 153-182.

Feldhusen, J. F. & Goh, B. E.(1995). Assessing and accessing creativity: An integrated review of theory research, and development. *Creativity Research Journal, 3*(3), 231-247.

Feldman, D. H.(1994). Beyond universals in cognitive development.(2nd Ed.). Norwood, NJ: Ablex.

Firestien, R. L., & McCowan, R. J.(1988). Creative problem solving and communication behavior in small groups, *Creativity Research Journal, 1*, 106-114.

Fishkin, A. S. & Johnson, A. S.(1998). Who is creative? Identifying children' s creative ability. *Roeper Review, 21*(1), 40-46.

Foster, J.(1971). *Creativity and the teacher*. London: Macmillan.

Frasier, M. M.(1994). The Frasier Talent Assessment Profile(FTAP). A multiple criteria model for the identification and education of gifted students. (University of Georgia, Torrance Center for Creative Studies)

Gallagher, J. J.(1985). *Teaching the gifted child.(3rd ed.)*. Boston: Allyn & Bacon.

Gardner, H.(1983). *Frames of mind: The theory of multiple intelligences*. New York: Basic Books.

__________(1988). Creative lives and creative works: A synthetic approach to creativity. In R. J. Sternberg(ed.), The nature of creativity, pp. 298-324. New York: Cambridge University Press.

Gardner, H.(1993). Creating minds. New York: Basic Books.

__________(2000). 지식기반 사회와 창의성 교육의 과제. 이화여자대학교 사범대학 교원교육 85주년 국제학술심포지움 기조강연.

Getzel, J. W., & Jackson, P.(1962). *Creativity and intelligence*. New York: John Wiley.

Getzels, J. W., & Csikszentmihalyi, M.(1976). *The creative vision: A longitudinal study of problem finding in art*. New York: Wiley.

Gordon, W.(1961). *Synthetics: The development of creative capacity*. New York: Harper and Row.

Gough, H.(1976). Studying creativity by means of word association tests. *Journal of Applied Psychology, 61*, 318-353.

Gough, H. G., & Heilbru., A. B.(1983). *The adjective check list manual*. Palo Alto, CA: Consulting Psychologists Press.

Grant, E. A., & Berg, D. A.(1980). *Wisconsin card scorting test*. Odessa, FL: Psychological Assessment Resources.

Gronlund, N. E., & Linn, R. L.(1990). *Measurement and evaluation in teaching*. New York: Macmillian.

Gryskiewicz, S. S.(1988). Trial by fire in an industrial setting: A practical evaluation of three creative problem-solving techniques. In K. Gronhaug & Kauffman (Eds.), Innovation: A cross-disciplinary perspective (pp. 205-232). Oslo, Norway: Norwegian University Press.

Guilford, J. P.(1950). Address of the president of the American Psychological Association at Pennsylvania State College.

____________(1967a). Creativity: Yesterday, today, and tomorrow. *Journal of Creative Behavior, 1*, 3-14.

____________(1967b). Some theoretical views of creativity. In H. Helson & W. Bevan (Eds.), Contemporary approaches to psychology. Princeton, NJ: Van Nostrd.

____________(1967c). *The nature of human intelligence*. New York: McGraw-Hill.

____________(1968). *Intelligence, creativity, and their educational implications*. San Diego, CA: R. R. Knapp.

Han. K. S.(2003). Domain-specificity of creativity in young children: How quantitative and qualitative data support it. *Journal of Creative Behavior, 37*(2), 117-142.

Han, K. S., & Marvin, C.(2002). Multiple creativities?: Investigating domain-specificity of creativity in young children. *Gifted Child Quarterly, 46*(2), 98-109.

Harms, T., & Clifford, R. M.(1998). *Early childhood environment rating scale*. Winston, VT: Teacher College Press.

Harrington, D. M., Block, J., & Block, J. H.(1983). Predicting creativity in preadolescence from divergent thinking in early childhood. *Journal of Personality and Social Psychology, 45*, 609-623.

Hennessey, B. & Amabile, T.(1988a). Storytelling as a means of assessing creativity. *Journal of Creative Behavior, 22*, 235-247.

____________________(1988b). The conditions of creativity. In R.J. Sternberg (ed.), The nature of creativity, pp. 11-38. New York: Cambridge University Press.

Hennessey, B. A., & Amabile, T. M.(1999). Consensual assessment. In M. A. Runco, & S. R. Pritzker (Eds.) Encyclopedia of creativity, 347-360. Oval Road, London: Academic Press.

Hocevar, D.(1980). Intelligence, divergent thinking, and creativity. *Intelligence, 4*, 25-40.

Hocevar, J. H., & Bachleor, P.(1989). A Taxonomy and critique of measurement used in the study of creativity. In J. A. Glover, R.R. Ronning, C.R. Reynolds(Eds.), Handbook of creativity, NY: Plenum Press.

Hong, E., Milgram, R. M., & Gorsky, H.(1995). Original thinking as a predictor of creative performance in young children. *Roeper Review, 18*(2), 147-149.

Hunsaker, S. L., & Callahan, C. M.(1995). Creativity and giftedness: Published instrument uses and abuses. *Gifted Child Quarterly, 39*, 110-114.

Indiana Association for the Gifted(2002). *A gifted education resource guide for Indiana parents and educators*(2nd ed.).

Isaksen, S. G., Dorval, K. B., & Treffinger, D. J.(1994). Creative approaches to problem solving. Dubuque, IA: Kendall/Hunt.

Isaksen, S. G., Firestien, R. L, Murdock, M. C., Puccio, G. J., & Treffinger, D. J. Eds.(1994). The assessment of creativity: An occasional paper from the creativity based information resource project. Buffalo, N. Y.: The Center for Studies in Creativity.

Isaksen, S. G., Kauffmann, G.(1990). Adaptors and innovators: Different perceptions of the psychological climate for creativity. *Studia Psycholgica, 32*, 129-141.

Isaksen, S. C., Murdock, M. C., Firestein, R. L., & Treffinger, D. J. (Eds.)(1993). *Nurturing and developing creativity: The emergence of a discipline*. Norwood, NJ: Ablex.

Isaksen, S. G., Puccio, G. J., & Treffinger, D. J.(1993). An ecological approach to creativity research: Profiling for creative problem solving. *Journal of Creative, 27*(3), 149-170.

Isaksen, S. G., & Treffinger, D. J.(1985). Creative problem solving: The basic course. Buffalo, NY: Bearly Limited.

Jeon, K. N.(2008). Comparison of the Effects of Divergent Thinking, Domain Knowledge, and Interest on Creative Performance in Art and Math. Unpublished Dissertation. West lafayette, IN: Purdue University.

Johnsen, S. K., & Ryser, G. R.(1996). The validity of portfolios in predicting performance in a gifted program. *Journal for the Education of the Gifted, 20*(3), 253-267.

Karlins, M., Schuerhoff, C., & Kaplan, M.(1969). Some factors related to architectural creativity in graduating architecture students. *Journal of General Psychology, 81*, 203-215.

Khatena, J., & Torrance, E. P.(1976). *Khatena-Torrance creative perception inventory*. Chicago, IL: Stoelting.

Kubie, L.(1958). Creativity and neurosis. In A. Rothenberg and C. Hausman (Ed.s), The creative question(pp. 143-148). Durham, NC: Duke University Press. (Original work published 1958)

Lang, W. S.(1998). [Review of the Khatena-Torrance Creative Perception Inventory]. In B. S. Plake &J. C. Impara (Eds.), The thirteenth mental measurements yearbook (pp. 577-578). Lincoln, NE: Buros Institute of Mental Measurements.

Lehman, H. C.(1953). Age and achievement. Princeton, NJ: Princeton University Press.

__________(1966). The psychologist' s most creative years. *Psychology, 21*, 363-369.

Lindauer, M. S.(1993). The span of creativity among long-lived historical artists. Creativity Research Journal, 6, 221-239.

Lissitz, R., & Willhoft, J.(1985). A methodological study of the Torrance Tests of Creativity. *Journal of Educational Measurement, 22*, 1-11.

Lubart, T. I.(1994). Creativity. In E. C. Carterette & M. P. Friedman(general eds.), The handbook of perceptions and cognition, vol.12 (R. J. Sternberg, vol. ed.) (pp. 289-332). New York: Academic Press.

Lubart, T. I. & Guignard, J.(2004). The generality-specificity of creativity: A multivariate approach. In R. J. Sternberg, E. L. Grigorenko, & J. L. Singer(eds.), Creativity from potential to realization(pp. 43-56). Washington, DC: American Psychological Association.

Mednick, S. A.(1962). The associative basis of the creative process. *Psychological Review, 69*, 220-227, 232.

__________(1967). Remote Associate Test. Remote Associates Test: Examiners manual. Boston: Houghton Mifflin.

Mednick, S. A., & Mednick, M. T.(1967). *Examiner' s manual, Remote Associates Test*. Boston, MA: Houghton Mifflin.

MacKinnon, D.(1962). *The nature and nurture of creative potential. American Psychologist, 17*, 484-495.

MacKinnon, D. W.(1978). *In search of human effectiveness: Identifying and developing creativity*. Buffalo: NY: Creative Education Foundation.

_______________(1995a). Recapitulation: What makes a person creative? In Joyce, M, Isaksen, S., Puccio, G, Davidson, F., & Coppage, C.(Eds.), An introduction to creativity, (pp. 82-88). Acton, Massachusetts: Copley Publishing Co.

_______________(1995b). The creative product. In Joyce, M., Isaksen, S. Puccio, G., Davidson, F., Coppage, C. (Eds.), Introduction to creativity (pp. 146-148). Acton, Mass: Copley Publishing Group.

Maslow, A. H. (1954). *Motivation and personality*. New York: Harper & Row.

McMillan, J. H.(1997). *Classroom assessment: Principles and practice for effective instruction*. Boston: Allyn & Bacon.

McTighe, J. & Ferrara, S.(1994). *Assessing learning in the classroom*. Washington, D.C.: National Education Association.

Mertler, C. A.(2001). Designing scoring rubrics for your classroom.

Milgram, R., & Milgram, N. A.(1976). Creative thinking and creative performance in Israeli children. *Journal of Educational Psychology, 68*, 255-259.

Mooney, R. L.(1963). A conceptual model for integrating four approaches to the identification of creative talent. In C.W. Taylor & F. Barron (Eds.), Scientific creativity: its recognition and development (pp. 331-340). New York: Wiley.

Mores, D., & Kathena, J.(1989). The relationship of creativity and life accomplishments. *Journal of Creative Behavior, 23*, 23-30.

Ohio Department of Education(1992). *Model for the identification of creative-thinking ability*. Columbus, OH: Author.

Okuda, S. M., Runco, M. A., & Berger, D. E.(1991). Creativity and the finding and solving of real-world problems. *Journal of Psychoeducational Assessment, 9*, 45-53.

Osborn, A.(1953). Applied Imagination. New York: Scribner' s.

Parnes, S. J., & Meadow, A.(1959). Effects of brainstorming instructions on creative problem-solving by trained and untrained subjects. *Journal of Educational Psychology, 50*, 171-176.

Parnes, S. J., & Noller, R. B.(1973). Applied creativity: The creative studies project: Part IV-Personality findings and conclusions. *Journal of Creative Behavior, 7*, 15-36.

Patrick, C.(1935). Creative thought in poets. In R. Woodworth(Ed.), *Archives of Psychology, 178*, 1-74.

__________(1937). Creative thought in artists. *Journal of Psychology, 4*, 35-73.

Paulson, F. L., Paulson, P. R., & Meyer, C. A.(1991). What makes a portfolio? *Educational Leadership, 48*(5), 60-63.

Pershyn, G.(1992). An investigation into the graphic depictions of natural creative problem solving processes. Unpublished master' s thesis, Buffalo State College, Buffalo, NY.

Piirto, J.(1992). The existence of writing prodigy: Children with extraordinary writing talent. In N. Colangelo, S. G. Assouline & D. L. Ambroson(Eds.), Talent development: Proceedings from the 1991 Henry B. and Joycelyn Wallace National Research Symposium on Talent Development (pp. 387-389). Iowa City, IA: University of Iowa.

________(1998). *Understanding those who create*. Dayton, OH: Ohio Psychology Press.

________(1999). *Talented children and adults: Their development and education(2nd ed)*. Columbus, OH: Merril and Prentice Hall.

________(2004). *Understanding creativity*. Scottsdale, AZ: Great Potential Press.

Plucker, J.(1999). Is the proof in the pudding? Reanalyses of Torrance' s(1985 to present) longitudinal data. *Creativity Research Journal, 12*, 103-114.

Plucker, J. A. & Beghetto, R. A.(2004). Why creativity is domain general, why it looks domain specific, and why the distinction doesn' t matter. In In R. J. Sternberg, E. L. Grigorenko, & J. L. Singer(eds.), Creativity from potential to realization(pp. 153-167). Washington, DC: American Psychological Association.

Puccio, J. G., & Murdock, C. M.(1999). *Creativity assessment: Reading and resources*. Buffalo, NY: CEF Press.

Raven, J.(1984). *Competence in modern society: Its identification, development, and release*. London: H. K. Lewis & Co. Ltd.

Reis, S. M., & Renzulli, J. S.(1991). The assessment of creative products in programs for gifted and talented students. *Gifted Child Quarterly, 35*(3), 128-134.

Renzulli, J., & Hartman, R.(1971). Scales for rating the behavioral characteristics of superior students. *Exceptional Children, 38*, 243-248.

Rhodes, M.(1961). An analysis of creativity. *Phi Delta Kappan, 42*, 305-310.

Rimm, S.(1976). *Group inventory for finding creative talent*. Watertown, Wis.: Educational Assessment Service.

Rimm, S. B.(1982). *PRIDE: Preschool interest descriptor*. Watertown, WI: Educational Assessment Service.

Rimm, S. B., & Davis, G. A.(1976). GIFT: An Instrument for the identification of creativity. *Journal of Creative Behavior, 10*, 178-182.

Ripple, R. E. & Jaquish, G. A.(1982). Developmental aspects of ideational fluency, flexibility, and originality: South Africa and the United States. *South African Journal of Psychology, 12*, 95-100.

Roe, A.(1952). *The making of a scientist*. New York: Dodd, Mead.

Rogers, C.(1954). Towards a theory of creativity. *ETC: A Review of General Semantics, 11*,

249-260.

________(1959). Toward a theory of creativity. In H. H. Anderson, (ed.), *Creativity and its cultivation*, pp. 69-82. New York: Harper & Brothers.

Rogers, C. R.(1962). Toward a theory of creativity. In S. J. parnes & H. F. Harding(Eds.), *A source book for creative thinking*. New York: Scribner' s

Rohrmann, B.(2002). Verbal qualifiers for rating scales: Sociologistic considerations and psychometric data.

Runco, M.(1986). Maximal performance on divergent thinking tests by gifted, talented, and nongifted children. *Psychology in The Schools, 23*, 308-315.

________(1987). The generality of creative performance in gifted and non gifted children. *Gifted Child Quarterly, 31*, 121-125.

Runco, M. A.(1993). Divergent thinking, creativity, and giftedness. *Gifted Child Quarterly, 37*(1), 16-22.

Runco, M., & Albert, R.(1986). The threshold theory regarding creativity and intelligence: An empirical test with gifted and nongifted children. *The Creative Child And Adult Quarterly, 11*, 212-218.

Runco, M. A. & Charles, R.(1997). Developmental trends in creative potential and creative performance. In M. A. Runco(ed.), Creative research handbook(pp.115-152). Cresskill, NJ: Hampton Press.

Runco, M. A., & Okuda, S. M.(1988). Problem discovery, divergent thinking and the creative process. *Journal of Youth and Adolescence, 17*(3), 211-220.

Runco, M. A., & Pritzker, S. R.(1999). *Encyclopedia, vol. II*, San Diego:Academic Press.

________________________(1999). *Encyclopedia of creativity*. San Diego, Cal.: Academic Press.

Siegel, S. M., & Kaemmer, W. F.(1978). Measured and perceived support for innovation in organizations. *Journal of Applied Psychology, 63*, 553-562.

Simonton, D. K.(1975). Age and literary creativity: A cross-cultural and transhistorical survey. *Journal of Cross Cultural Psychology, 6*, 259-277.

______________(1984). *Genius, creativity and leadership*. Cambridge, MA: Harvard University Press.

______________(1988). Creativity, leadership, and chance. In R. J. Sternberg, (Ed.), The nature of creativity: Contemporary psychological perspectives, pp. 386-426. New York: Cambridge University Press.

______________(1994). *Greatness*. New York: Guilford.

______________(1997). Creative productivity: A predictive and explanatory model of career trajectories and landmarks. *Psychological Review, 104*(1), 66-89.

Starkweather, E. K.(1976). Creativity research instruments designed for use with preschool children. In Biondi, A. M., & Parnes, S. J. (Eds.), Assessing creative growth: The tests-Book one. Buffalo: Creative Education Foundation.

_______________(1968). Studies of the creative potential of young children. In Williams, F. E. (Ed.), Creativity at home and in school. St. Paul, Minn.: Macalester Creativity Project, Macalester College.

Stein, M. I.(1968). Creativity. In E. F. Borgatta & W. W. Lambert, eds., Handbook of personality theory and research, pp. 900-942. Chicago, IL: Rand McNally.

Sternberg, R. J.(Ed.)(1988). *The nature of creativity*. Cambridge: Cambridge University Press.

Sternberg, R. J.(1989). A three-facet model of creativity. In R. J. Sternberg(Ed.), The nature of creativity: Contemporary psychological perspectives (pp. 125-147). NY: Cambridge University Press.

____________(1995). *Investing in creativity: Many happy returns*. Educationa Leadership, December, 80-84.

Sternberg, R. & Davidson, J.(Eds.) (1986). *Conceptions of giftedness*. New York: Cambridge.

Sternberg, R. J., & Lubart, T. I.(1991). An investment theory of creativity and its development. *Human Development, 34*(1), 131.

____________________________(1995). *Defying the crowd*. New York: Free Press.

____________________________(1996). Creative giftedness: A multivariate investment approach. *Gifted Child Quarterly, 37*(1), 7-15.

Sudhir, M. R., & Khangte, V.(1991). Testing creativity in India. *The Journal of Creative Behavior, 25*(1), 27-30.

Talbot, R., Cooper, C., & Barrow, S.(1992). Creativity and stress. *Creativity and Innovation Management, 1*, 183-193.

Talbot, R. J., & Richards, T.(1984). Developing creativity. In C. Cox, & J. Beck, (eds.), *Management development: Advances in theory and practice*, pp. 93-121.

Tannenbaum, A. J.(1983). *Gifted children: Psychological and educational perspectives*. NY: Macmillan Pub. Co.

Taylor, C. W.(1964a). (Ed.). Creativity: Progress and potential. NYC: McGraw-Hill.

___________(1964b). (Ed.). *Widening horizons in creativity*. NYC: John Wiley.

Taylor, C. W., & Getzel, J. W.(1975). *Perspectives in creativity*. Chicago: Aldine Publishing Company.

Torrance, E. P.(1962). *Guiding creative talent*. Englewood Cliffs, N.J.: Prentice-Hall.

____________(1963a). *Education and the creative potential*. Minneapolis: University of Minnesota Press.

____________(1963b). Toward the more humane education of gifted children. *Gifted*

Child Quarterly, 6, 71-75.

____________(1966). *Norms-technical manual: Torrance Tests of Creative Thinking* (Research Edition) Bensenville, Ill.: Scholastic Testing Service, Inc.

____________(1972a). Can we teach children to think creatively? *Journal of Creative Behavior, 6*(2), 114-143.

____________(1972b). Predictive validity of the Torrance Tests of Creative Thinking. *Journal of Creative Behavior, 6*, pp. 236-252.

____________(1974). *Torrance tests of creative thinking: Directions manual and scoring guide*(Verbal test booklet A, B). Scholastic Testing Service, Inc.

____________(1981). *Thinking creatively in action and movement*. Bensenville, I11.: Scholastic Testing Service, Inc.

____________(1988). The nature of creativity as manifest in its testing. In Sternberg, R. J.(Ed.), *The nature of creativity*(pp. 43-75). Cambridge: Cambridge University Press.

Torrance, E. P. & Goff, K.(1989). A quiet revolution. *Journal of Creative Behavior, 23*, 112-118.

Torrance, E., & Safter, H. T.(1989). The long range predictive validity of the Just Suppose Test. *Journal of Creative Behavior, 23*, 219-223.

Treffinger, D. J.(1985). Review of the Torrance Test of Creative Thinking. *The Ninth Mental Measurement Yearbook*, 1632-1634. Lincoln, NB: University of Nebraska.

____________(1987). Research on creativity assessment. In S. G. Isaksen(Ed.), Frontiers of creativity research: Beyond the basics (pp. 103-119). Buffalo, NY: Bearly Limited.

____________(1988). Learning styles and thinking skills: Exploring the connections. *Creative Learning Today, 2*(1), 4-5.

____________(1989). *Student invention evaluation kit: Field test edition*. Saratora, FL: Center for Creative Learning

____________(1991). Creative productivity: Understanding its sources and nurture. *Illinois Council for the Gifted Journal, 10*, 6-8.

Treffinger, D. G., & Poggio, J. P.(1972). Needed research on the measurement of creativity. *Journal of Creative Behavior, 6*, 253-267.

Torrnace, E. P., & Presbury, J.(1984). The criteria of success used in 242 recent experimental studies of creativity. *Creative Child and Adult Quarterly, 9*(4), 238-242.

Treffinger, D. J., Renzulli, J. S., & Feldhusen, J. F.(1971). Problems in the assessment of creative behavior. *Journal of Creative Behavior, 5*(2), 104-112.

Treffinger, D. J., Sortore, M. R., & Tallman, M.(1992). *The CPS evaluation sourcebook: Practical resources for evaluating Creative Problem Solving outcomes*. Saratora, FL: Center for Creative Learning.

Treffinger, D. J., Sortore, M. R., & Cross, J. C.(1993). *Dimensions of creativity*. Saratora, FL: Center for Creative Learning.

Urban, K. K., & Jellen, H. G.(1995). *Test for creative thinking-drawing production*. Lisse, The Netherlands.: Swet & Zeitlinger.

Vernon, P. E.(1985). [Review of the Khatena-Torrance Creative Perception Inventory]. In O.K. Buros(Ed.) *The ninth mental measurements yearbook* (pp. 788-789). Highland Park, NJ: Gryphone Press.

Wade, R. C., Yarbrough, D. B.(1996). Portfolios: A tool for reflecting thinking in teacher education. *Teaching and Teacher Education, 12*(1), 63-79.

Wagner, E. E.(1959). *Hand test*. Los Angeles, CA: Western Psychological Services.

Wakefield, J. F.(1985). Towards creativity: Problem finding in a divergent-thinking exercise. *Child Study Journal, 15*, 265-270.

______________(1986). Creativity and TAT blanf card. *Journal of Creative Behavior, 20*(2), 127-133.

______________(1988). Cognitive skills and vocational interests, AREA paper, New Orleans.

Wallach, M. A., & Kogan, N.(1965). *Modes of thinking in young children*. NY: Holt.

Wallas, G.(1926). The art of thought. In P. E. Veron (Ed.), *Creativity: Selected reading*. New York: Penguin.

Ward, W. C., & Cox, P. W.(1974). A field study of nonverbal creativity. *Journal of Personality, 42*, 202-219.

Williams, F.(1980). *Creativity assessment packet*. Buffalo, NY: DOK.

Wodtke, K. H.(1964). A study of the reliability and validity of creativity tests of the elementary school level. *Dissertation Abstracts, 24*, 4091-4092.

Wolf, K., & Stevens, E.(2007). The role of rubrics in advancing and assessing student learning. *The Journal of Effective Teaching, 7*.

Woodman, R. W., & Schoenfeldt, L. F.(1989). Individual differences in creativity: An interactionist perspective. In J. A., Glover, & R. R., Ryoce, & C. R. Reynolds, *Handbook of creativity*(pp. 77-92). New York, NY: Plenum Press.

Yamamoto, K.(1964). Evaluation of some creativity measures in a high school with peer nominations as criteria. *Journal of Psychology, 58*, 285-293.

____________(1965). Validation of tests creative thinking: A review of some studies. *Exceptional Children, 31*, 281-290.

Zouh, Z. & Oldman, G. R.(2001). Enhancing creative performance: Effects of expected developmental assessment strategies and creative personalities. *The Journal of Creative Behavior, 35*(3), 151-167.

감사의 말씀

한국 전쟁을 계기로 50년 이상 평생 '생존 창의력' 연구를 해 오셨던 Torrance(1915. 10. 8~2003. 7. 12) 박사님의 선구자적인 노력으로 오늘날 전 세계의 창의력 측정 연구가 진화되었습니다. 저자는 그분의 영향으로 28년 동안 끊임없이 창의력 측정 연구와 검사 도구 개발을 할 수 있었기에, 고인이 되신 Torrance 박사님께 이 책을 바칩니다.

본서가 나오기까지 수많은 분들의 도움이 있었습니다. 1995년 창의력 측정 도구 검사 개발을 의뢰해 오셨던 (주)월간유아, 창의력 측정 검사를 연구하고 개발할 수 있도록 연구비를 지원하며 연구 결과물을 널리 보급해 오신 (도서출판)학지사, 다양한 창의력 측정 도구를 개발할 수 있도록 지원해 주신 (주)대교에 감사드립니다. 그리고 창의력 측정 연구 결과를 토대로 한 창의력 관련 도서들을 1990년대 초창기부터 지금까지 거의 도맡아 출판해 주신 (도서출판)창지사에 감사의 말씀을 드리고 싶습니다.

저자가 창의력 검사 개발을 할 때 영감을 불어넣어 주었던 유아들과 초등학생들, 그리고 대학생과 대학원생에 이르기까지 수많은 분들께 감사드립니다. 실제로 검사를 제작할 때, 현장에서 검사를 주도하셨던 많은 선생님들과 연구원들에게 무한한 고마움을 느낍니다. 조칠례 선생님, 최도희 선생님, 남정희 선생님, 정소윤, 황정숙 원장님을 비롯한 수많은 선생님들이 도와주지 않으셨다면 한국의 학생들을 대상으로 창의력 검사 도구를 개발하지 못했을 것이며, 저자가 창의력 측정에 오랫동안 천착할 수 있는 기회도 없었을 것입니다. 검사를 개발하는 과정에서 '행복한 창의성 연구소'의 박인영, 권미은, 김선아, 조현정, 표미정, 임선주 연구원, 김경숙 소장님, 서봉유치원의 오선, 장현자 선생님 그리고 광주대학교 유아교육과 학생들이 많은 도움을 주셨습니다.

수많은 분들의 지지와 후원으로, 오랜 연구 끝에 한국 학생들을 위한 유아 종합 창의성 검사, 유아 도형 검사, 유아 창의적 특성 검사, 초등 도형 검사, 초등 창의적 특성 검사(연구 수행 중)가 차례로 세상에 탄생하면서 석박사 논문들이 나오게 되었습니다. 1996년부터 2007년까지 전경원의 창의력 검사를 활용한 168편의 연구자분들께도 심심한 감사를 드립니다.

창의력 검사에 대한 연구를 할 때, 실제로 창의력 검사에 몰입할 수 있도록 전적으로 지원해 준 남편 김명철님과 딸 김이유에게도 감사의 마음을 전하고 싶습니다. 또한 1년의 연구년 기간 동안 본서를 마무리할 수 있도록 환경을 마련해 주신 광주대학교에 감사드리고 싶습니다. 특히 바쁜 일정 속에서 본서의 초고 내용을 꼼꼼하게 보완해 주셨고, 새로운 통찰력을 제공해 주신 고려대학교 전경남 교수님께 깊은 감사를 드립니다.

≫ 저자 소개

전경원 田景媛

블로그: http://blog.naver.com/jeonkw333

e-mail: jeon33@unitel.co.kr

URL: http://www.happycre.com

약력

- 현 전경원의 행복한 창의성 연구소 CEO/CIO
- 현 광주대학교 교수
- 현 Gifted Education International 학술지 편집위원
- 현 (주)미래상상연구소 연구 및 운영 자문위원
- 현 (사)창의공학연구원 운영위원 및 책임교수

경력

- 한국창의력교육학회 회장 (2007-2008)
- 하버드 대학교 객원학자 (2002-2003)
- 퍼듀 대학교 객원 조교수 (1989-1990)
- 아시아-태평양 영재학회 부회장 (1994-1995)
- 아시아-태평양 영재학회 상임고문 (1996-현재)
- 국제영재학회 한국대표위원 (1993-1995)
- 서봉 창의성 개발 연구소 소장 (1995-2004)
- 유아 창의 연구회 편집장 (1995-2004)
- 한국창의력교육학회 상임부회장 (2000-2006)
- 한국창의력교육학회 이사 (1996-1999)
- 광주대학교 학생생활연구소 소장 (2005-2007)
- 광주대학교 유아교육과 학과장 (2003-2005)
- 광주대학교 유아교육과 부교수 (1997-2002)
- 광주대학교 유아교육과 조교수 (1993-1996)
- 광주대학교 유아교육과 전임강사 (1991-1992)
- 퍼듀 대학교 교육심리학과 (영재교육 전공) 철학박사 (1986-1989)
- 퍼듀 대학교 부속 영재교육 연구소 교사훈련가 및 연구원 (1986-1989)

- 기타
  - 2008년 유치원 평가위원 (2008. 10. 27-11. 14)
  - 경기과학고등학교(2010년 영재과학고등학교 전환) 자문위원 및 영재 선발위원회 위원 (2009. 4. 17-2011. 4. 16)

◘ 학력

- 1986-1989 미국 퍼듀 대학교 교육심리(영재교육전공) 박사
- 1985-1986 미국 남다코타 주립대학교 대학원 상담학 석사
- 1983-1985 미국 남다코타 주립대학교 대학원 교육학 석사

◘ 저서 및 역서

1. 바보정신 (2010, 예솔출판사, 출판 예정)
2. 21세기 교육의 큰 두 개의 축 1장(章) (2010, 교육과학사, 우종옥 엮음)
3. "생각날개" 43권 동화책 (2010, 포에버 북스, 공동 감수)
4. 엄마가 키워주는 창의력이 공부력이다 (2009, 아주좋은날, 저)
5. 창의성: 이론과 주제 (2009, 시그마 프레스, 공역)
6. 창의력이란 무엇인가? (2008, 신원, 저)
7. 창의적 문제해결력을 키워라 (2008, 대교, 공역)
8. 인간적인 창의성 (2006, 창지사, 공역)
9. 창의성 교육의 이론과 실제 (2006, 창지사 저)
10. 과정중심의 창의성 프로그램(CAPA) 프로그램 (2005, 행복한 창의성 연구소, 저)
11. 새로운 영재: 재능 교육의 이론과 실제 (2004, 학문사, 저)
12. 흥미로운 유아의 상상력 세계 (2004, 교문사, 역)** 2005 학술원 우수학술도서 선정
13. 생활 속의 창의성 계발 1: 브레인스토밍 (2004, 창지사, 저)
14. 생활 속의 창의성 계발 2: 오감과 지성 (2004, 창지사, 공저)
15. 생활 속의 창의성 계발 3: 크루즈 여행 (2004, 창지사, 저)
16. 창의적인 문제해결을 중심으로 한 유아교육실습의 이론과 실제 (2004, 교문사, 공저)
17. 창의성 치료를 중심으로 한 특수유아교육 (2004, 창지사, 저)
18. 특수교육 개정법에 따른 "특수유아교육 (2009, 창지사, 공저)***
19. 유아의 심리검사와 측정 (2004, 창지사, 저)
20. 신문을 이용한 창의성 교육 (2003, 창지사, 공저)
21. 전경원 교수의 창의성을 키워주는 영재교육 프로그램 22권 (2003, 교문사, 공저)
22. 놀잇감으로 길러주는 상상의 날개 (2002, 한울림, 역)
23. 창의력 계발을 위한 유아 미술교육 (2002, 교문사, 저)
24. 유아특수교육 (2002, 양지, 저)*
25. 전래동화를 활용한 창의성 워크북 5권 (2002, 창지사, 공저)
26. 기초 창의력을 키워주는 창의성 개발 프로그램 10권 (2002, 학지사, 공저)
27. 유아의 심리검사와 측정 (2001, 양지, 저)*
28. 창의적인 교사, 창의적인 학생 (2001, 창지사, 편역)
29. 전교수의 창을 요리로 확 열자 I (2000, 창지사, 저)
30. 전교수의 창을 요리로 확 열자 II (2000, 창지사, 저)
31. 동서양의 하모니를 위한 창의학 (2000, 학문사, 저)** 문화관광부 우수학술도서 선정
32. 한국의 새천년을 위한 영재교육학 (2000, 학문사, 저)*
33. 창의성을 중심으로 한 유아과학교육 (1999, 학문사, 저)
34. 겨울 창의마당 (1999, 창지사, 공저)

35. 창의성을 중심으로 한 유아연구방법론 I (1999, 창지사, 저)
36. 창의적인 문제해결력 교수 활동자료 (1999, 교육나라, 공저)
37. 모난 돌은 왜 정을 맞나 (1998, 창지사, 저)*
38. 창의성과 동기 유발 (1998, 창지사, 편역)
39. 교사를 위한 창의적인 문제 해결력 (1998, 창지사, 편역)
40. 나도 창의를 낼 수 있다구요 (1997, 창지사, 저)
41. 나는 창의적으로 문제를 해결할 수 있어요 (1997, 창지사, 공저)
42. 학대받는 영재아들 (1996, 창지사, 저)
43. 여름 창의 마당 (1996, 창지사, 공저)
44. 창의성을 잡아요 확! (1995, 창지사, 공저)
45. 교사를 위한 창의적인 문제해결력 (1994, 양서원, 공역)*
46. 당신의 자녀는 영재인가요 (1994, 삼천리, 역)*
47. Perspectives on gifted disadvantaged in Korea. In Belle Wallace, "World Perspectives on the Gifted Disadvantaged". (1993, Bicester, England: Academic Publisher 공저).
48. 휴머니즘에 입각한 특수한 영재교육 (1992, 양서원, 저)*
49. 으뜸 지능계발 (1991, 삼성출판사, 공저)

*: 절판(# 24, 27, 32, 37, 45, 46, 48)
**: 문화관광부 우수학술도서(# 12, 31)
***: 신판(# 18)

검사 도구 및 기타

1. 초등 도형 창의성 검사 (전경원, 전경남 공동) (2008, 학지사)
2. 전경원의 창의성 검사: 문헌분석적 연구와 논문요약집 (전경원, 조칠례 엮음) (2008, 학지사)
3. 유아 도형 창의성 검사, K-FCTYC (2001, 학지사)
4. 유아 종합 창의성 검사, K-CCTYC (2000 재표준화, 학지사)
5. 유아 창의적 특성 검사, K-CTC (2003, 학지사)
6. 유아용 복합 교구 특허, 독일 국제 발명전 동상 (1996)

외 논문 30여 편

창의력 측정

행복한 '생존'을 위한 창의력

초판 1쇄 인쇄 2010년 9월 24일
초판 1쇄 발행 2010년 9월 30일

지 은 이 | 전경원
펴 낸 이 | 김기섭
책임편집 | 태선옥
펴 낸 곳 | 창지사 www.changjisa.com
121-809 서울시 마포구 대흥동 161
전화 (02) 719-2211~3
팩스 (02) 701-9386
등 록 | 1977년 4월 28일 · 제1-421호

ISBN 978-89-426-0571-2 93370

값 15,000원